Treffer
Kommunale Pressearbeit

Kommunale Pressearbeit

Darstellung

von

Dr. Dr. Gerd Treffer
ehem. Pressesprecher
der Stadt Ingolstadt

4. Auflage

Bibliografische Information der Deutschen Nationalbibliothek
Die Deutsche Nationalbibliothek verzeichnet diese Publikation in der Deutschen Nationalbibliografie; detaillierte bibliografische Daten sind im Internet über http://dnb.dnb.de abrufbar.

4. Auflage 2023

Satz: C.H.Beck.Media.Solutions · Nördlingen
Druck: CPI books

ISBN 978-3-8293-1928-7

Inhalt

Abkürzungsverzeichnis

a. a. O.	=	am angegebenen Ort
Art.	=	Artikel
Beschl.	=	Beschluss
BGB	=	Bürgerliches Gesetzbuch
BGBl.	=	Bundesgesetzblatt
BGH	=	Bundesgerichtshof
BGHSt	=	Entscheidungen des BGH in Strafsachen
BGHZ	=	Entscheidungen des BGH in Zivilsachen
BVerfG	=	Bundesverfassungsgericht
BVerfGE	=	Amtliche Sammlung der Entscheidungen des Bundesverfassungsgerichts
CI	=	Corporate Identity
d. G. v.	=	durch Gesetz vom
dpa	=	Deutsche Presseagentur
DVBl	=	Deutsches Verwaltungsblatt (Zeitschrift)
GG	=	Grundgesetz für die Bundesrepublik Deutschland
ggf.	=	gegebenenfalls
Hrsg.	=	Herausgeber
i. d. F.	=	in der Fassung
IFG	=	Informationsfreiheitsgesetz
i. S.	=	im Sinne
IuKDG	=	Informations- und Kommunikationsdienstegesetz
i. V. m.	=	in Verbindung mit
JZ	=	Juristenzeitung
LG	=	Landgericht
LPrG	=	Landespressegesetz
MDStV	=	Mediendienstestaatsvertrag
NJW	=	Neue Juristische Wochenschrift (Zeitschrift)
Nr.	=	Nummer
PC	=	Personalcomputer
PR	=	Public Relations (Öffentlichkeitsarbeit)
RegBl.	=	Regierungsblatt
RPG	=	Reichsgesetz über die Presse vom 7.5.1874 (RGBl. S. 65)
S.	=	Seite
sog.	=	sogenannte

StGB	=	Strafgesetzbuch
StPO	=	Strafprozessordnung
TDG	=	Teledienstegesetz
u. a.	=	unter anderem
Urt.	=	Urteil
UWG	=	Gesetz gegen den unlauteren Wettbewerb
VG	=	Verwaltungsgericht
VGH	=	Verwaltungsgerichtshof
Ziff.	=	Ziffer

Literaturverzeichnis

Bayerisches Staatsministerium des Inneren Bürgernahe Sprache in der Verwaltung, München 1981.

Bentele, Günter/Liebert, Tobias (Hrsg.) Verständigungsorientierte Öffentlichkeitsarbeit. Darstellung und Diskussion eines Ansatzes von Roland Burkhart, 1995, Leipzig.

Bergsdorf, Wolfgang Politische Kommunikation: Definition – Probleme – Methoden, in Dörrbecker, Klaus/Rommerskirchen, Thomas (Hrsg.), Kommunikations-Management. Perspektiven und Chancen der Public Relations, 1990, Remagen-Rolandseck, S. 30 – 41.

Bernet, Marcel Medienarbeit im Netz, Zürich, 2006.

Bischoff, Friedrich Gemeinde, Öffentlichkeit und Medien, in Praxis der Gemeindeverwaltung, 1986, Wiesbaden.

Blas, Bettina/Teufel Stefanie Texte schreiben fürs Web, München, 2003.

Bobinger, Ulrich Erfolgreiche Pressearbeit. Ein Leitfaden für Pressestellen in Unternehmen, Behörden und Verbänden in Meixner, H. E./Mohr, R. (Hrsg.): Reihe Kommunikation in Wirtschaft und Verwaltung Band 2, 1993, Rostock.

Böckelmann, Frank/Nahr, Günter Staatliche Öffentlichkeitsarbeit im Wandel der politischen Kommunikation, 1979, Berlin.

Böckelmann, Frank Pressestellen der öffentlichen Hand. Journalistische Berufsfeldforschung „Pressestellen", Teil III, 1991, München.

Brahl, Udo Medienrecht – eine Einführung, 4. Aufl., 2002.

Brauer, Gernot Econ, Handbuch Öffentlichkeitsarbeit, 1993, Düsseldorf.

Bürger, Joachim H. PR – Gebrauchsanleitungen für praxisorientierte Öffentlichkeitsarbeit, Loseblatt-Ausgabe 20. Nachlieferung, 5/ 1994, Landsberg.

Busch, Jost-Dietrich Presse- und Rundfunkrecht Schleswig-Holstein. Vorschriftensammlung, 1984, Kiel.

Deg, Robert Basiswissen Public Relations, 2005.

Deutscher Industrie- und Handelstag (Hrsg.) Umgang mit Medien, Presse, Öffentlichkeit. Ein praxisorientierter Leitfaden für den Mittelstand, 1997, Bonn.

Deutscher Presserat e. V. Online im Internet: http://www.presserat.de; Stand: (Datum des Abrufs): 13.7.2005 u. a.

Dolnik & Partner Pressearbeit. Ein Leitfaden. Das Kleine ABC der Presse- und Öffentlichkeitsarbeit für mittelständische Hersteller und Handelsunternehmen aus Industrie, Technik und Dienstleistung, 3. Aufl., 1997, Alzenau.

Duden Richtiges und gutes Deutsch, Mannheim, 26. Aufl., 2013.

Duggen, Hans Gestaltungsrichtlinien, Geschäftsdrucksachen und Druckschriften, in Verwaltungsfachhochschule Altenholz (Hrsg.), Altenholzer Praxisleitfäden Nr. 1, 1997, Altenholz.

Endres, Alfred Strategien kommunaler Öffentlichkeitsarbeit. Mit Bürger und Presse im Gespräch, 2. Aufl., 1990, Stuttgart, München, Hannover.

Funke, Ursula Vom Stadtmarketing zur Stadtkonzeption. 2. vollständig überarbeitete und fortgeschriebene Aufl. Köln: Kohlhammer 1997. (Neue Schriften des Deutschen Städtetags. 68) ISBN 3–17-015182-7.

Funke, Ursula/Müller, Ewald (Hrsg.) Stadtkonzept live. Erfahrungsberichte aus neun Städten. Köln: Kohlhammer 1999. (Neue Schriften des Deutschen Städtetages. 76) ISBN 3–17-016048-6.

Furchert, Dirk Konfliktmanagement in der kommunalen Presse- und Öffentlichkeitsarbeit, 1996, Köln.

Haller, Michael Das Interview. Ein Handbuch für Journalisten. 1991, München.

Häußer, Otto Zum personellen Anforderungsprofil der Öffentlichkeitsarbeit der öffentlichen Verwaltung – Konsequenzen für die Aus- und Fortbildung in Verwaltung und Fortbildung (VuF), 1994, 1/94 S. 30 – 48.

Herbst, Dieter Public Relations, 1997, Berlin.

Innenministerium Baden-Württemberg Produkte – Ziele – Kennzahlen. Kommunaler Produktplan Baden-Württemberg. Hrsg.: Innenministerium Baden-Württemberg. Stuttgart, Staatsanzeiger für Baden-Württemberg, 2001 (Schriftreihe des Innenministeriums Baden-Württemberg zum Kommunalen Haushalts- und Rechnungswesen, Heft 7).

Istel, Werner Städtische Öffentlichkeitsarbeit, in DST-Beiträge zur Kommunalpolitik, Reihe A, Heft 14, 1991, Köln, S. 78 –104.

ITZ Initiative Tageszeitung e. V. Drehscheibe – Onlinelexikon, Online im Internet: http://www.drehscheibe.org/ol-presserecht/olpartikel.html?LeitfadenID=149, Stand (Datum des Abrufs): 12.6.2005

Joerger, Gernot Öffentlichkeitsarbeit, 1975, Stuttgart.

Knemeyer, Franz-Ludwig/Wengert, Paul Kommunen und Medien; Stuttgart u. a., 1978.

Kommunen und Internet. Strategische Überlegungen und Hilfen zur Umsetzung. Bericht 1/2000 der KGSt, Köln.

Kommunikationsagentur Schrader prdienst.de: Ergebnisse der Befragung von Online-Journalisten, 2003, Online im Internet: http://www.prdienst.de/journalistenumfrage.shtml, Stand (Datum des Abrufs): 13.7.2005

Konken, Michael Pressearbeit. Journalistisches professionell in Theorie und Praxis; Meßkirchen, 2007.

Landsberg, Willy eGovernment in Kommunen. Grundlagen und Orientierungshilfen. Heidelberg/München/Berlin, 2004 (Buchreihe: Die neue Kommunalverwaltung. 8)

Langer/Schulz von Thun/Tausch Sich verständlich ausdrücken, 8. Aufl., 2002

La Roche Einführung in den praktischen Journalismus, List, München, 2001.

Linden, Peter Wie Texte wirken, Berlin, 2. Aufl., 2000.

Löffler/Wenzel/Sedelmeier Presserecht, Kommentar, Bd. 1, Die Landespressegesetze der Bundesrepublik Deutschland mit Textanhang, 3. Aufl., 1983, München.

Lüger, Heinz-Helmut Germanistische Arbeitshefte, Pressesprache, Tübingen, 2. Aufl., 1995

Macharzina, Klaus Informationspolitik: Unternehmenskommunikation als Instrument erfolgreicher Führung, 1990, Wiesbaden.

Mast, Claudia ABC des Journalismus, UVK, 10. Aufl., 2004.

Mathy, Klaus Das Recht der Presse. Ein Handbuch für die Redaktionsarbeit und für den Umgang mit der Presse, 1988, Köln.

Meisert, Hans Jürgen Mitarbeiter besser informieren, 1993, Frankfurt/Main.

Meyer-Frohner Journalismus von heute, Starnberg, 1997.

Morstein-Marx Nachrichtenfreiheit und Verantwortung. Amerikanische Blickweisen, DVBl 1963 Heft 19 S. 689.

Müller, Ewald Bürgerinformation – Kommunalverwaltung und Öffentlichkeit, 2. Aufl., Stuttgart u. a., 1977.

Müller, Ewald Städtische Presse- und Öffentlichkeitsarbeit heute, Deutscher Städtetag, 1991.

Müller, Ewald Verfassungsrechtliche Aspekte städtischer Presse- und Öffentlichkeitsarbeit, DST-Beiträge zur Kommunalpolitik, Reihe A, Heft 14, 1991, Köln, S. 13 – 26.

Müller, Ewald/Wetterich, Susanne Rathaus im Klartext, Heidelberg u. a., 2005.

Müller, Gerd B. Die bürgerfreundliche Verwaltung, 1980.

Oeckl, Albert Die Zukunft der Public Relations aus der Perspektive des PR-Pioniers in Dörrbecker, Klaus/Rommerskirchen, Thomas (Hrsg.): Kommunikations-Management. Perspektiven und Chancen der Public Relations, 1990, Remagen-Rolandseck, S. 13 – 28.

Otto, Walter Amtsdeutsch heute – bürgernah und praxisnah, Stuttgart u. a., 2. Aufl. 1978.

Peter, Joachim Wie sage ich es der Presse – Anforderungen an die kommunale Pressearbeit heute, in DST-Beiträge zur Kommunalpolitik, Reihe A, Heft 14, 1991, Köln, S. 27–77.

Peter, Joachim/Müller, Ewald Presse- und Öffentlichkeitsarbeit in der Kommune, 1998, München.

Pfeifle, Ulrich Deutsche Presse- und Öffentlichkeitsarbeit wichtiger denn je, in der Städtetag N. F.46 (1993) S. 762 –764.

Pfeifle, Ulrich Städtische Presse- und Öffentlichkeitsarbeit wichtiger denn je. Referat auf der 38. Konferenz städtischer Pressereferenten vom 5. bis 8.10.1993 in Baden-Baden. Niederschrift des Deutschen Städtetages.

Presse- und Informationsamt der Bundesregierung (Hrsg.) Bericht der Bundesregierung über die Lage der Medien in der Bundesrepublik Deutschland 1998 (Medienbericht 1998). Drucksache 13/10650 des Deutschen Bundestages, 13. Wahlperiode, vom 18.5.1998, Bonn.

Presse- und Öffentlichkeitsarbeit im neuen Steuerungsmodell – Ein Diskussionsbeitrag. Bericht 6/2000 der KGSt, Köln.

Prinz, Matthias Der Schutz der Persönlichkeitsrechte vor Verletzung durch die Medien, Neue Juristische Wochenzeitung, Heft 13/95, 1995, München, S. 817– 821.

Reineke, Wolfgang/Eisele, Hans Taschenbuch der Öffentlichkeitsarbeit, 1994, Heidelberg.

Reiners, Ludwig Stilkunst, München 1991.

Remmele, Wolf Dieter Musteraktionen erfolgreicher Presse- und Öffentlichkeitsarbeit für Bürgermeister und Behördenchefs, 1989, Kissing.

Röder, Christoph (Hrsg.) Bürgernahe Kommunalpolitik – Ein Handbuch für die Praxis, München, 1977.

Rommel, Manfred Kommunalpolitik und Presse, in der Städtetag N. F.45 (1992) S. 11–15.

Rommel, Manfred Ohne Rücksicht fremde Gedanken stehlen. Handreichungen für Pressereferenten, Redaktion 1996. Almanach für Journalisten, 1996, Salzburg-Hallwang, S. 75 – 80.

Ronneberger, Franz/Rühl, Manfred Theorie der Public Relations. Ein Entwurf, 1992, Opladen.

Schaper, Heinrich Das Rathaus im Dialog mit Bürger und Presse. Ein Handbuch für die kommunale Praxis, 1996, Hannover.

Schiwy, Peter/Schütz, Walter J. Medienrecht, Luchterhand, 3. Aufl., 2004.

Schmidt, Lothar Das treffende Zitat zu Politik, Recht, Wirtschaft, 1993, Reinbek.

Schmuck, Michael Presserecht, Medienfachverlag Rommerskirchen, Rolandeck, 2006.

Schneider, Wolf/Raue, P.-J. Handbuch des Journalismus, Rowohlt, Hamburg, 2003.

Schneider, Wolf Deutsch für Kenner, Piper, München-Zürich, 2005.

Schneider, Wolf Deutsch für Profis, Goldmann, Wilhelm, 1999.

Schneider, Wolf Wörter machen Leute, Piper, München-Zürich, 1996.

Schneider, Wolf Unsere tägliche Desinformation. Wie die Massenmedien uns in die Irre führen, 3. Aufl., 1988, Hamburg.

Schneider, Wolf Deutsch für Profis. Wege zum guten Stil, 1988, München.

Schneider, Wolf Lingua Blabativa, in Die Journalisten, SPIEGEL spezial, I/1995, Hamburg, S. 115 –117.

Schwarz, Gerhard Konfliktmanagement. Sechs Grundmodelle der Konfliktlösung, 1995, Wiesbaden.

Schwiderowski, Peter Öffentlichkeitsarbeit/Presse- und Informationsamt der Bundesregierung, in Andersen, Uwe/Woyke, Wichard (Hrsg.), Handwörterbuch des politischen Systems der Bundesrepublik Deutschland, 1995, Opladen, S. 422 – 424.

Six, Ulrike Wie sag ichs meinen Bürgern?, Referat auf dem 26. Seminar städtischer Pressereferenten am 3.6.1993 in Landau. Niederschrift des Deutschen Städtetages, 1993.

Stadt Bochum Der ganz normale Wahnsinn. 19 Beiträge städtischer Pressereferentinnen, Pressereferenten und Journalisten zum 75-jährigen Jubiläum des Presseamtes der Stadt Bochum, Hrsg. Stadt Bochum. Eigenverlag der Stadt Bochum, 2000.

Treffer, Gerd Presserechtliche Betrachtung zum Thema „Städterankings", Deutscher Städtetag, Köln-Berlin, 2006.

Treffer, Gerd Presse und Rathaus; Zur Praxis der Öffentlichkeitsarbeit von Städten und Gemeinden, München, 1981.

Verwaltungsfachhochschule Altenholz (Hrsg.) Informationsbroschüre, 1997, Altenholz.

Wallerath, Maximilian Allgemeines Verwaltungsrecht, Reckinger & Co., Siegburg, 1979.

Weberling, Dr. Johannes Internet-Medienrecht: Was Journalisten wissen müssen, Kemer/Berlin, Online im Internet: http://www.presserecht.de/beitrag/03-weberling.html, Stand (Datum des Abrufs): 12.6.2005.

Weberling, Dr. Johannes/Möller, Ulrich „Internet-Recht" – eine Einführung, Zeitschrift. planung & analyse 1/2000, S. 81– 84, Online im Internet: http://www.presserecht.de/beitrag/04-Internet-Recht.html, Stand (Datum des Abrufs): 12.6.2005.

Weischenberg, Siegfried Nachrichtenschreiben. Journalistische Praxis zum Studium und Selbststudium, 1988, Opladen.

Weischenberg, Siegfried Nachrichten-Journalismus, Westdeutscher Verlag, Wiesbaden, 2001.

Wittern, Andreas Grundriss des Verwaltungsrechts, Stuttgart, 1975.

Zimpel, Dieter Zimpel. München, Losebl.-Ausg.
Teil 1. Zeitungen, 1970 ff.
Teil 2. Publikumszeitschriften, 1976 ff.
Teil 3. Funk und Fernsehen, 1990 ff.
Teil 4. Fachzeitschriften, 1994 ff.
Teil 5. Freie Journalisten, 1996 ff.
Teil 6. Anzeigenblätter, 1996 ff.
Zimpel-online unter www.zimpel.de

Vorwort

„Kommunale Pressearbeit" ist vielfältiger geworden als man sich das noch vor drei Jahrzehnten dachte. Da unterschied man in Pressearbeit und Öffentlichkeitsarbeit. Pressearbeit war das Feld der Pressemitteilungen, Pressegespräche, Pressekonferenzen, die sich an die Journalisten der „schreibenden Presse" richteten (seltener an die Reporter und Redakteure der öffentlich-rechtlichen Rundfunkanstalten) – es galt als ausgemacht, dass die wichtige Funktion der „Unterrichtung" der Öffentlichkeit über das Medium des Lokalblattes erfolgt (und Glück hatte, wer nicht im Gebiet einer Monopolzeitung lebte und auf ein gewisses Wohlwollen der jeweiligen Lokalredakteure, manchmal auf das der Chefredakteure oder der „Verleger, Herausgeber und Eigentümer" angewiesen war).

Mitte der 80er Jahre des letzten Jahrhunderts kamen dann die „Privaten", die lokalen Hörfunk- und Fernsehsender, hinzu. Und so änderte sich die Medienlandschaft und mit ihr der Begriff: die Pressearbeit wurde zur Medienarbeit. Es gab neue Anforderungen – Pressemitteilungen, traditionelle Verlautbarungen reichten nicht mehr. Die Audiomedien wollten Statements, die visuellen Medien dachten in Fernsehinterviews, in Talk-Shows (was ein kostengünstiges „Format" darstellt) – man musste plötzlich stotterfrei ins Mikrofon sprechen, gut gekleidet „vor der Kamera" agieren. Das brachte auch neue Entscheidungen: Wer stellt sich da hin (der Oberbürgermeister – wenn es Siege zu verkünden gibt; der Pressesprecher – wenn es Fehler einzugestehen gilt; ein Referent, wenn es Erfolge darzustellen galt – der aber blitzschnell verschwand, wenn etwas schiefgegangen war und daher nur der Pressesprecher auf der Schlachtbank blieb). Das hieß aber auch: da traten Personen ins Scheinwerferlicht, die man bislang, alter Stil, nur dem Namen nach aus den Zeitungsspalten kannte und die weitgehend unerkannt durch die Stadt spazieren konnten, während sie nun jeder am Ärmel zupfen kann, sie fragen kann, was ein Glücksfall war, oder beschimpfen kann, was der Regelfall ist, weil ja Pressesprecher grundsätzlich verantwortlich sind ... für alles – vor allem für alles, was schiefläuft –, so entstand ein neues Berufsbild des Presseverantwortlichen und ein neues Anforderungsprofil an sein Können.

Das war die Zwischenetappe. Denn dann kam das „Internet", kamen die Social Media, kamen Twitter, Facebook, YouTube ... Und so trat neben das Geschäftsfeld „Medienarbeit" für die kommunalen Öffentlichkeitsarbeiter das weite Feld der „Bürgerarbeit": Mit den neuen sozialen Medien war der Dialog der Kommune (des Oberbürgermeisters, der Bürgermeister, Dezernenten und Referenten) mit den Bürgerinnen und Bürgern kein „mittelbarer" mehr (der des Umweges über ein „Medium" bedurfte) – er gewann an Direktheit. Mit den Social Media, der Möglichkeit von jedefrau und jedermann sich öffentlich (und in Communities, in Blogs, in Flashmobs, kurz auf vielfältige Weise) an eine breite Öffentlichkeit zu wenden, hat sich auch eine neue (zusätzliche) Dimension der „Öffentlichkeitsarbeit" eröffnet. Hier geht es um den direkten Dialog der öffentlichen Verwaltung, mit (Teilen der) Bürger, nicht nur ohne die mediale Vermittlung der Journalisten, sondern gelegentlich, immer häufiger, an ihnen vorbei (was das Leben mit ihnen nicht einfacher macht). Es geht, aus Sicht der kommunalen Medien- und Öffentlichkeitsarbeit, auch um neue Formen der Bürgerbeteiligung, um partizipatorische Angebote, darum z. B. Meinungen, Vorschläge via Internet in kommunal geführten Informationsforen und Mängelmeldern, in Ideen- und Beschwerde-Plattformen einzubringen, es geht um die Strukturierung bürgerschaftlicher Teilhabe an Planungsprozessen, ohne darüber hinwegzutäuschen, dass Entscheidungen den gewählten Gremien, letztlich dem Stadtrat, vorbehalten bleiben.

Das hat wieder einmal zu neuen kommunikativen Instrumenten, auch zu neuen Mitarbeitern – in Internetredaktionen, Facebook-Redaktionen – und zu neuen Berufsbildern und Anforderungsprofilen geführt.

Verändert hat sich über die Jahre hin – und zwar signifikant – die Zahl der Mitspieler im Bereich der lokalen Öffentlichkeit. Statt früher nur die großen, haben nun auch mittlere Unternehmen, Sportvereine, Verbände eigene Pressestellen, in zunehmender Weise hauptamtlich besetzt. Das bedeutet aus Sicht der kommunalen Öffentlichkeitsarbeit Konkurrenz im Bemühen um die Aufmerksamkeit und Aufnahmefähigkeit der Zielgruppen. Das bedeutet mithin auch die Notwendigkeit zu Professionalität und ständiger Überprüfung und Schärfung der Waffen, die man im Kampf um die Herrschaft an den Stammtischen einsetzt – und die stete Reflexion, welche Mittel einer öffentlichen Verwaltung angemessen sind und auf welche man im Sinn der Seriosität, der langfristigen Glaubwürdigkeit und der Verwaltungskultur besser verzichtet.

So hat sich die Medienarbeit der Kommunen gewandelt. Vieles ist gleichgeblieben: auch im Internetzeitalter braucht man die hergebrachte Broschüre, das Faltblatt. Jemand muss immer noch die „Amtlichen Mitteilungen" schreiben und Reden verfassen. Allerdings: neuer als Reden, die vermutlich schon von alters her jemand für die Nummer 1 entwarf, ist die Frage des „wordings", der Beteiligung der Öffentlichkeitsarbeiter, wenn nicht an der Gestaltung, so doch an der Formulierung der Politik und ihrer Darstellung nach außen.

Man sieht: das Berufsbild der „kommunalen Pressearbeit" steht in stetigem Wandel, die Anforderungen an die Mitarbeiter der Presseämter – Sinn und Zweck, dem sie dienen – aber sind dieselben geblieben: die Information der Bürgerinnen und Bürger als Grundvoraussetzung dafür, dass sie ihre Rolle als Mitgestalter des Gemeinwesens erfüllen können, dass sie bereit sind und bleiben, sich in ihrer Stadt, in ihrer Gemeinde, zu engagieren und einzubringen – die „Demokratie vor

Ort" zu ermöglichen und zu fördern. Das hängt auch mit den Begriffen der „kommunalen Selbstverwaltung und der Subsidiarität" zusammen. Wie Medienarbeit, Öffentlichkeitsarbeit, Bürgerbeteiligung unter den modernen Bedingungen aussieht, welche Instrumente ihr zur Verfügung stehen, in welchem Umfeld sie sich bewegen – darum geht es in dieser Schrift.

Diese Darstellung soll ein praktischer Ratgeber für all jene sein, die im Bereich der Öffentlichkeitsarbeit auf der kommunalen Ebene tätig sein werden. Tipps und Tricks für Erfolg oder das Handling von Misserfolgen werden in kurzer und informativer Art und Weise präsentiert. An einigen Stellen finden interessierte Leser publizistische oder rechtliche Betrachtungen, an anderer Stelle steht der praktische Umgang mit Instrumenten der Öffentlichkeitsarbeit im Vordergrund. Das Mediengeschäft unterliegt von Zeit zu Zeit, insbesondere im technischen Bereich, stetigen Wandlungen, sodass diese überarbeitete Ausgabe auch der Arbeit mit den „neuen" Medien Rechnung trägt. Bewährte Formen der Presse- und Öffentlichkeitsarbeit werden gleichermaßen behandelt und sind aus der Sichtweise eines Praktikers für Praktiker aufbereitet. Öffentlichkeitsarbeiter haben eine große Verantwortung für das Image ihrer Organisation. Eine vertrauensvolle Kooperation mit den Medien hat Priorität und ist sozusagen lebenswichtig. Ein professionelles, partnerschaftliches Verhältnis zu den lokalen Redakteuren und eine gute Kenntnis der überregionalen Medienlandschaft ist eine der Grundlagen wirkungsvoller Öffentlichkeitsarbeit. Offenheit und Verständnis füreinander bilden die Basis der Zusammenarbeit.

Noch ein Wort in eigener Sache: Ungefähr ein Viertel aller in Deutschland in der Öffentlichkeitsarbeit Tätigen sind Frauen. Wenn in dieser Darstellung vom Pressesprecher oder Öffentlichkeitsarbeiter die Rede ist, dann ist damit lediglich die Funktion gemeint.

1. Medienarbeit als Pflicht und Hilfestellung für den Bürger

Medien- und Öffentlichkeitsarbeit sind eine Pflichtaufgabe der Kommunen. Mit anderen Worten: es steht nicht im Belieben der Städte und Gemeinden, ob sie eine aktive Informationspolitik betreiben oder nicht. Sie sind dazu (auch rechtlich) verpflichtet, wie der langjährige Pressesprecher des Deutschen Städtetags *Ewald Müller* in seiner Dissertation (Bürgerinformation, Kommunalverwaltung und Öffentlichkeit; Mainz, 1977) nachgewiesen hat. Diese Pflicht zur Öffentlichkeitsarbeit hängt eng mit der besonderen Stellung zusammen, die die Kommunen im deutschen Verfassungssystem genießen.

1.1 Kommunale Selbstverwaltung

Weltweit genießen deutsche Kommunalpolitik und deutsche Kommunalverwaltung im internationalen Vergleich hohes, ja fast einzigartiges, Ansehen. Das hängt einmal mit der Breite ihrer Aufgaben und Kompetenzen zusammen. Nirgendwo sonst ist die Fülle von Aufgaben, die von Kommunen zu erledigen sind, so groß. (In vielen anderen Staaten gehören Aufgaben, die hier zu den kommunalen zählen, zu den staatlichen Tätigkeitsbereichen.)

Die Leistungsfähigkeit der deutschen Kommunen (die in der Regel in der kommunalwissenschaftlichen Forschung des Auslands neidlos anerkannt wird) steht in direkter Verbindung mit ihrer verfassungsmäßigen „Sonderstellung", die nur historisch zu verstehen ist. Nach deutschem Rechtsverständnis werden Kommunen nicht als Teil oder Anhängsel der staatlichen Verwaltung verstanden, sondern als eigenständige politische Strukturen (mit quasi „vorstaatlichem" Charakter). Das Grundgesetz für die Bundesrepublik Deutschland räumt ihnen ausdrücklich das Recht auf Selbstverwaltung ein:

„Den Gemeinden muss das Recht gewährleistet sein, alle Angelegenheiten der örtlichen Gemeinschaft im Rahmen der Gesetze in eigener Verantwortung zu regeln ..." (Art. 28 Abs. 2 GG).

Diese Rechtsstellung der Gemeinden, ihr Recht auf Eigenständigkeit, Unabhängigkeit von anderen staatlichen Instanzen, bedingt aber auch, dass die Kommunen gehalten sind, ihr Handeln den Bürgerinnen und Bürgern, den Wählerinnen und Wählern darzustellen und offenzulegen.

1.2 Subsidiarität

Dieses Verständnis kommunaler Stellung und kommunalen Handelns ist Ausfluss des Subsidiaritätsprinzips. Das Subsidiaritätsprinzip ist ein aus dem Naturrecht abgeleitetes Ordnungsprinzip. Es bestätigt nicht nur das Existenzrecht der kleineren Lebenskreise und ihrer eigenverantwortlichen Entfaltung, sondern bekräftigt auch ihre Notwendigkeit. Verkürzt bedeutet es: die jeweils „höhere" Ebene darf nur das erledigen, womit die „niedrigere" beim Einsatz gleicher Mittel überfordert wäre. Die Gemeinden betrifft dies in zweifacher Hinsicht:

- als kleinere Einheit dem Staat gegenüber – hier gilt es für die Kommunen, ihren Freiraum zu wahren und zu verteidigen.
- als größere Einheit gegenüber örtlichen Vereinen, Verbänden, Initiativen, Nachbarschaftshilfen, deren Aufgaben und Engagement die Verwaltung, der Rat nicht an sich ziehen, sondern vielmehr fördern dürfen.

Die „örtlichen Angelegenheiten" betreffen die Bürger direkt. Die in der Stadt anstehenden Themen sind noch einigermaßen überschaubar. Beides, die aus persönlicher Betroffenheit resultierende Motivation, sowie die direkte Anschaulichkeit unterstützen die Bereitschaft der Bürger, sich zu engagieren. Sie können Anregungen und Kritik unschwer an die Gemeinde herantragen. In Bürgerversammlungen hat der Bürger ein Antragsrecht. Es gibt Bürgerbeteiligung z. B. in Planungsverfahren. Es gibt Bezirksausschüsse, Bürgertelefone, Mängelmelder – all dies sind auch Instrumente der Öffentlichkeitsarbeit, wenn sie für den Dialog genutzt werden. Im überschaubaren kommunalen Rahmen kann sich der Bürger noch deutlicher engagieren als im staatlichen Rahmen.

Eine Gemeinde ist aber nur so viel wert, wie Bürgerinnen und Bürger bereit sind, sich für sie zu engagieren, mitzuwirken, sich einzubringen. Selbstverwaltung ist eine Aufgabe der Stadtverwaltung, aber auch der Bürgerschaft, die bereit sein muss, daran mitzuwirken, zumindest aber sich dafür zu interessieren.

Voraussetzung dafür aber sind ein steter Informationsfluss und die Bereitstellung von Instrumenten für die Bürger, sich zu äußern und im Idealfall mitzuwirken.

1.3 Politikverdrossenheit

In den letzten Jahren war häufig von Politikverdrossenheit die Rede, wobei man über ihre Formen und ihre Ursachen heftig streiten kann. Unstrittig ist aber wohl ein Zusammenhang zwischen Politikverdrossenheit und mangelnder Informiertheit der Bürger.

In Politikverdrossenheit ist eine gewisse Desillusionierung gegenüber der Politik beinhaltet – ein Teil der Bürger bekundet „Ohnmachtsgefühle", verkündet, dass er sich „nicht mehr vertreten" fühle. Wachsende Politikverdrossenheit beeinträchtigt die politische und ethische Fundierung, den demokratischen Grundkonsens und damit letztlich auch die Demokratie, vor allem dann, wenn auch die Informationen von Parteien und der Medien selbst als unglaubwürdig betrachtet werden.

Die (selbstredend) zulässige und praktizierte Mitwirkung der politischen Parteien und Gruppierungen an der politischen Willensbildung ist nur ein Teil der vielfältigen Informationsquellen, auf denen Meinungs- und Willensbildung (und letztlich Wahlentscheidungen) beruhen. Veranstaltungen und Publikationen von Parteien zielen (verstärkt in Vorwahlzeiten) darauf, Wahlbürger für sich einzunehmen. Zu berücksichtigen ist aber auch, „dass der Informationswert von Parteiwerbung und Parteipropaganda auch auf kommunaler Ebene nicht allzu hoch zu veranschlagen ist" (*Ewald Müller* und *Susanne Wetterich*; Rathaus im Klartext. Moderne Bürgerinformation. Heidelberg u. a., 2005, im Folgenden zitiert als *Müller/Wetterich*).

Aber auch die Lokalredaktionen kommen häufig mit der Erklärung der kommunalen Welt nicht ohne Hilfestellung zurecht. Rasante Stadtentwicklung, zunehmender Verkehr, hohe Bevölkerungsfluktuation, Energiewende vor Ort, Umweltthemen bedürfen der Argumentation und Erklärung. „Die kommunale Welt ist komplexer geworden". Der Einwand selbstbewusster Publizisten, ein guter Journalist bedürfe nicht der Hilfestellung der Verwaltung, ja, sie würde durch ihre eigene Informationstätigkeit seinen journalistischen Spürsinn einschläfern oder ihn gar auf falsche Fährten locken, kann heute – jedenfalls für den kommunalen Bereich – grundsätzlich nicht mehr gelten. Die Lokalredaktionen wären bei der immer komplizierter werdenden kommunalen Materie hoffnungslos überfordert, wollten sie sich ausschließlich auf ihre eigene Recherchekraft verlassen. Die Gemeindebürger wären schließlich auf die subjektiven Möglichkeiten „ihrer" Lokalreporter angewiesen. „Eine objektive und umfassende Unterrichtung könnten sie sich so nicht mehr erhoffen" (ebenda).

Wenn aber weder die politischen Parteien noch die Lokalteile der Zeitungen allein die nötige umfassende und sachliche Information in den Gemeinden gewährleisten, kommen für die entsprechende Informationsleistung nur die Gemeinden selbst in Frage. Der Informationsvorsprung der Gemeinden über die umfangreichen und komplexen Themenfelder, die die Kommunen bearbeiten, kann nur von ihnen selbst durch die Abgabe von Wissen – von objektiven und umfassenden Informationen, über die außer ihnen niemand verfügt – ausgeglichen werden. Auf Dauer kann nur die kommunale Selbstverwaltung den Bürgern zu einer Machtposition verhelfen, die ihnen das Demokratieprinzip des Grundgesetzes einräumt. „Ohne entsprechende ‚Übersetzungsarbeit' begreift außer der Verwaltung selbst schließlich kaum noch jemand, was da eigentlich im Rathaus geschieht" (ebenda). Insoweit ist es umso fataler, wenn einzelne Bürgergruppen oder sogenannte Wutbürger, auch eine zunehmende Zahl besserwisserischer „Diplom-Bürger" die Redlichkeit und Sachkompetenz der Verwaltungen durch Beschimpfungen und Unterstellungen in Zweifel stellen und unterminieren. Die Verwaltung ist für die „Fundierung der öffentlichen Meinung" zunehmend unverzichtbar.

1.4 Zentrale Aufgabe der Medienarbeit – Glaubwürdigkeit

Wichtigste Aufgabe der städtischen Medienarbeit ist daher die kontinuierliche, stete, sachliche, umfassende Information der Bürger. Es liegt im Interesse der kommunalen Selbstverwaltung, nicht nur auf (kritische) Nachfrage, sondern von sich aus regelmäßig zu informieren. Ziel ist die frühzeitige, umfassende und unaufgeforderte Unterrichtung der Medien und der Öffentlichkeit über Vorgänge, Entwicklungen, Planungen und Entscheidungen – in aller Öffentlichkeit und Transparenz. Letztlich ist das „Produkt", das die Öffentlichkeitsarbeit einer Kommune herzustellen hat, Vertrauen in die Verwaltung und Glaubwürdigkeit der Politik der Kommune. Das verlangt hohe Professionalität der kommunalen Öffentlichkeitsarbeiter im Umgang mit den Medien, im Zugehen auf die Bürger, aber auch in der internen Kommunikation mit den Mitarbeitern und nicht zuletzt die Rolle als Berater (und notfalls Mahner) gegenüber der politischen Führung.

2. Öffentliche Meinung und Medien – Wie entsteht öffentliche Meinung?

2.1 Wie Menschen die Welt wahrnehmen

In der Zeit vor Erfindung des Buchdrucks und zugleich einer hohen Analphabetenrate erwarb der Mensch nahezu sein gesamtes Wissen durch eigene Erfahrungen. Er erwanderte, erarbeitete sich sein Bewusstsein für die Umwelt aus praktischer, täglicher Erfahrung, aus Mythen, Märchen und Gesängen.

Heute erhalten die Menschen einen sehr hohen Anteil ihrer Lebenserfahrung durch die Vermittlung von Medien, aus Schulbüchern, Büchern, Zeitungen, Fernsehen. Ein vergleichsweise geringer Prozentsatz bezieht sich auf persönliche Erlebnisse.

Nur was der Mensch selbst erlebt und sich erarbeitet hat, WEISS er, den Rest muss er GLAUBEN.

Es ist Information: im besten Fall abgeleitetes Wissen, also Wissen, das von anderen Menschen überbracht wird, das im Vergleich mit dem eigenen Wissen plausibel und glaubwürdig erscheint.

Aber auch bei der Plausibilitätsprüfung wird selektiv wahrgenommen. Was nicht eingeordnet werden kann, wird oft nicht gemerkt. D. h. Neues oder Veränderungen haben geringere Chancen wahrgenommen zu werden. Man hält sich lieber an das Bekannte. In der Psychologie spricht man auch von einem selektiven Rezeptionsschema. Man passt dem eigenen Wissen, dem eigenen Urteil, lieber das an, was den eigenen Vorlieben und Neigungen entspricht. Das gilt zum Beispiel auch für die Lektüre: konservativ orientierte Personen lesen lieber christsozialdemokratische Zeitungen, Personen aus dem linken Spektrum entscheiden sich für sozialdemokratische Blätter. Und instinktiv registrieren wir eher positive als negative Nachrichten.

Hinzu kommt ein weiteres Phänomen: es wird bestimmt durch die Auswahl der Medien für ihre Berichterstattung. Dabei wird weniger das „Normale", das Alltägliche dargestellt. In den Vordergrund treten vielmehr die Ausnahmen: Kriege, Katastrophen oder Sensationen. Das Agenda Setting der Medien orientiert sich also nach ganz bestimmten Gesichtspunkten: Journalisten, die Nachrichten senden oder drucken, registrieren die Welt an ihren Ausnahmen.

Das Verhalten der Menschen aber orientiert sich eher am Üblichen, am Erwarteten. Das führt zu einer gewissen Wirkungsarmut der Nachrichten für unser Verhalten, es beeinflusst aber auch die Wahrnehmung der Wirklichkeit durch den Einzelnen.

2.2 Was man für die Wahrnehmung vor Ort daraus folgern kann

Diese Erkenntnis relativiert sich, wenn man von den überregionalen elektronischen Medien auf die Ebene der örtlichen Zeitungen herunterbricht. Insgesamt bleibt aber für den Öffentlichkeitsarbeiter vor Ort ein gewisser Zwiespalt. Einerseits will die Öffentlichkeitsarbeit die Journalisten für Themen gewinnen, die für die Verwaltung „normal" sind. Auf der anderen Seite stehen die Medienvertreter dem Tagesgeschäft einer Verwaltung eher skeptisch gegenüber, da sie es als eher „langweilig" betrachten.

Die Kunst der Öffentlichkeitsarbeit besteht daher unter anderem darin, Interesse zu wecken, Zustimmung zu finden und vor allem Vertrauen bei den Medien und damit auch bei den Bürgern mit Themen zu erzeugen, die sie zwar betreffen, aber nicht unbedingt rasend aufregend sind.

Warum ist Öffentlichkeitsarbeit notwendig?

Henry Ford wurde während einer Flugreise einmal von einem Geschäftsmann gefragt, warum er, der Autokönig, bei seinem Umsatz und seinem Ansehen, immer noch umfangreiche Öffentlichkeitsarbeit betreibe. Fords Gegenfrage lautete: „Warum stellt man nicht die Flugzeugmotoren ab, wo man doch in mehreren 1000 Metern Höhe fliegt?"

Das daraus abzuleitende Fazit lautet: Öffentlichkeitsarbeit ist wichtig. Sie ermöglicht es, das Image der Verwaltung mitzugestalten. Wenn die Gemeinde nichts tut, werden andere ihr Bild gestalten. Deshalb sollten Gemeinden und Städte auf die Medien zugehen, ehe die Medien die Offensive ergreifen. (Über das Thema aktive und passive Pressearbeit siehe Seite 69 ff.)

3. Neuere Entwicklungen bei den Medien

Die Medien haben sich in den letzten Jahrzehnten bedeutend verändert. Hier sollen einige dieser neuen Tendenzen kurz geschildert werden, um daraus für die Medienarbeit einige Erkenntnisse zu ziehen.

3.1 Magazinstil und Storytelling

Eine nicht ganz neue Tendenz ist die zum Boulevardjournalismus und zum Magazinstil.

Es geht dabei um eine „Story", die an einem roten Faden aufgehängt wird, wie das in Amerika ursprünglich Newsweek, in Deutschland dann der Spiegel und andere Magazine vorexerziert haben. Es geht um den „Mann mit der roten Mütze", der zu Beginn einer Geschichte auftaucht und etwa auf ein Fußballstadion zuläuft, der dann während des Spiels mit seiner roten Mütze unter den Zuschauern zu sehen ist und am Ende mit einem gewissen Fazit den Spielort wieder verlässt. Es geht dabei im Wesentlichen auch um die Erzählung einer subjektiv gesehenen Geschichte. Die Frage für die Öffentlichkeitsarbeit ist, ob das Storytelling in der einen oder anderen Form auch in die Öffentlichkeitsarbeit von Kommunen Eingang finden kann, ob sie bei ihrer Themenauswahl der stilistischen Darstellung berücksichtigt wird.

3.2 Tendenzjournalismus

In zunehmendem Maße fällt auf, dass einer der elementaren Grundsätze des Journalismus die strikte Trennung von Bericht und Kommentar, in den Medien immer weiter außer Kraft gesetzt wird. D. h. es fließt in die Berichterstattung bereits die kommentierende Meinung von Journalisten und Redaktionen ein. Zumindest wird in der Form der Darstellung eine gewisse Tendenz, wie sie von den Autoren gewünscht wird, erkennbar. Entgegengesetzte Tatsachen werden missachtet, da sie nicht in das „Berichtsschema" passen. Nach wie vor bleibt dies eine Verletzung journalistischer Grundregeln. Erkennbar aber wird, dass insbesondere bei jüngeren Journalisten dies nicht mehr als so gravierend betrachtet wird, wie das früher der Fall war. Aus der Sicht der Medienarbeit führt dies gelegentlich zu einer Auseinandersetzung über die Standards journalistischen Arbeitens und macht den Umgang mit Kollegen, die ihre privaten Themenschwerpunkte nach ihren persönlichen Vorlieben setzen, oder in Berichte ihre persönliche Meinung wertend einbringen, etwas schwierig.

3.3 Verlust an Vertraulichkeit

Erkennbar wird auch, dass es so etwas wie eine Nicht-Öffentlichkeit unter neuen medialen Bedingungen kaum mehr gibt. Es war früher durchaus denkbar, dass in Rathäusern Besprechungen stattfanden und vereinbart wurde, dass davon erst zu einem späteren Zeitpunkt die Öffentlichkeit und die Journalisten unterrichtet werden sollten (wofür es gelegentlich sehr wohl gute Argumente gibt, man denke nur an Grundstücksverhandlungen). Unter den Bedingungen der heutigen medialen Beobachtung ist davon auszugehen, dass ein Gespräch, an dem mehr als zwei Personen teilgenommen haben, sehr wohl öffentlich wird. Aus Sicht der kommunalen Öffentlichkeitsarbeit wird man sich auf solche Tatbestände einstellen müssen.

3.4 Visualisierung, Bildhaftigkeit

Eine neuere Tendenz ist die Visualisierung. Vergleicht man Medien, insbesondere Printmedien, von früher mit heute, so ist der hohe Anteil von Bildern auffällig. Man kann sich heute kaum noch vorstellen, dass noch vor nicht allzu langer Zeit Zeitungen ausschließlich mit Schwarz-Weiß-Bildern aufgemacht haben.

Dahinter steht (abgesehen von technischen Entwicklungen) natürlich auch die Überlegung, dass ein Bild mehr sagt als tausend Worte. Beobachtet man sich, stellt man fest, dass man selbst mit bestimmten Bildern im Kopf herumläuft und bei bestimmten Begriffen automatisch bestimmte Bilder im Kopf entstehen. So denkt mit Sicherheit jedermann bei dem Stichwort 9/11 an einen Wolkenkratzer mit einem eindringenden Flugzeug, umgeben von einem orangenen Feuerball. Bei dem Stichwort Ausbruch des Ersten Weltkriegs denken historisch Bewanderte an die Bilder eines Eisenbahnwaggons mit darin fröhlich winkenden Soldaten und der Aufschrift „Wir fahren nach Paris".

Solches Denken in Bildern unterliegt auch einer gewissen, von der Zeit jeweils geprägten Ästhetik. Tatsache ist, dass zum Beispiel das Fernsehen Berichte in immer kürzeren Sequenzen anbietet und mit immer kürzeren Sequenzen die Fokussierung auf „außergewöhnliche Aspekte" gelegt wird. (Bei dem Besuch des amerikanischen Präsidenten Bush sen. in Japan wurde auf das Missgeschick abgezielt, dass der amerikanische Präsident von Übelkeit gepackt sich in den Schoß des japanischen Kaisers übergab.) Andere Beispiele sind Stürze an der Treppe des Flugzeuges – dies alles nicht ergänzend zur Berichterstattung über politische Inhalte, sondern sie ersetzend.

Um dies in eine positive Schlussfolgerung für die Medienarbeit zu übertragen: Man muss sich überlegen, welchen Eindruck man durch Bilder hervorrufen kann, wo Bilder gelegentlich in der Lage sind, Texte zu ersetzen. Insoweit könnte die kommunale Öffentlichkeitsarbeit mehr mit Fototerminen vor Ort arbeiten. Dabei gibt es solche, die immer positiv befrachtet sind, wie zum Beispiel der Eintrag ins Goldene Buch einer die Stadt besuchenden Persönlichkeit.

3.5 Personalisierung der Politik

Eine weitere Tendenz ist die Personalisierung der Politik. Es geht dabei um die Tatsache, dass Journalisten lieber über Personen berichten als über Sachverhalte, überspitzt formuliert lieber über die Haarfarbe des

Oberbürgermeisters als über den Inhalt eines Haushaltsplanes. Dazu gehören auch Wünsche von Journalisten nach Homestories, Fragen an Politiker über ihr Lieblingsgericht, ihren „Lieblingsitaliener", über die Ausstattung ihrer Büros mit Topfpflanzen und Ähnliches mehr. Ein Münchner Oberbürgermeister hat einmal geklagt, Journalisten interessierten sich mehr für die Augenfarbe des Dackels vor seinem Kamin als für seine politischen Einlassungen. Hier besteht die Gefahr, dass (auch Kommunal-)Politiker Einbrüche in ihre Privatsphäre akzeptieren und hinnehmen.

Es ist aus der Sicht der Öffentlichkeitsarbeit immer darauf zu achten, dass solche Bilder zu einem späteren Zeitpunkt auch in ganz anderen Zusammenhängen verwendet werden können. Es ist ferner darauf zu achten, dass ein Politiker nicht in eine Situation kommt, die mit der Würde des Amtes nicht mehr vereinbar ist.

Der Tendenz immanent ist natürlich auch die Entpolitisierung vom Politiker zum Showstar und damit letztlich zu einer Person, die dann auch in ihrem Amt nicht mehr ernst zu nehmen ist. Es gibt die Gefahr, zum Pausenkasper der Medien zu werden und, wie das früher der Münchener Oberbürgermeister *Christian Ude* einmal formuliert hat, dabei ein „ausgesprochen dämliches Erscheinungsbild" abzugeben.

3.6 Familiarisierung und Mondainisierung

Weitere Tendenzen sind Familiarisierung und Mondainisierung. Unter dem ersten Begriff versteht man die Einbeziehung von Familienmitgliedern oder dem Freundeskreis in die öffentliche Berichterstattung oder zumindest in öffentliche Auftritte (der damalige Bundespräsident *Wulff* hat seine Tochter mit auf seinen Staatsbesuch nach Israel genommen oder die Frau eines Verteidigungsministers wurde mit nach Afghanistan genommen). Dabei muss als Grundsatz gelten: wer seine Familie in die politische Außendarstellung einführt, muss auch damit rechnen, dass dies zu einem Zeitpunkt gegen ihn verwendet wird, an dem ihm diese Art von Berichterstattung nicht mehr sehr sympathisch erscheint. Zum anderen wird hier eine vermeintliche „Bürgernähe" oder „Gewöhnlichkeit und Bodenständigkeit des Politikers" suggeriert, die unter anderen Umständen kontraproduktiv erscheinen kann.

3.7 Warnung davor, zum Gesicht (für was auch immer) zu werden

Eine weitere Entwicklung ist die Suche der Journalisten nach einem „Gesicht".

Das kann unter seriösen Umständen das Gesicht einer Person sein, die für einen politischen Inhalt steht. Es kann aber auch das Gesicht sein, das für einen Skandal, eine Katastrophe oder Ähnliches steht. Da hat es den einsamen Bürgermeister gegeben, der vor einer Batterie an Fernsehkameras saß und bundesweit das „Gesicht" einer eingestürzten Eishalle war, den Bischof, der mit einer perfiden Wiederholung eines

Fotos, das ihm mit gen Himmel gekehrten Augen zeigte, zum „Gesicht" eines kirchlichen Skandals wurde ... Hier gilt es in der Öffentlichkeitsarbeit zwischen beiden zu unterscheiden und sich vor allem vor zweiterem zu schützen.

Der Journalismus hat Tendenz, Sachverhalten „Namen" und „Gesichter" zu geben. Erklären lässt sich das z. B. an dem Bedürfnis bei Kriminalreportagen unbekannten Tätern Eigennamen zu verpassen wie „der Heidekrautmörder", „der Highlander". In einem mit dem Prix du Quai des Orfèvres ausgezeichneten Kriminalroman von 2008 lässt der Autor (*P. Lambert*, Le vengeur des catacombes) den fiktiven Chefredakteur einer Zeitung sagen: *„Die Menschen haben immer, um sich sicherer zu fühlen, danach gestrebt, ihren Albträumen einen Namen geben zu können ..." Das Schlimmste sei die sprichwörtliche „namenlose Angst". Es gibt ein Bedürfnis, die Welt zu definieren, festzumachen. Nur was man kennt, was man benennen kann, kann man auch bekämpfen: „... die Leser lieben es, dass man dem Bösen einen Namen gibt. Ja, das macht sie zuversichtlich. Sie haben den Eindruck, es besser zu kennen, wenn sie es beim Namen nennen können."*

Die nächste logische Stufe nach der Verleihung eines Namens ist die Zuordnung zu einem Gesicht.

3.8 Die neue Flapsigkeit

Nur kurze Erwähnung soll erfahren, dass es bei den journalistischen Darstellungsformen eine neue Flapsigkeit gibt, die sich in Glossen, Satiren und gelegentlich respektlosen Darstellungen der Mitglieder der Verwaltung oder der Kommunalpolitik ausdrückt. Hier könnte es Aufgabe der Öffentlichkeitsarbeit sein, auch mit dem gebührenden Nachdruck sich dagegen zu verwahren und entsprechend zu protestieren. Ist das nicht erfolgreich, gibt es durchaus erprobte Strategien des Zurückschlagens.

Man sollte diese Veränderungen der Medien kennen, um sich mit ihnen auseinandersetzen zu können und sich gegebenenfalls entsprechende Strategien zurechtlegen zu können.

4. Tendenzen der Öffentlichkeitsarbeit der Kommunen

4.1 Moderne Negativtrends

Auch bei der Medienarbeit der Kommunen lassen sich Tendenzen erkennen, die nicht unbedingt zielführend sein müssen.

Dafür steht eine Pressearbeit, die in Symbolik erstarrt, die zum Selbstzweck wird. Statt der alten Regel „Tue Gutes und rede darüber" könnte eine solche Öffentlichkeitsarbeit überschrieben werden mit: „Auch wenn Du nichts tust, rede gut darüber." Es geht dann oft um eine politische Medienarbeit, die sich überschlägt, Polit-PR ohne Inhalt.

Das erste, was ein neuer Verwaltungschef anstellt, ist ein neues Logo zu entwerfen und einen neuen Slogan einzuführen. Es geht dann weniger um inhaltliche Arbeit, als um „Politik als Show".

In einer Broschüre zum 75-jährigen Jubiläum des Presseamtes der Stadt Bochum, in der zahlreiche Pressereferenten aus ganz Deutschland zu Wort gekommen sind, hat der Mannheimer Sprecher *Jörg Blumenthal* kritisch angemerkt, dass viele Fernsehmacher und Verleger auf den Schauwert ungewöhnlicher Bilder und den kurzen, meist oberflächlichen Text setzen. Der Umgang mit schwierigen Sachverhalten, der Informationswert, oft auch der Wahrheitsgehalt seien einigen zunehmend lästig geworden. Was zählt, sei das Reißerische. Verwiesen sei in diesem Zusammenhang auf die Kommentare von *Richard von Weizsäcker* mit der „Abflachungsspirale" und von *Roman Herzog*, der von der „Banalisierung und Trivialisierung, welche die Hirne kaputtzumachen" droht, spricht.

Es gibt eine Reihe von Beispielen der sogenannten großen Politik, die dieser Trivialisierung durchaus entsprechen. Ein Bundeskanzler spricht von „Bild, BamS und Glotze", die ihm für das Regieren ausreichten, was, nebenbei gesagt, ein nicht gerade schmeichelhaftes Bild des mündigen Bürgers abgibt.

Politikdarstellung gerät gelegentlich zur Selbstinszenierung. Was in einer Gesellschaft auch nicht verwundert, in der viele für einen kurzen Fernsehauftritt nahezu alles tun würden. „Der Mensch des 21. Jahrhunderts inszeniert sich in einer Gesellschaft, die schnell vergisst, unaufhörlich selbst" (*Müller/Wetterich*; Rathaus im Klartext; a. a. O., S. 6). Insoweit können Politikerfragen wie „Wie war ich?" auch nicht mehr erstaunen. Talkmaster und Talkmasterinnen des Fernsehens orientieren sich vorwiegend an inszenierter Show. Die Inhalte werden zweitrangig. *„Die neuen Mächtigen haben mehr damit zu tun, sich selbst zu inszenieren mit (dezent) exaltiertem Getue, Aufgeplustere, entsprechender Gestik und Mimik und einer Überartikulation beim Sprechen, so dass schon rein technisch das, was immer sie sagen wollen, schlecht zu verstehen ist, weil der Zuschauer und Zuhörer von derartigen Selbstbespiegelungen abgelenkt wird"* (*Müller/Wetterich*; Rathaus im Klartext; a. a. O., S. 6 f.).

4.2 Sachlichkeit, Stetigkeit, Professionalität

Eine derartige Außendarstellung ist in der Regel kontraproduktiv. Was in der Werbung mit überzeichneten Aussagen Erfolg haben kann, ist in der Öffentlichkeitsarbeit unangebracht. Von behördlicher Informationsarbeit werden Daten, Fakten, seriöse Informationen erwartet. Öffentlichkeitsarbeit sollte sich daher immer durch ihre Sachlichkeit auszeichnen.

Wie in der Werbung allerdings muss Öffentlichkeitsarbeit konstant und regelmäßig durchgeführt werden. Es ist ein häufig anzutreffender Irrtum, dass man durch eine einmalig verbreitete Pressemitteilung die lokale Welt verändern könnte. Informationsarbeit bedarf des langen Atems. Nur ständige Präsenz auf dem Schreibtisch des Journalisten und die tagtägliche Kärrnerarbeit im Umgang mit den Medien führt zu Veränderungen im Bekanntheitsgrad, zu Glaubwürdigkeit und damit auch zu Ansehen und Respekt der Verwaltung.

Gelegentlich ist eine vorausplanende Termin- und Themenliste hilfreich, die sich an den strategischen Zielen der Verwaltung, wichtigen Gremiensitzungen oder Jubiläen orientiert.

Wer für die Medien ein Ansprechpartner sein will, muss dies in seiner Professionalität darstellen. Inkompetentes oder unmündiges Personal, schludrig produzierte Presseinformationen oder Broschüren machen einen amateurhaften Eindruck, der kein Vertrauen schafft. Zur professionellen Arbeit gehört die ständige Präsenz von Mitarbeitern, die versiert Aussagen machen können. Es geht auch darum, dass der Pressesprecher als Sprachrohr des Oberbürgermeisters oder des Verwaltungschefs gelten können muss und bei den Journalisten der Eindruck entsteht, dass seine Aussagen auch dem Oberbürgermeister zugerechnet werden können.

4.3 Anhaltspunkte

Als Anhaltspunkte für die Anforderungen an die Presse- und Öffentlichkeitsarbeit können gelten:

- Professionalität: es steht zu erwarten, dass die Anzahl von Informationen wächst, ihr Inhalt vielfältiger wird und der Anspruch an diese Informationen wachsen wird. Qualität in der Außendarstellung wird an Bedeutung gewinnen.
  Von der Öffentlichkeitsarbeit wird künftig erwartet werden, dass sie sich auch der neuen technischen Formen der Informationsvermittlung wie selbstverständlich bedient.
- Orientierung: die exponentiell anwachsende Informationsfülle wird es notwendig machen, dass Personen, die Vertrauenswürdigkeit genießen, die Bürger an der Hand nehmen und ihnen eine klare Systematik und Übersichtlichkeit anbieten.
- Unverwechselbarkeit und Alleinstellung: schon aufgrund der wachsenden Zahl von Mitspielern, die alle um die Aufmerksamkeit buhlen und Informationen in digitaler, gedruckter, gesprochener Form ausstoßen, wird es notwendig sein, ein unverwechselbares Profil zu entwickeln, um in der Fülle der Informationen als Absender gefunden und wiedererkannt zu werden. Das gilt einmal für die Form, in der die Inhalte transportiert werden (nämlich seriös, sachlich, unaufgeregt) wie auch in der graphischen Erkennbarkeit (zum Beispiel durch Corporate Identity und Corporate Design).

5. Öffentlichkeit und Öffentlichkeitsarbeit

5.1 Der Begriff der Öffentlichkeit

Öffentlichkeit in dem hier verstandenen Sinne gibt es erst seit der Neuzeit, seit das Lesen und Schreiben Allgemeingut geworden und durch allgemein verbreitete Publikationsmittel die sog. bürgerliche Gesellschaft ihrer selbst bewusst wurde (*Heller*, Staatslehre, S. 173). Die Entwicklung der Öffentlichkeit ist in der Folge weitgehend eine abhängige Funktion der Gesellschafts- und Staatsform. Ihren Durchbruch verdankt die Öffentlichkeit auf dem Kontinent der französischen Revolution. Ihren sinnfälligen und greifbaren Ausdruck findet sie in der öffentlichen Meinung. Öffentliche Meinung ist dabei aber nicht schon das politische Feuilleton der irgendwie publizierten Tagesmeinungen, sondern ist *„politische Willensmeinung in rationaler Form"* (*Heller*, a. a. O., S. 174). Als *„öffentlich aktive Meinung nimmt sie für sich in Anspruch, als Ausdruck des allgemeinen Bewusstseins zu gelten"* (*Morstein-Marx*, DVBl 1963 S. 692).

Dabei darf nicht übersehen werden, dass die Öffentlichkeit tatsächlich aus vielen einzelnen Teil-Öffentlichkeiten besteht und die sog. öffentliche Meinung gerade in Großstädten *„ein Knäuel, möglicherweise eine Gruppierung, aber immer ein pluralistisches Phänomen"* ist (*Morstein-Marx*, a. a. O.).

Angesichts der hohen Bedeutung der öffentlichen Meinung hat das BVerfG entschieden, dass die Freiheit der Bildung der öffentlichen Meinung *„mit Fug als durch Art. 5 GG mitgarantiert angesehen wird"* (BVerfGE 8, 104, 112). Ziel der Medienfreiheit ist es, die Bildung einer freien öffentlichen Meinung zu erleichtern und zu gewährleisten (so BVerfGE 25, 256, 268 für die Pressefreiheit), denn den Medien kommt bei diesem sich ständig erneuernden Vorgang eine außerordentlich bedeutungsvolle Rolle zu. Sie reicht von der Vermittlung der zur Bildung der öffentlichen Meinung erforderlichen Tatsachen, Meinungen und Vorgänge an das Publikum bis zur aktiven Mitwirkung an der Bildung der öffentlichen Meinung selbst. Mit Recht hat das BVerfG die Medien sowohl als den Motor, der die öffentliche Meinungsbildung vorantreibt, als auch das Sprachrohr bezeichnet, durch das sich die öffentliche Meinung äußert.

5.2 Öffentlichkeitsarbeit

5.2.1 Definition

Für Öffentlichkeitsarbeit gibt es eine unüberschaubare Zahl von Definitionen. *Albert Oeckl* beschreibt Öffentlichkeitsarbeit als *„Management von Kommunikationsprozessen für Organisationen und Personen mit deren Bezugsgruppen, die im Dialog versuchen, Akzeptanz für deren Interessen zu erreichen"*. An anderer Stelle definiert er Öffentlichkeitsarbeit als *„das bewusst geplante und dauerhafte Bemühen, gegenseitiges Verständnis und Vertrauen in der Öffentlichkeit aufzubauen und zu pflegen. Das Wort Öffentlichkeitsarbeit als die geeignetste Wortbildung für Public Relations drückt ein Dreifaches aus: Arbeit in der Öffentlichkeit, Arbeit für die Öffentlichkeit und Arbeit mit der Öffentlichkeit"* (*Oeckl* in Dörrbecker/Rommerskirchen, 1990, S. 13 – 28).

Als *„die Gesamtheit von Maßnahmen des Staates und der gesellschaftlichen Organisationen, die sich auf die Regelung des Prozesses der gesellschaftlichen Kommunikation richten"* beschreiben *Böckelmann* und *Nahr* die Informationspolitik. Sie stellen dabei die sog. „Hörrohrfunktion" heraus, wonach sich Öffentlichkeitsarbeit nicht damit begnügen könne, getroffene Entscheidungen und Maßnahmen oder festgelegte Planungskonzeptionen des Verwaltungssystems lediglich darzustellen, aufklärend zu erläutern, defensiv zu rechtfertigen oder dafür zu werben; bereits das „legitimationswirksame Ausfindigmachen" dessen, was als Problem überhaupt vordringlich ist, sei Sache der Öffentlichkeitsarbeit (*Böckelmann/Nahr*, 1979).

Schwiderowski sieht in staatlicher Öffentlichkeitsarbeit *„seit jeher (ein) Instrument der Regierungsmacht"*, als einen *„in komplexen, demokratischen Staaten notwendigen, legitimen Bestandteil der Informationsvermittlung"* (*Schwiderowski* in Andersen/Woyke, 1995, S. 422). Eine ebenfalls instrumentale Definition der Öffentlichkeitsarbeit als bewusstes, geplantes und wirtschaftlich sinnvolles Bemühen, durch eine zielgerichtete Informationsvermittlung in der Öffentlichkeit Vertrauen, Verständnis und Akzeptanz aufzubauen, sieht *Oppermann* (*Oppermann*, 1990).

Bergsdorf (in Dörrbecker/Rommerskirchen, 1990, S. 30 ff.) teilt die staatliche Kommunikation in Informationspolitik und Öffentlichkeitsarbeit ein. Danach ist Informationspolitik die *„aktuelle Unterrichtung der Öffentlichkeit über einzelne Sachfragen, Entscheidungen, Ansichten, Verhandlungen"*, während Öffentlichkeitsarbeit *„die nicht an den Tag gebundene Gesamtdarstellung einer Politik oder eines Politikbereiches"* ist.

Öffentlichkeitsarbeit und Pressearbeit gelten als eng zusammenhängende Varianten von Informationspolitik und werden daher auch oft in dieser Verknüpfung („Presse- und Öffentlichkeitsarbeit") im kommunalen Sprachgebrauch verwendet. Unter Öffentlichkeitsarbeit wird dabei selbstgesteuerte, -gestaltete, -bezahlte und -kontrollierte Informationsarbeit verstanden. Die hierbei eingesetzten typischen PR-Mittel (z. B. Broschüren, Flyer, Ausstellungen) wirken direkter und sind effizienter einsetzbar als an die Medien gerichtete Formen der Pressearbeit.

Die vielleicht treffendste Definition der Öffentlichkeitsarbeit stammt von der Deutschen Public Relations Gesellschaft (DPRG). Danach ist

Öffentlichkeitsarbeit das *„bewusste, geplante und dauerhafte Bemühen um ein Vertrauensverhältnis zwischen Unternehmen, Institutionen oder Personen und ihrer Umwelt. Öffentlichkeitsarbeit meint vor allem aktives Handeln durch Information und Kommunikation auf konzeptioneller Grundlage. Sie ist darum bemüht, Konflikte zu vermeiden oder bereinigen zu helfen. Öffentlichkeitsarbeit vermittelt Identität, Zielsetzungen und Interessen einer Organisation sowie deren Tätigkeiten und Verhaltensweisen nach innen und außen".*

Insbesondere durch den letzten Satz wird mit einem Missverständnis aufgeräumt, das bei vielen Politikern und Verwaltungsspitzen existiert. Öffentlichkeitsarbeit bedeutet nicht nur Kommunikation mit Außenstehenden, sondern auch innerhalb der eigenen Organisation!

5.2.2 Geschichtliches: Vom Stadtausrufer zur Pressestelle

Zwar unterhielten die Städte von jeher einen reichen Informationsverkehr, doch diente dieser nicht der Information der Bürger, sondern dem Schutz gegen den mächtig werdenden Adel und die Territorialgewalt. Was an Informationen für die Bürger anfiel, konnte noch spielend über den Ausrufer, die Rathaustafel oder einen anderen öffentlichen Aushang bekannt gegeben werden. In den Intelligenzblättern des 18. Jahrhunderts finden sich kaum kommunale Nachrichten, außer Mitteilungen über Marktordnung, Lebensmittelpreise oder städtische Anstalten.

Breite Informationen erfolgten erst nach den Stein'schen Reformen, nicht nur weil mit der beabsichtigten Selbstverwaltung das Bürgerengagement nötig wurde, sondern weil das wirtschaftliche, kulturelle und soziale Leben in den Städten an Umfang und Verästelung zunahm. In den Achtziger und Neunziger Jahren des 19. Jahrhunderts setzte dann auch hier und da eine leichte öffentliche Aufklärungsarbeit der kommunalen Selbstverwaltung ein.

Als erste deutsche Stadt richtet auf Anregung des Magdeburger Generalanzeigers die Stadt Magdeburg im Jahr 1906 eine Pressestelle ein, nachdem schon seit 1901 die Rechtsauskunftsstelle mit der Betreuung der Presseangelegenheiten vom Magistrat beauftragt worden war. 1913 fand die erste Pressekonferenz statt, in deren Ergebnis der Magistrat der Presse zusagte, ihr die wichtigsten Beschlüsse aus den Sitzungen mitzuteilen, vorbehaltlich Bedenken seitens der Verwaltung. *„Der Reichsverband der Deutschen Presse stellte in seiner Zeitschrift fest, dass das Vorgehen des Magdeburger Magistrats von grundlegender, vorbildlicher Bedeutung für die gesamte deutsche Presse werden kann und auch an anderen Orten bald Nachahmung finden dürfte."* Beschleunigt durch kriegsbedingte Zwänge fand diese Voraussetzung sich bestätigt. Im Jahr 1922 bestanden zwischen München und Kiel, zwischen Breslau und Aachen bereits in 56 Städten Presseämter, 1927 verfolgten 66 von 90 Städten einen organisierten Nachrichtendienst.

1951 nach dem demokratischen Neubeginn hatten 73 Städte Pressestellen oder Presseämter.

Die neueste Erhebung, abgedruckt im statistischen Jahrbuch Deutscher Gemeinden, zeigt, dass in den deutschen Städten heute Pressestellen selbstverständlich sind.

In den meisten kleineren Gemeinden, auch wenn sie keine eigene Pressestelle haben, sind regelmäßige Pressesachbearbeiter in Verbindung mit anderen Dienststellen anzutreffen. Der schon aufgezeigte Trend zur Professionalisierung der kommunalen Öffentlichkeitsarbeit wird künftig den Trend zur Schaffung eigenständiger Presseabteilungen in den Gemeinden, die derzeit noch über keine verfügen, forcieren.

6. Der rechtliche Rahmen

Im Medienrecht besteht in den Grundtatbeständen weitgehende Rechtseinheit. Dafür hat im Presserecht der Modellentwurf für ein Pressegesetz gesorgt. An diesem 1963 von der Ständigen Konferenz der Innenminister der Länder formulierten Modell für Landespressegesetze haben sich die Landesgesetzgeber weitgehend orientiert. Im Rundfunkrecht, für das der Bund für das Bundesgebiet keine Gesetzgebungskompetenz hat, haben die von der Rundfunkfreiheit des Art. 5 Abs. 1 Satz 2 GG ausgehenden verfassungsrechtlichen „Zwänge" und die Rechtsprechung des BVerfG ebenfalls für eine überraschende Rechtsidentität gesorgt. Die 1997 ergangenen Regelungen des Informations- und Kommunikationsdienstgesetzes (IuKDG) des Bundes und der Mediendienstestaatsvertrag der Länder erweitern die Palette der presserechtlichen Grundlagen auf das Gebiet des Internets.

6.1 Die Grundrechte des Art. 5 Abs. 1 GG

Art. 5 Abs. 1 GG enthält mehrere Grundrechte, die ein innerer Zusammenhang verbindet. An der Spitze steht die Informationsfreiheit. Darauf kann die Freiheit der Meinungsbildung, die nicht ausdrücklich erwähnt wird, als Voraussetzung der freien Meinungsäußerung und -verbreitung aufbauen (Art. 5 Abs. 1 Satz 1 GG). In Satz 2 werden als spezielle instrumentelle Ausprägungen der Informations- und Meinungsfreiheit, Pressefreiheit und Freiheit der Berichterstattung durch Rundfunk und Film gewährleistet.

6.2 Die Meinungs- und Informationsfreiheit

Zur Freiheit der Meinungsäußerung hat das BVerfG (BVerfGE 7, 198, 208) ausgeführt, dieses Grundrecht sei *„als unmittelbarster Ausdruck der menschlichen Persönlichkeit in der Gesellschaft eines der vornehmsten Menschenrechte überhaupt, ... Für eine freiheitlich-demokratische Staatsordnung ist es schlechthin konstituierend, denn es ermöglicht erst die ständige geistige Auseinandersetzung, den Kampf* *der Meinungen, der ihr Lebenselement ist. Es ist in gewissem Sinne die Grundlage jeder Freiheit überhaupt".*

Unter dem Begriff Meinung in Art. 5 Abs. 1 Satz 1 GG fallen Ansichten, Überzeugungen, Werturteile, gleichgültig, ob sie intelligent oder dumm, richtig oder falsch sind. Aber auch Tatsachenmitteilungen fallen hierunter, wenn sie richtig sind.

Gegenüber der Gemeinde besteht kein Anspruch auf „Anhörung" von Meinungsäußerungen der Bürger, außer im Rahmen des Petitionsrechts (Art. 17 GG) oder als Betroffener im Rahmen gesetzlich geregelter Verfahren. Der Querulant kann sich also gegenüber der Gemeinde nicht generell auf Art. 5 Abs. 1 Satz 1 GG berufen. Ebenso wenig kann hieraus eine Förderungspflicht der Gemeinde für „Selbstdarsteller" – z. B. durch Überlassung von kommunalen Sälen für Vorträge – abgeleitet werden.

6.3 Die Pressefreiheit

Art. 5 Abs. 1 Satz 2 GG gewährleistet die Freiheit der Presse. Hierzu hat das BVerfG (BVerfGE 10, 118, 121) festgestellt: *„Das Grundrecht der Pressefreiheit ist mehr als nur ein Unterfall der Meinungsfreiheit, da darüber hinaus die institutionelle Eigenständigkeit der Presse von der Beschaffung der Information bis zur Verbreitung der Nachricht und der Meinung gewährleistet ist. Diese institutionelle Sicherung der Presse als eines der Träger und Verbreiter der öffentlichen Meinung im Interesse einer freien Demokratie schließt das subjektive öffentliche Recht der im Pressewesen tätigen Personen ein, ihre Meinung in der ihnen geeignet erscheinenden Form ebenso frei und ungehindert zu äußern wie jeder andere Bürger."*

Da der Grundsatz der Pressefreiheit „schlechthin konstituierend für die freiheitliche Demokratie" ist, haben die Landespressegesetze das Bekenntnis zur Pressefreiheit an den Anfang der weiteren Normierungen gestellt. Die Einleitung der Pressegesetze

„Die Presse ist frei; sie dient der freiheitlichen demokratischen Grundordnung"

gibt aber im Grunde genommen nicht mehr wieder als das, was die Rechtsprechung bereits aus dem GG abgeleitet hatte.

Nach der Kompetenzverteilung des GG (Art. 75 Nr. 2 GG) hat der Bund nur die Gesetzgebungszuständigkeit für eine Rahmengesetzgebung über die allgemeinen Rechtsverhältnisse der Presse. Seine Regelungsbefugnis ist mithin doppelt eingeschränkt zugunsten der Ländergesetzgebungskompetenz. Da der Bund ein solches Rahmengesetz nicht erlassen hat, sind die Länder im Rahmen der durch Art. 5 GG gesetzten Grenzen frei, das Presserecht gesetzlich zu regeln. Alle 16 Bundesländer haben von dieser Möglichkeit Gebrauch gemacht und eigene Pressegesetze erlassen. In den Kernpunkten wie Impressums- und Sorgfaltspflicht, Recht auf Gegendarstellung oder Zeugnisverweigerungsrecht der Journalisten stimmen diese Gesetze überein.

Das Grundrecht der Pressefreiheit verwehrt es der Kommune, Einfluss auf die Tendenz der Presseberichterstattung zu nehmen.

6.4 Die Freiheit der Berichterstattung durch den Rundfunk

Neben der Pressefreiheit garantiert Art. 5 Abs. 1 Satz 2 GG *„die Freiheit der Berichterstattung durch (den) Rundfunk"*. Nach dem ersten Fernsehurteil des BVerfG (BVerfGE 12, 205) ist *„für den Rundfunk als einem neben der Presse stehenden, meistens gleich bedeutsamen, unentbehrlichen, modernen Massenkommunikationsmittel und Faktor der öffentlichen Meinungsbildung die institutionelle Freiheit nicht weniger wichtig ... als für die Presse"*.

Die Rundfunkfreiheit unterscheidet sich wesensmäßig nicht von der Pressefreiheit. Die Rundfunkfreiheit dient der freien, individuellen und öffentlichen Meinungsbildung, und zwar in einem umfassenden, nicht auf bloße Berichterstattung oder die Vermittlung politischer Meinungen beschränkten, sondern jede Vermittlung von Informationen und Meinung umfassenden Sinne (vgl. BVerfGE 60, 53, 63 f.). Sie wird wahrgenommen durch Nachrichtensendungen, politische, wirtschaftliche, kulturelle Kommentare, durch Sendereihen über politische Probleme der Gegenwart, der Vergangenheit oder der Zukunft. Meinungsbildung geschieht aber auch in Hörspielen, musikalischen Darbietungen, Übertragungen kabarettistischer Programme bis hinein in die szenische Gestaltung einer Darbietung.

Den Ordnungsrahmen für den privaten als auch für den öffentlich-rechtlichen Rundfunk (duales Rundfunksystem) bildet der in mehreren Stufen entwickelte Rundfunkstaatsvertrag der 16 Länder.

6.5 Presserecht im Internet?

Das Internet bietet eine optimale Plattform für öffentliche Berichterstattung. Doch gelten auch hier die im Printmedienbereich oder im Rundfunk üblichen rechtlichen Bedingungen? Die Antwort lautet eindeutig: Ja und Nein! Denn es existiert kein verfasstes „Internetrecht".

Mit zunehmender Nutzung des Mediums Internet verfestigt sich jedoch – insbesondere durch Rechtsprechung – die Ansicht, dass die bestehende Rechtsordnung im Wesentlichen auf den Bereich des Internets Anwendung findet. Fast alle Zeitungen und Verlage stellen ihre täglichen Berichte online ins World Wide Web. Kommunen erkennen zunehmend die Relevanz des Internets für ihre Zwecke und informieren ihre Bürger und Internet-Nutzer direkt über die eigene Gemeinde-Homepage.

Mit der Nutzung des Internets als Informations- und Kommunikationsmedium sind neben der Meinungs- und Pressefreiheit jedoch auch die üblichen Pflichten verbunden, die – mangels rechtlicher Grundlagen – im Jahre 1997 im Informations- und Kommunikationsdienstegesetz des Bundes (IuKDG) und über den Mediendienstestaatsvertrag der Länder (MDStV) festgelegt wurden. Die Regelungen des IuKDG, das unter anderem in Art. 1 das sog. Teledienstegesetz (TDG) enthält, finden Anwendung in der individuellen Nutzung von Telebanking, Datendiensten oder Online-Shopping (sog. Teledienste).

Der am 1.8.1997 in Kraft getretene MDStV dagegen gilt für alle Anbieter von Mediendiensten, die an die Allgemeinheit gerichtete Informations- und Kommunikationsdienste in Text, Ton oder Bild verbreiten. Das Internet-Angebot muss in der Zielsetzung politische, weltanschauliche, soziale oder ähnliche Inhalte enthalten, um es als Mediendienst gemäß MDStV einstufen zu können (sog. Meinungsrelevanz). Andernfalls, z. B. bei werblichen Internet-Seiten mit lediglich ergänzendem redaktionellen Inhalt, handelt es sich um einen Teledienst, auf den der MDStV nicht anwendbar ist. TDG und MDStV schließen sich im Übrigen aus.

Kommunale Homepages und „Online-Zeitungen“ fallen generell unter die Regelungen des MDStV, der nach dem Vorbild der presserechtlichen Bestimmungen entwickelt wurde. Diese sind u. a. wieder zu erkennen in der Impressumspflicht (§ 10 MDStV), in der Pflicht zur Veröffentlichung von Gegendarstellungen (§ 14 MDStV), in der klaren Trennung von redaktionellem Beitrag und Werbung (§ 13 MDStV) und in den Bestimmungen zum Kinder- und Jugendschutz (§ 12 MDStV), die in ähnlicher Form auch in den Länderpressegesetzen verankert sind.

Die derzeit in verschiedenen Regelwerken enthaltenen Ausführungen zum Internet-Recht sollen in naher Zukunft in einem deutschen Telemediengesetz zusammengefasst werden. Es regelt und vereinheitlicht dann alle rechtlichen Anforderungen für Informations- und Kommunikationsdienste und löst das TDG, den MDStV und damit verbundene Gesetze ab.

7. Pressegesetze

Die Öffentlichkeitsarbeit der Verwaltungen ist eine Rechtspflicht. Nach den Pressegesetzen der Länder sind die *„Behörden ... verpflichtet, den Vertretern der Presse die der Erfüllung ihrer öffentlichen Aufgaben dienenden Auskünfte zu erteilen“* (z. B. § 4 Abs. 1 Landespressegesetz Schleswig-Holstein, zuletzt geändert durch Gesetz vom 19.12.1994). Auskünfte können nur verweigert werden bei schwebenden Verfahren, wenn Vorschriften der Geheimhaltung entgegenstehen, ein überwiegend öffentliches oder ein schutzwürdiges privates Interesse verletzt würde oder ihr Umfang das zumutbare Maß überschreitet.

Die Landespressegesetze räumen den Medien einen Anspruch auf Auskunft gegenüber den Behörden ein. Der Begriff „Behörde“ ist im

Gesetz allerdings nicht weiter definiert. (Im Bremer Pressegesetzes ist die Auskunftspflicht ausdrücklich für die „Behörden des Landes und der Gemeinden sowie die der Aufsicht des Landes unterliegenden Körperschaften des öffentlichen Rechts" genannt.) In anderen Landespressegesetzen steht nur der Begriff „Behörde". Sind in den Gesetzen keine konkreten Regelungen enthalten, wird der Auskunftsanspruch direkt aus Art. 5 GG abgeleitet.

Der Begriff „Behörde" ist in § 1 Abs. 3 Verwaltungsverfahrensgesetz (VwVfG) definiert. Danach ist „Behörde" jede Stelle, die „die Aufgaben der öffentlichen Verwaltung wahrnimmt". Nach *Wallerath* sind Behörden „jene Organe eines Trägers öffentlicher Verwaltung, die mit Außenzuständigkeit für die Vornahme konkreter Rechtshandlungen gegenüber Dritten Subjekten ausgestattet sind" (*Maximilian Wallerath*, Allgemeines Verwaltungsrecht, Siegburg, 1979, S. 81).

Ohne Bedeutung für die Auskunftspflicht ist, ob die Behörde mit hoheitlichen Aufgaben oder mit Aufgaben privatrechtlicher Natur betraut ist. Parlamente, auch Kreistag und Gemeinderat bzw. Stadtrat, sind keine Behörden im organisatorischen Sinn.

Darüber hinaus hat die Öffentlichkeitsarbeit auch die Aufgabe, die Beratungsaufgaben gegenüber dem Bürger zu erfüllen und die Tätigkeit der öffentlichen Verwaltung mit Blick auf das Staatsziel „Demokratie" der Bevölkerung transparent zu machen. Sie trägt zur Meinungsbildung bei, gibt dem Bürger einen Orientierungsrahmen und ermöglicht die Leistungskontrolle (*Häußer*, Verwaltung und Fortbildung, Nr. 1/94). Nicht zuletzt legt das neue Informationsfreiheitsgesetz einen weiteren Grundstein zur demokratischen Meinungs- und Willensbildung, der auch die kommunalen Verwaltungen mit ihrer Öffentlichkeitsarbeit Rechnung tragen müssen.

Wer Öffentlichkeitsarbeit vernachlässigt oder gar keine betreibt, überlässt die Imagebildung dem Zufall. In der Folge kursieren häufig einseitige Informationen und vor allem negative Nachrichten.

8. Auskunftspflicht der „Behörden" – Umfang und Grenzen

Die scheinbare Unübersichtlichkeit des Themas „Auskunftspflicht von Behörden gegenüber Medien" beziehungsweise der Haftung von Auskunftsgebenden aus dem Bereich Verwaltung und Politik rührt nicht zuletzt daher, dass verschiedene Rechtsbereiche berührt sind:

- das Presserecht in Bezug auf den sogenannten behördlichen Auskunftsanspruch,
- das Gemeindeverfassungsrecht in Bezug auf die Rechtsstellung des einzelnen Mitglieds des Stadtrats,
- das Gesellschaftsrecht, wenn es um Auskunft aus Beiräten, Verwaltungsräten und Ähnlichem geht,

- das Strafrecht im Zusammenhang etwa mit dem sogenannten „Verrat von Privatgeheimnissen“,
- eventuell das Nebenstrafrecht in Bezug auf die Verletzung von datenschutzrechtlichen Belangen bzw. persönlichkeitsrechtlichen Schutzbereichen.

8.1 Auskunftspflicht

Staatliche und kommunale Behörden sind verpflichtet, auf Anfragen von Medien Auskunft zu erteilen. Für privat-rechtliche Institutionen besteht keine solche Auskunftspflicht (Ausnahmen bestehen dann, wenn es sich um eine öffentliche Aufgabe handelt und der Staat beteiligt ist – BGH – III ZR 294/04 –).

Art. 5 Abs. 1 Satz 1 GG gibt jedermann das Recht, sich aus „allgemein zugänglichen Quellen unterrichten zu können“. Daraus leitet sich auch verfassungsrechtlich der Anspruch der Journalisten ab. Nach dem BVerfG führt das dazu, *„dass im Rahmen der Auskunftspflicht der öffentlichen Behörden der Staat in seiner Rechtsprechung der Bedeutung der Pressefreiheit Rechnung tragen muss“* (vgl. BVerfGE 44, 125 – 197; ferner: *P. Schiwy/W. J. Schütz*, Medienrecht, S. 396).

In der Entscheidung des BVerfG wird die Bedeutung der Pressefreiheit hinsichtlich eines „freiheitlich demokratischen Staatswesens“ und der damit verbundenen Aufgabe der Presse, „an dem Prozess der Bildung der öffentlichen Meinung teilzunehmen“, ein hervorgehobener Stellenwert zugeschrieben. Es sei „Pflicht des Staates, diese Aufgabe der Presse zu respektieren“ (*Michael Konken*, a. a. O., S. 173; vgl. BVG – A2 7c 139/81 –).

8.2 Herkunft und Sinn des Auskunftsanspruches

Der Anspruch von Medien gegenüber Behörden auf Auskunft ist in den Pressegesetzen der Länder in unterschiedlicher Art und Weise geregelt, läuft aber im Grundsatz immer auf den gleichen Regelungstatbestand hinaus, da dieser Anspruch grundsätzlich bereits im GG begründet ist (vgl. BVerfGE 20, 162, 175 ff.; BVerwGE 70, 314).

Nach dem Demokratieprinzip ist eine Pflicht der Behörde zur aktiven Information der Bürgerinnen und Bürger ebenso begründet wie die Pflicht zur passiven Antwort auf Nachfragen von Medien. Der zweite Bereich ergibt sich aus dem Katalog der Funktionen der Medien im freiheitlich-demokratischen Staat. Das Auskunftsrecht hat sich historisch aus der „Kontrollfunktion“ der Presse in der freiheitlich-demokratischen Grundordnung entwickelt. Es öffnet Medien die Möglichkeit zur konkreten Nachfrage im Einzelfall. Es ist also ein Instrument, um Vermutungen nachzugehen, es könne „fragwürdiges“ (rechtswidriges) Verhalten bei Behörden geben. Es stellt außerdem eine Hilfe zur Recherche bei konkreten Sachfragen dar, umfasst aber nicht einen generellen Auskunftsanspruch zu allen möglichen Fragen kommunalen Handelns. Es ermöglicht daher ein Nachfrage-Recht im konkreten Einzelfall (bei vermuteter behördlicher Unkorrektheit). Es bedeutet nicht, dass eine allgemeine – vorauseilende – Bringschuld der Gemeinde besteht.

8.3 Umfang

Es ist wichtig, den „Umfang" des Auskunftsrechtes nach den Landespressegesetzen zu kennen, um ggf. selbstbewusst mit Kenntnis der juristischen Grundlagen gegen überzogene und ggf. unverschämte Auskunftsbegehren auftreten zu können, zumal sich gerade jüngere Journalisten im Brustton der Überzeugung (und ohne vertiefte Rechtskenntnisse oder auch nur Befassung mit der Materie) zunehmend häufiger darauf berufen.

- Der Auskunftsanspruch erstreckt sich ausdrücklich nur auf Tatsachen, Fakten und Sachverhalte.
- Er umfasst nicht das Recht auf Preisgabe von Meinungen (Standardsatz in Bezug auf die Frage: „Was hält die Stadt von ...?"): Eine Stadt hat keine Meinung, eine Stadt hat ausschließlich Beschlusslagen.
- Der Auskunftsanspruch ist auch kein Anspruch auf Herausgabe von Bildern, Grafiken oder dergleichen.
- Es gibt keinen Anspruch auf ein Interview.
- Und es gibt keinen Anspruch auf eine bestimmte Auskunftsperson (die Entscheidung, wer dem Auskunftsanspruch nachkommt, liegt ausschließlich bei der Behördenleitung).

Adressat des Auskunftsanspruches ist „die Behörde", im Falle einer Kommune ist das der Oberbürgermeister/die Oberbürgermeisterin sowie gegebenenfalls das nach dem Organigramm zuständige Amt für Presseangelegenheiten.

8.4 Grenzen des Auskunftsanspruches

Die Grenzen des Auskunftsanspruches sind hinreichend definiert. Nicht Auskunft gegeben werden darf über Gegenstände, die nach der Gemeindeordnung als nicht-öffentliche Beratungsgegenstände definiert sind. Darüber hinaus sind die einschlägigen gesetzlichen Vorschriften in Bezug auf das Datenschutzrecht und in Bezug auf Persönlichkeitsrechte zu beachten. Hier kommt es immer wieder zu Konfliktfällen, etwa in Bezug auf Auskünfte im Jugendamtsbereich. Wenn der eigentliche Sinn des Auskunftsanspruches darin gesehen wird, gegebenenfalls den Verdacht auf eine missbräuchliche Anwendung des Rechtes durch das Jugendamt im Sorgerechtsbereich zu lenken, kollidiert dies mit Vorschriften des Datenschutzes und des Persönlichkeitsrechtes, dass nämlich solche Informationen ausdrücklich nicht weitergegeben werden können. Ungeachtet dessen bleiben die Schutzvorschriften in der Regel vorrangig.

Auskunftsberechtigte

In den deutschen Städten hat es in jüngerer Zeit Fragen gegeben, wer denn als „Auskunftsberechtigter" im Sinne der Landespressegesetze zu gelten habe. Hintergrund dazu war: Anzahl, Umfang und Inhaltsvielfalt von öffentlich zugänglichen Medien sind mit der Verbreitung von Internet und der Entwicklung von Social Media deutlich bis dramatisch angestiegen. Demzufolge erreichen die städtischen Presseämter eine Vielzahl (zusätzlicher) Anfragen von elektronischen Medien, von Bloggern, von Social-Media-Aktivisten, aber auch von Personen, die unter dem Banner von Freelance-Journalisten segeln und unter Berufung auf den landespresserechtlichen Auskunftsanspruch Informationen (analog: Einladung zu städtischen Veranstaltungen, ggf. Pressekonferenzen) begehren. Insoweit stellt sich die Frage: Wem müssen die Presseämter tatsächlich antworten (bzw. wen müssen sie einladen)?

Grundsätzlich ist festzustellen: Die Zunahme von Auskunftsbegehren (übertrieben: sogar eine Flut von Anfragen) entbindet die Behörde, hier die Stadt, nicht von ihrer Pflicht zu Auskunft, und grundsätzlich sind alle Medien im Rahmen der Auskunftspflicht gleich zu behandeln.

Um aber die Flut der sich als Journalisten gerierenden Nur-Neugierigen oder absichtsvoll handelnden politischen Aktivisten (der unter der Journalisten-Flagge versucht, die Stadt zu „Auskünften" zu zwingen) einzuschränken, gilt der Hinweis, dass die Auskunftspflicht explizit für **„Medien"** gilt, d. h. für Publikationen, die regelmäßig, laufend und aktuell erscheinen und publizistische Wirkung zu erzielen beabsichtigen; außerdem muss die öffentliche Zugänglichkeit und Verbreitung des Mediums sichergestellt sein. Die öffentliche Zugänglichkeit gilt bereits durch einen Internet- bzw. Social-Media-Auftritt als gegeben (vgl.: Vorbericht zur 107. Sitzung des Presseausschusses des Deutschen Städtetags, November 2014).

In den meisten Bundesländern sind auch freie Journalisten anfrageberechtigt, auch wenn sie keinen konkreten Auftrag eines Mediums zur Recherche haben, sondern einen Artikel erstellen, der dann Redaktionen angeboten werden soll (vgl.: VG Saarland, Urt. vom 12.10.2006 – 1 K 64/05 –), was klar dem Berufsbild des freiberuflich tätigen Berufsjournalisten entspricht. Nicht darunter fallen „Institute", universitärer oder privater Provenienz, die Umfragen oder Rankings erstellen (vgl.: *Gerd Treffer*, Presserechtliche Betrachtungen zum Thema 'Städterankings'; Sonderdruck des Deutschen Städtetags; Berlin, 2006).

Die Stadt hat bei Anfragen einzelner Journalisten ein Recht darauf zu erfahren, für wen gearbeitet wird (also wer Auftraggeber ist).

Blogger – auskunftsberechtigt?

Blogger gelten nach der Rechtsprechung als Medienvertreter. Ein Auskunftsanspruch besteht, wenn die Angebote journalistisch-redaktionell aufbereitet sind (vgl.: Vorbericht zur 108. Sitzung des Presseausschusses des Deutschen Städtetags; April 2015). Auskunftsanspruch besteht bei Blogs allerdings nicht nach Landespressegesetz(en), sondern nach § 9a des Rundfunkstaatsvertrags. Inhaltlich ergibt sich dadurch kein Unterschied. Letztlich ist, wie bei herkömmlichen Medienerzeugnissen, zu beurteilen, ob journalistisch gearbeitet wird oder nicht (dies ist unabhängig vom Medium, vgl.: VG Stuttgart, Urt. vom 22.4.2010 – 1 K 943/09 –; VGH Mannheim, Beschl. vom 25.3.2014 – 1 S. 196/14 –; VG Greifswald, Beschl. vom 17.12.2012 – 2 B 1626/12 –).

Maßstab Presseausweis?

Um journalistisch arbeitende Menschen von Nicht-Journalisten (und damit Nicht-Auskunftsberechtigten) zu unterscheiden, ist das Vorlegen eines Presseausweises ins Gespräch gebracht worden. Juristisch ist der Besitz eines Presseausweises seit dem Urt. des VGH Düsseldorf vom 17.9.2004 als Voraussetzung für Auskünfte oder das Akkreditierungsbegehrung für Pressekonferenzen obsolet (vgl.: http://www.telemedicus.info/article/2718-Darf-der-bundestag-von-Bloggern-einen-Presseausweis-verlangen.html).

Nach dem Urt. hob die Innenministerkonferenz den bis dahin 15 Jahre geltenden Runderlass zur Ausstellung von Presseausweisen durch fünf große Verbände mit Wirkung zum 31.12.2008 vollständig auf. Die Vergabe wird seither (ohne Einfluss staatlicher Stellen) allein von den Verbänden geregelt. War sie bis dahin den fünf großen Verbänden vorbehalten, steht es heute jeder Organisation frei, Presseausweise auszustellen, etwa für „nebenberufliche Journalisten", „Bürgerjournalisten", „Blogger".

Insoweit sind „Presseausweise" für die Beurteilung des Auskunftsanspruches nicht länger hilfreich und der jeweils Befasste ist auf die Einzelfallprüfung zurückgeworfen.

Zugang zu Pressekonferenzen

Verbunden mit der Frage des Auskunftsanspruches war oben die Thematik des Anspruches auf Teilnahme an städtischen Pressekonferenzen (im weiteren auch auf Aufnahme in entsprechende Presseverteiler für Pressemitteilungen der Stadt, siehe 22, 23) angedeutet worden.

Analog der Pflicht zur Auskunftserteilung gilt entsprechend dem Gleichbehandlungsgebot aller (berechtigten) Medien auch für Pressekonferenzen (und städtische Veranstaltungen, zu denen die Stadt vertreten durch das Presseamt Medien einlädt) der Grundsatz, wonach die Stadt nicht einigen ausgewählten Medien Informationen zukommen lassen darf und anderen nicht, auch nicht zeitlich versetzt und/oder verkürzt.

Insofern sind alle Medien einzuladen. Dies versteht sich (allerdings) so: sofern sie ihr Interesse bekundet haben, in den Verteiler aufgenommen zu werden. Wer noch nicht im (entsprechenden) Verteiler steht, muss dort aufgenommen werden, so er seine journalistische Arbeit nachweisen kann, d. h., das Medium, für das er arbeitet, öffentlich zugängliche, regelmäßige, journalistisch-redaktionelle Angebote nachweislich zur Verfügung stellt.

8.5 Strafrechtliche Grenzen für den Auskunftsgeber

Klar ist auch, dass sich Auskunftsgebende der Verwaltung gegebenenfalls des Tatbestandes des Verrats von Privatgeheimnissen ausgesetzt sehen.

Der Tatbestand legt fest, dass u. a. Mitarbeiter von Verwaltungen, die in ihrer dienstlichen Tätigkeit Kenntnis von Sachverhalten erhalten haben, die geeignet sind, das Ansehen Dritter in der Öffentlichkeit, falls sie bekannt werden, herabzusetzen, sich strafrechtlich belangbar machen.

> *Ein Beispiel:*
>
> *Ein Mitarbeiter, der Auskunft über eine von einer Privatperson verursachte Verunreinigung des Grundwassers erteilt, könnte in strafrechtliche Bedrängnis geraten.*

Es geht hier um eine Zwickmühle, die dadurch entsteht, dass einerseits die Behörde zur Auskunft in solchen Fällen verpflichtet sein kann, andererseits aber die Person, die diese Auskunft gibt, in die Nähe des Verrats von Geheimnissen gerät. Hier gilt wohl die Regel, dass nur diejenigen, die innerhalb der Behörde für Presseauskünfte zuständig sind (also der Behördenleiter und der nach dem Organigramm zuständige Mitarbeiter für Presseangelegenheiten), diese Auskünfte erteilen können, dass aber jeder weitere Mitarbeiter der Stadtverwaltung, der solche Auskünfte erteilt, mit strafrechtlichen Konsequenzen zu rechnen hat.

Dies gilt für Mitarbeiter der Verwaltung, nicht aber für Mitglieder des Stadtrats.

8.6 Was ist der Stadtrat?

Je nach den Definitionen der Gemeindeordnungen, im Prinzip aber einheitlich und bundesweit gleich, lässt sich die Definition der Bayerischen Gemeindeordnung anwenden: Der Stadtrat ist ein Kollegialorgan und handelt (ausschließlich) durch Beschlüsse. Der Stadtrat hat keine eigene Rechtspersönlichkeit, keinen hierarchischen Aufbau, keinen Sprecher. Er kann nicht Adressat von Auskunftsansprüchen der

Journalisten sein. Der Stadtrat ist ein kollegialer Körper, der keine Auskünfte erteilen kann.

Ein Auskunftsanspruch gegenüber einzelnen Mitgliedern des Stadtrates besteht auch seitens der Medien nicht. Dennoch kann jedes Mitglied des Stadtrats Journalisten Auskunft erteilen. Es handelt allerdings dann in einem individuellen Rechtsraum und hat das gleiche Risiko wie jeder andere Bürger auch. Das Stadtratsmitglied ist allerdings verpflichtet, die Rechte Dritter und Privater zu wahren. Es haftet zivilrechtlich individuell, wenn das

Ausplaudern von dienstlich erfahrenen Tatsachen gegebenenfalls zu Schadensfällen führt.

8.7 Nicht-öffentliche Sitzungen

Auskunftsbegehren (an die Stadtverwaltung) über Gegenstände, die in nicht-öffentlicher Sitzung behandelt wurden, sind differenziert zu betrachten.

- Zunächst einmal geht es darum, dass die fraglichen Themen tatsächlich zu den im Gesetz vorgesehenen Fragen für Nicht-Öffentlichkeit gehören. Es geht nicht an, unbeliebte Themen in die nicht-öffentliche Sitzung zu verschieben, nur um sie an den Medien und der Öffentlichkeit vorbeizuschleusen.
- Festzuhalten ist auch, dass unter heutigen Medienbedingungen nicht davon auszugehen ist (auch wenn dies widerrechtlich ist), dass die Verhandlungen dort „geheim" bleiben – darauf muss man sich einstellen.
- Nicht-öffentlich sind die Argumente und Informationen in diesen Sitzungen. Aber selbst bei Nicht-Öffentlichkeit ist der (in nicht-öffentlicher Sitzung gefasste) Beschluss selbstverständlich öffentlich und kann (bzw. muss auf Anfrage) bekannt gegeben werden. (Das ist auch logisch, weil jeder Beschluss naturgemäß Außenwirkung entfaltet) d. h. die Tatsache eines Grundstückserwerbs durch die Gemeinde ist dann öffentlich (nicht aber der Kaufpreis).

8.8 Weitere Abweisungsgründe

Bisweilen muss die Informations- und Pressefreiheit (als Grundlage des journalistischen Auskunftsrechtes) gegen andere Rechtsgüter, wie z. B. Persönlichkeitsschutz, Datenrechtsbelange, Verfahrenssicherung, abgewogen werden.

Ablehnungsgründe stellen etwa dar:

- Die Gefährdung eines schwebenden Verfahrens, polizeiliche oder staatsanwaltschaftliche Ermittlungen, wenn ggf. das gesamte Verfahren vereitelt, verzögert oder gefährdet wird.
  Schiwy und Schütz (Medienrecht, a. a. O., S. 30) erläutern, dass sich in der *„starken Betonung des schwebenden Verfahrens die vom*

Gesetzgeber einerseits getroffene Güterabwägung zwischen dem Auskunftsrecht der Presse einerseits und dem Interesse an der sachgemäßen und rechtmäßigen Umsetzung des Verwaltungsverfahrens andererseits widerspiegelt, da die gemäß Art. 20 Abs. 3 GG an Recht und Gesetz gebundene Behörde nicht dem Druck sachfremder Erwägungen ausgesetzt werden darf". Fragen in einem Widerspruchs-, Klage- oder Berufungsverfahren müssen nicht beantwortet werden. Dies gilt beispielsweise bei strafrechtlichen Ermittlungen, die noch nicht abgeschlossen sind. Nach Erteilung eines Widerspruchsbescheids ist die Behörde allerdings zur Auskunft verpflichtet (vgl. *Michael Konken*, a. a. O., S. 175).

- Dass Vorschriften der Geheimhaltung verletzt wurden.
  Gemeint sind Staats- und Dienstgeheimnisse, ein Gegenstand, der in der kommunalen Praxis kaum je eine Rolle spielt.
- Die Verletzung schutzwürdiger privater Interessen.
  Dazu zählen z. B. Auskünfte aus Steuer- oder Personalakten, auch Auskünfte über das konkrete Einkommen eines Bürgermeisters oder Referenten (nicht aber die Frage, in welcher Besoldungsgruppe er eingestuft ist).
- Der Umfang der Verwaltungsarbeit, der zur Beantwortung erforderlich ist, wenn er das „zumutbare Maß" überschreitet.
  Es soll verhindert werden, dass die zeitliche Inanspruchnahme, wie aufwendige Recherchen im Archiv, nicht die „normale Arbeit" in einem nicht zumutbaren Aufwand beeinträchtigt. Sollte es der Fall sein, können derartige Auskünfte abgelehnt werden. Es muss aber alternativ geprüft werden, ob der Journalist nicht selbst im Archiv recherchieren kann. Dies ist dann möglich, wenn er dabei nicht die Möglichkeit hat, Einblick in geheime Unterlagen zu bekommen bzw. durch Akteneinsicht das Persönlichkeitsrecht von anderen Personen verletzt werden könnte. Verhindert werden soll, dass „die Behörde gewissermaßen lahmgelegt wird", schreiben *Schiwy und Schütz*.
  Ein abgelehntes Auskunftsersuchen muss begründet werden. Danach ist der Weg zu den Verwaltungsgerichten möglich (*Michael Konken*, a. a. O., S. 176).

8.9 Auskunftsbegehren durch „freie Journalisten"

Auskunftsberechtigte Personen im Sinne der Landespressegesetze sind Redakteure von Printmedien, Hörfunk und Fernsehen sowie Internetzeitungen, aber auch freie Journalisten, Volontäre und Praktikanten, die einer Redaktion zuarbeiten. Fraglich ist der Auskunftsanspruch von Journalisten, die keinem Medium zugeordnet sind.

Dazu hat der VGH BW (vom 6.10.1995 – AZ: 10S 1821/95 –) so geurteilt:

„Vertreter der Presse sind nur diejenigen, die an der öffentlichen Meinungsbildung mitwirken und einem Presseunternehmen zugeordnet werden können, das die Gewähr für die publizistische Verbreitung eines Artikels bietet und damit die Information einer breiten Öffentlichkeit zugänglich macht."

„Grundsätzlich müssen auch freie Mitarbeiter eine notwendige Zuordnung zu einem Presseunternehmen haben", stellte das Gericht weiter fest und verwies darauf, dass *„im Einzelfall dies jedoch nachgewiesen werden müsse"*. Deutlich wurde, dass der freie Journalist im Besitz eines amtlich anerkannten Presseausweises sein müsse, anderenfalls müsse die Legitimation durch die Redaktion, für die ein freier Journalist arbeite, nachgewiesen werden.

Allerdings stellte das Gericht auch fest: *„Es könne dahingestellt bleiben, ob für sogenannte feste freie Mitarbeiter, die hauptberuflich für mehrere Presseunternehmen tätig sind, der Nachweis schon durch den Besitz eines Presseausweises erbracht ist."*

Der Deutsche Journalistenverband (DJV) stellt in diesem Zusammenhang fest, dass *„eine hauptberufliche Tätigkeit durch den bundeseinheitlichen Presseausweis belegt wird"*. Inhaber haben mit dem Besitz eines solchen Ausweises *„den Nachweis der Anspruchsberechtigung auf Auskunft gegenüber Behörden erbracht."* (Vgl.: Journalist 1/96; Journalist 4/96.)

8.10 Das Auskunftsrecht bei Zeitschriften – Rankings

Die Auskunftspflicht gilt hier grundsätzlich – es ist nicht zielführend die Grundsätze wie „Wirtschaftlichkeit der Verwaltung" etc. entgegenzusetzen. Der Deutsche Städtetag hat dazu eine Grundsatzdarstellung erstellen lassen. Sofern Redaktionen im oben angegebenen Umfang Auskunft begehren, ist dem nachzukommen. Den Städten und Gemeinden kommt es insoweit nicht zu, den Sinn, die Aussagekraft etc. zu beurteilen – auch wenn Zweifel bestehen, ob eine Publikation überhaupt stattfinden wird („Wir prüfen, ob das ein publikationswürdiges Thema ist …"), wird Auskunftspflicht anzunehmen sein. (Das Gutachten zu „Auskunftspflicht und Rankings" ist beim Deutschen Städtetag abrufbar: *Gerd Treffer*, Presserechtliche Betrachtungen zum Thema Städterankings, Sonderdruck, Deutscher Städtetag, Köln-Berlin, 2006.)

8.11 Auskunftspflicht und städtische Beteiligungen

Der Auskunftsanspruch von Journalisten bei Gesellschaften, an denen die Kommune mehrheitlich beteiligt ist, gilt im gleichen Umfang wie der Anspruch auf Auskunft an die Kommune selbst.

Die Frage, an wen sich der Auskunftsanspruch richtet, wird in der Rechtsprechung weitgehend dahingehend gesehen, dass sich dieser Auskunftsanspruch an den Vorsitzenden des Aufsichtsrats, Verwaltungsrats, Beirats, also in der Regel an den Oberbürgermeister richtet. Er richtet sich primär nicht an den Geschäftsführer, wobei allerdings im Innenverhältnis das Recht auf Auskunft vom Oberbürgermeister auf den Geschäftsführer übertragen werden kann, aber nicht muss. Das ist ähnlich, wie sich innerhalb der Stadtverwaltung der Oberbürgermeister in der Auskunftspflicht durch den Pressesprecher oder das Amt für Presse und Information vertreten lassen kann.

Ein Anspruch auf Auskunft gegenüber den Mitgliedern eines Beirates durch die Journalisten besteht eindeutig nicht. Die Frage, ob ein Recht der Mitglieder des Beirates, die auch Stadtratsmitglieder sein können, besteht, ist enger zu sehen als das Auskunftsrecht des einzelnen Stadtratsmitglieds. Die Auskünfte aus dem Kreise der Beiratsmitglieder in Bezug auf Angelegenheiten des Geschäftsbereiches der jeweiligen Beteiligungen sind enger zu sehen als das politische Statement eines Stadtratsmitglieds. Das Beiratsmitglied hat in jedem Fall dafür Sorge zu tragen, dass „Schaden vom Unternehmen abgewendet" wird. Es haftet vollumfänglich für sein Handeln.

Bezüglich der Auskunft über Gehälter der Geschäftsführer von (städtischen) Tochtergesellschaften zeichnet sich ab, dass (analog der Lesbarkeit der Bezüge z. B. von Oberbürgermeister und Berufsmäßigen Stadträten) davon auszugehen ist, dass solche offen zu legen sind. Insoweit sind Geschäftsführerverträge, die keine Offenlegung der Gehälter vorsehen, zwar zulässig, bergen aber Risiken, da dann im Innenverhältnis Stillschweigen verpflichtend vorgesehen wird, diese Verpflichtung aber öffentlich-rechtlich nicht einhaltbar ist, was ggf. zu entsprechenden Schadensersatzforderungen führt.

Konkrete Fragen bezogen sich in jüngerer Zeit auf die Möglichkeit, die Höhe eines Sponsorenbetrages für die Namensrechte an einer kommunalen Einrichtung nach einer Anfrage von Medien geheim zu halten

(als Beispiel: wie viel zahlt ein Unternehmen, um das Namensrecht einer XY-Arena zu bekommen?),

vorausgesetzt, die Sportanlage ist im Eigentum einer mehrheitlich städtischen Gesellschaft. Hier gilt, wie oben bereits dargestellt: bei mehrheitlich in städtischem Eigentum stehenden Einrichtungen gilt die Auskunftspflicht wie gegenüber der Behörde.

Durch privatrechtliche Vereinbarungen (Stillschweigens-Vereinbarungen), diese Beträge nicht bekannt zu geben, wird die Auskunftspflicht nicht derogiert – gegebenenfalls aber entstehen Ansprüche des betreffenden Unternehmens gegenüber der Stadt aus Vertragsbruch.

8.12 Digitalisierung vs. Personalität

Der Presseausschuss des Deutschen Städtetages hat sich wiederholt mit dem Thema Digitalisierung in den Städten und vor allem verbunden mit Veränderungen in der Presse und Öffentlichkeitsarbeit befasst (vgl.: „Kommunikation im Digitalzeitalter: wie erreichen wir die Menschen? Positionspapier des Deutschen Städtetags, Herausgeber; Berlin und Köln, 2017; ISBN 978 - 3 – 88082 -308 – 2). Er hat dieses Thema bei den Sitzungen in Greifswald, November 2017, und in Zwickau, Mai 2018 weiter vertieft und beschlossen, die rasche technische wie politische Fortentwicklung zeitnah zu begleiten und die zur Reaktion nötigen Instrumentarien zu verfolgen.

Ein Aspekt dabei ist die Frage: *„Was macht die Entwicklung mit den Menschen, den Bürgerinnen und Bürgern, und mit den Verwaltungen (insgesamt) und den Presseämtern (im Besonderen)?"*.

Davon wieder ist ein beachtenswerter Aspekt, dass die „Digitalisierung" (Onlinedienste, E-government, in welcher „Serviceform" auch immer) eine Ent-Menschlichung darstellt.

Beispielhaft: ein Bürger, der mit einer Frage, Beschwerde, einem Wunsch oder Anliegen an ein Telekommunikationsunternehmen herantritt, macht häufig die Erfahrung nahezu endloser, nervtötender Warteschleifenzeiten – dann, hat er mit einem Sachbearbeiter gesprochen, den er als gesichtslose Stimme erfährt. Werden weitere Telefonate nötig, erfährt er erneut die Warteschleife und hat anschließend nie denselben Ansprechpartner zur Verfügung. Er beginnt das Gespräch erneut bei null. Dies ist nur ein Beispiel aus der Welt der Telefonie und dem Umgang mit einer digitalisierten Welt. Diese Grunderfahrung wird bei der Netkommunikation noch dichter.

Die *„Grunderfahrung"* des Bürgers im Umgang mit vielen Bereichen der digitalisierten Verwaltung (trotz der zahlreichen, unbestrittenen Vorteile) ist das Empfinden, einer maschinellen Apparatur ausgeliefert zu sein, mit der *„man nicht diskutieren kann"*, der man seine Leidenspunkte, seine emotionale Betroffenheit, seine Erklärungen nicht vortragen kann. Die Idee, dass „kleinere" Rechtsstreitigkeiten künftig nicht mehr vor Gericht ausgetragen, sondern von einer digitalisierten e-justice- „entschieden" werden könnten, ist insoweit eine Horrorvorstellung, die von manchen Verfechtern von Justizvereinfachung und Urteilsbeschleunigung, bei (vorerst zumindest vorgeblich) gewährleistetem Instanzenweg, sinnvoll, als Rechtsstaats- sichernd und wünschenswert propagiert wird, bei Bürgern allerdings diffuse Ängste auslöst, es nicht mehr mit einem leibhaftigen Richter, sondern mit einer seelenlosen Maschine zu tun zu haben.

Das zentrale Anliegen von Politik, zumal der Kommunalpolitik, ist Glaubwürdigkeit, ist Empathie, sind Nähe und Aufrichtigkeit im Umgang mit den (von der Politik vertretenen und von der Verwaltung dienstleistend betreuten) Menschen. Das dadurch kreierte Vertrauen der Menschen in ihrer Repräsentanten ist Grundlage des demokratischen Gemeinwesens, und dieses Vertrauen in die Verwaltung ist Basis und Garant der Stabilität des Zusammenlebens.

Glaubwürdigkeit verlangt den Kontakt zu den Menschen. Glaubwürdigkeit erfordert persönliche, personale Begegnung. Glaubwürdigkeit braucht das Angebot, über Anliegen auch miteinander reden zu können.

All das war traditionell seit jeher ein Begehren der Menschen. Es hieß: *„Die da oben wollen nicht hören"* (die Politik betreffend). Es hieß, die Paragraphenreiter im Rathaus seien sture Bürokraten (die Verwaltung betreffend): Aber da hatte man noch eine Zielscheibe, eine Gruppe, an der man sich reiben, die man beschimpfen, mit der man sich streiten konnte. Und heute: Was hilft es, so die Sicht des Bürgers, mit einem digital- erstellten, einem standardmäßigen Bescheid zu rechten, gegen den Auskunft -erteilenden, maschinell (und ohne Unterschrift, die, so heißt es, nicht nötig sei, weil die Maschine tätig geworden sei) vorzugehen? Mit wem will man da noch debattieren, individuelle, rechtfertigende oder relativierende Aspekte anführen und vielleicht verhandelnd zu einem gütlichen, gütigen, und befriedigenden Ergebnis zu kommen. Der zentrale Begriff der Einvernehmlichkeit, der gütlichen Einigung – ein früheres Gütesiegel der Verwaltungstätigkeit – geht dabei verloren.

Zu den zentralen Anliegen der Menschen gehört es, als Individuum, als Persönlichkeit wahrgenommen zu werden. Dazu bedarf es der persönlichen Ansprache. Das können naturgemäß die Verwaltungen und politischen Gremien auf Länder- und Bundesebene nicht leisten. Es ist die klassische Domäne der kommunalen Verwaltungen und der Kommunalpolitik. Gerade damit leisten sie einen elementaren und unverzichtbaren Beitrag zur Grund- demokratischen Ordnung; es geht um die Wahrnehmung des Einzelnen durch die Verwaltung, die Wahrnehmung des Menschen mit seinen differenzierten Ansichten und Bedürfnissen, um die Wahrnehmung und Respektierung – nicht zwangsläufig Befriedigung seines Begehrs, aber die Verdeutlichung der Abwägung und Würdigung.

Die Menschen wünschen – soweit die Verwaltung betroffen ist – (nach wie vor) einen „personalen" Ansprechpartner, der auch geeignet ist, ein „feedback" auf konkret vorgebrachte Argumente, Einwendungen, Anregungen zu geben. Das schafft *„politischen Nähe"* und letztlich Heimat, schließlich Stabilität und Verkauf.

Insoweit muss die Kommunalverwaltung – und hier an entscheidender Stelle das Presse- und Informationsamt – auf die Ausgewogenheit zwischen (notwendiger) Digitalisierung und Modernisierung der Instrumente, mit denen dem Bürger gegenüber getreten wird einerseits und seinem Bedürfnis nach Nähe, nach Begegnung, nach Personalisierung andererseits Rechnung tragen.

Fachämter, DV-Ämter (Politiker in erhoffter, vermeintlicher Außenwahrnehmung als Verfechter von Modernität), neigen dazu, E-government, Digitalisierung der Verwaltung als Zukunftsperspektive zu sehen und anzupreisen. In der Tat ist die Nutzung neuer, verfügbarer Techniken für die Verwaltungsarbeit (insbesondere auch für die Pressearbeit) unverzichtbar; dennoch kommt in diesem Zusammenhang den Presseämtern eine neue Rolle zu: Bislang waren sie in Sachen Außendarstellung der Verwaltung, in Angelegenheiten des Verwaltungsumgangs mit den Bürgern eher die Antreiber, Quelle der Offenheit und des eher legeren, antibürokratischen Umgangs – nun kommt ihnen zudem (spagathaft) die (eher konservativere) Rolle zu, der Verwaltung zu vermitteln, den Bürger als Einzelwesen zu sehen, ihm individuelle Qualität und Wertschätzung zu vermitteln und die eigene Verwaltung vor bestimmten Spielarten von E-government und Digitalisierung zu warnen, um den personalen Kontakt mit den Bürgerinnen und Bürgern nicht zu verspielen.

9. Auskunftsregelungen

Wie in jeder großen Organisationseinheit muss auch bei den Städten und Gemeinden eindeutig geregelt werden, wer wann den Medien Auskünfte zu erteilen berechtigt ist. Große Unternehmen der freien Wirtschaft richten dafür eigene Presseabteilungen ein, die regelmäßig direkt dem Vorstand, wenn nicht dem Vorstandsvorsitzenden unterstehen. Es gibt dort strikte Regeln für die Auskunftsberechtigung gegenüber den Medien, deren Verletzung zu ernsten Konsequenzen für die Betroffenen führt. Auch Gemeinden müssen hohes Interesse daran haben, diesen Bereich durch klare Regelungen zu definieren. In den größeren Städten geschieht dies regelmäßig durch eine verbindliche Dienstanweisung für alle Mitarbeiter.

In der Praxis hat sich die folgende Regelung als bestmögliche Lösung erwiesen.

Dabei wird zwischen aktiver und passiver Pressearbeit bzw. Medienarbeit unterschieden.

- Das aktive Herantreten an die Medien (und zwar gleichzeitig an alle akkreditierten Medien) steht demnach ausschließlich dem Oberbürgermeister und dem von ihm im Organigramm für Medienangelegenheiten zuständigen Sachbearbeiter, also dem Pressesprecher oder seinem Stab zu. Das aktive Herantreten an die Medien auch durch Referenten oder Dezernenten ist hier nicht vorgesehen bzw. kann nur in Abstimmung mit dem Oberbürgermeister oder dem Pressesprecher erfolgen.
- Unterhalb der Ebene der Referenten und Dezernenten, also auf Ebene der Amtsleiter oder gar der Dienststellenleiter besteht keinerlei Auskunftsberechtigung ohne die ausdrückliche Genehmigung des Oberbürgermeisters bzw. des Pressesprechers im Einvernehmen mit dem jeweiligen Referenten und Dezernenten, der selbstverständlich daran interessiert ist zu erfahren, was innerhalb seines Bereiches an Presseanfragen eingeht.

- Die Beantwortung von eingehenden Presseanfragen, also passive Pressearbeit, ist meist so geregelt, dass die Dezernenten und Referenten auf Anfragen Stellung nehmen können, soweit ihr Geschäftsbereich von der Anfrage betroffen ist. Sie haben aber dann unmittelbar und unverzüglich der Pressestelle darüber Mitteilung zu machen.

In der Praxis hat sich erwiesen, dass diese Regelung auch von den Dezernenten und Referenten keineswegs als Bevormundung betrachtet wird, weil es sich nämlich immer wieder ergibt, dass Journalisten nichts lieber tun, als die gleiche Frage mehreren Referenten zu stellen, um die Schwachstellen innerhalb einer Verwaltung oder potenzielle Differenzen unter Referenten festzustellen, über die sich naturgemäß dann auch genüsslich berichten lässt. Insoweit haben die Dezernenten oder Referenten sehr wohl verstanden, dass die Mitteilungen ans Presseamt dazu dienen, Versuche, Differenzen innerhalb der Verwaltung aufzuspüren, zu verhindern und damit letztlich auch sie zu schützen.

Eine solch klare Auskunftsregelung, die in der Praxis naturgemäß immer wieder auf Widerstände selbstbewusster Amtsleiter, politisch ambitionierter Dezernenten und Referenten trifft, ist dennoch notwendig und hat sich in allen Kommunen als nicht nur unverzichtbar, sondern hilfreich für den Außenauftritt der Kommune erwiesen, der es ein wesentliches Anliegen sein muss, als einheitliche, effiziente und gut geführte Verwaltung dargestellt und auch von außen begriffen zu werden. Sie ist nur durchsetzbar, wenn der Verwaltungschef klar und eindeutig hinter ihr steht und deutlich macht, dass er auch – in seinem eigenen Interesse – bereit ist, sie durchzusetzen. Notwendig ist es allerdings auch, die Begründungen für eine solche strikte Auskunftsregelung auch nach Innen immer wieder deutlich zu machen und dabei zu betonen, dass eine derart einheitliche Darstellung der Verwaltung nach außen letztlich auch dem Schutz der einzelnen Mitarbeiter und der Glaubwürdigkeit des gesamten Hauses dient.

10. Das „Standing" des Pressesprechers

Angesichts der zunehmenden Informationsflut, der wachsenden Zahl von Leuten, die mit „Kommunikation" der unterschiedlichsten Art befasst sind, im Blick auf die Explosion von technischen Möglichkeiten der Verbreitung von Fakten, Meinungen und Ansichten (den wichtigsten bis zu den privatesten, den entscheidendsten wie den völlig unbedeutenden) kann der Leiter einer kommunalen Kommunikationsabteilung nicht ein subalterner Mitarbeiter sein, der gerade den Status eines Verwaltungsanwärters überwunden hat.

10.1 Ein Gesicht der Stadt

Es hat überdies einen gesellschaftlichen Wandel in Deutschland gegeben, der der Kommunikation der Behörden (auf allen Ebenen, aber in besonders ausgeprägtem Maß auf kommunalem, lokalen Niveau) neue Bedeutung verleiht. Der Pressesprecher einer Stadt muss die Arbeit mit den Medien und den Dialog mit den Bürgern auch glaubhaft verkörpern. Er ist eines der „Gesichter“ dieser Stadt.

Die Journalisten, mit denen er täglich zusammenarbeitet, und die Bürger, die ihn befragen und die sich an ihn wenden, müssen den Eindruck haben, dass sein Wort, seine Aussage, seine Argumentation auch Gewicht haben und tatsächlich die Position der Verwaltung darstellen und er für den Oberbürgermeister spricht.

10.2 Pressearbeit als zentrale Führungsaufgabe

Das erfordert auch formal eine entsprechende Einordnung in die Hierarchie (und deren Außendarstellung). Der Pressesprecher untersteht (und so ist es in den meisten Dienstanweisungen geregelt) direkt dem Verwaltungschef, dem Oberbürgermeister und hat „Sitz und Stimme“ im Kreise der Referenten oder Dezernenten.

Es hat in den 90er Jahren des letzten und der ersten Dekade dieses Jahrhunderts eine Tendenz gegeben, Pressearbeit in den (großen) Städten zu „dezentralisieren“, den Referenten größere Freiräume zuzugestehen, eigene Sprecher der Referate zuzulassen. In manchen Städten gab es gar einen Sprecher der Stadtverwaltung und gesondert einen solchen des Oberbürgermeisters – begründet wurde dies von jung-dynamischen Kommunalpolitikern als eine zeitgemäße Form der Dezentralisation. All diese Versuche sind grandios gescheitert. Übersehen wurde dabei, dass gerade in den erfolgreichen Wirtschaftsunternehmen Medienarbeit (und in Verlängerung Marketing) keineswegs „dezentralisiert“ wurde, sondern entweder dem Vorstandsvorsitzenden direkt zugeordnet wurde oder in der Verantwortung eines Mitglieds des Vorstands stand.

In den großen deutschen Kommunen ist man daher auch zu einem vergleichbaren Modell zurückgekehrt. Der Vorsitzende des Deutschen Journalistenverbandes *Michael Konken* (auch wenn er sich der Frage aus einer anderen Sichtweise der „Nutzer“, der „Nachfrager“ kommunaler Pressedienstleistungen nähert) sieht dies ähnlich:

„Nur der Leiter einer Behörde ist verpflichtet, Auskünfte an Journalisten zu geben. Da die Auskunftspflicht aber nicht von seiner Anwesenheit abhängig gemacht werden darf, muss er Bevollmächtigte benennen. Diese müssen sachlich und fachlich in der Lage sein, diese Aufgabe wahrzunehmen. In der Regel übernehmen Pressesprecher diese Aufgabe. In einer Zeit, in der immer mehr Informationen benötigt werden, ist es professionell, eine zentrale Stelle mit der Pressearbeit zu betrauen. Dezentrale Lösungen sind kein Service für Journalisten, da unterschiedliche Zuständigkeiten für Verwirrung sorgen. Zudem erfordert die Zusammenarbeit mit Journalisten detaillierte Kenntnisse und Erfahrungen, die in Pressestellen nur durch journalistisch professionell

ausgebildete Mitarbeiter gewährleistet werden kann." (*Michael Konken*, a. a. O., S. 178.)

10.3 Stellung zum Stadtrat

In der Praxis kann es zu Schwierigkeiten führen, dass vom Pressesprecher erwartet wird, dass er zu Diskussionen oder Beschlüssen des Stadtrats Stellung nimmt und er so quasi systemisch zu politischen Äußerungen verleitet wird (oder: werden soll), die ihn in die Zwickmühle der parteipolitischen Auseinandersetzungen im Rat bringen.

Der Pressesprecher ist der „Sprecher der Stadt", nicht des Stadtrats. Die Stadt wird nach außen durch den Oberbürgermeister vertreten. Der Stadtrat ist ein Kollegialorgan und handelt (ausschließlich) durch Beschlüsse.

Insoweit ist klar, dass der Pressesprecher – wie der Oberbürgermeister – die Position „der Stadt" zu vertreten hat. Diese Position ergibt sich aus der „Beschlusslage". Die Beschlusslage ist eine Tatsache. Diese Tatsache hat der Pressesprecher nach außen darzustellen. Er hat sie nicht zu kommentieren. (Er kann, muss aber nicht darstellen, welche grundlegenden Argumente zu diesem Beschluss geführt und welche dagegen vorgebracht wurden.) Letztlich geht es hier um die für den Journalismus, aber auch die Rechtsprechung grundlegende Unterscheidung zwischen „Bericht" und „Kommentar" (also „Fakt" und „Meinung", wobei die persönliche Meinung des Pressesprechers ohnehin außen vor zu bleiben und eigentlich auch niemand zu interessieren hat, außer jenen, die ihm damit schaden wollen, indem sie sie entlocken und publizieren).

In dieser permanenten Abwägung seines Handelns muss sich ein Pressesprecher bewusst sein, dass er dem Stand der auf parteipolitische Neutralität verpflichteten Verwaltung angehört.

In der Praxis wird er immer wieder auf Journalisten stoßen, die ihm (auf die Darstellung einer Beschlusslage des Stadtrats hin) entgegenhalten: *„Aber das ist doch nicht gerecht …", „Aber Sie müssen doch einsehen …", „Ja, was sagen Sie denn selbst dazu …", „Haben Sie denn dazu keine eigene Meinung …?"*

Darauf passt eigentlich nur eine Standardformel: *„Eine Verwaltung hat keine Meinung, sie hat nur Beschlusslagen …"*

Die hinter einer solchen Replik stehende rechtliche und auch im politischen System der Aufgabenverteilung begründete Position muss in Zeiten eines (zunehmend moralisch argumentierenden Betroffenheitsjournalismus) über den konkreten Fall hinaus immer wieder neu vermittelt werden.

Eine schleichende Veränderung im Selbstverständnis von Stadtratsmitgliedern (und in der Summe der Stadträte als Gremien) ist die zunehmende Selbstwahrnehmung als „Parlamentarier" (Abgeordnete) und als „Parlament" und, damit verbunden, die Vorstellung einer parlamentarischen Gewaltenteilung. Das betrifft nicht nur die Presseämter, sondern die gesamte Verwaltung und beeinflusst die kommunale Arbeit vor Ort insgesamt, zumal die Medien das Spiel nur allzu gerne mitspielen, weil damit zusätzliches Konfliktpotenzial entsteht und die lokalen Entscheider – Mitglieder des Stadtrats und Spitzen oder Mitarbeiter der Verwaltung – gegeneinander ausgespielt werden können. (Und nichts genießen manche Journalisten, noch mehr Social Media-Schreiber, mehr, als die Differenzen und Risse in der Politik der verfassten Stadt darzustellen und daraus Schlüsse zu ziehen, Stoff für Kommentare und Urteile zu finden.)

Diese „Parlamentarisierung" des kommunalen Lebens verläuft nach dem Muster: Der Oberbürgermeister und die ihm unterstellte und nachgeordnete Verwaltung stellen quasi die lokale Exekutive (die Regierung) dar; der Stadtrat bildet die Legislative (das Parlament) mit der Funktion, die Regierung, die Minister und Ministerien zu kontrollieren, und für ihr Handeln, für ihre Entscheidungen Rechenschaft zu verlangen, was im „parlamentarischen System", für Bundestag und für die Landtage der Bundesländer verfassungsrechtlich sehr wohl zutrifft, im kommunalen Bereich aber kommunal-verfassungsrechtlich völlig unzutreffend ist.

Der Bundestag wählt den Bundeskanzler als zentrale Person der Exekutive (der seinerseits seine Regierungsmannschaft bildet). Da der Bundestag ihm zu seinem Amt verholfen hat (und ihn per konstruktivem Misstrauensvotum jederzeit abberufen kann), hat er selbstverständlich auch das Recht, die von ihm gebilligte Regierung zu kontrollieren, von ihr im Einzelnen Rechenschaft zu fordern. Gleiches gilt für die Landesebene: Da die Landesparlamente die Ministerpräsidenten (hier unter Verzicht auf die verfassungsrechtlichen Denominationen wie Senat, Regierender Bürgermeister etc.), die Regierungschefs bestimmt und durch Mehrheitsbeschluss ins Amt gewählt haben, steht es ihnen rechtlich selbstredend zu, das Handeln derer, die sie zum Anführer des entscheidenden Regierungsapparates gemacht haben, auch zu kontrollieren (und in der Tat durch ein ausgefeiltes rechtliches Instrumentarium und über Jahrzehnte gewachsene Übung) zu überwachen.

Auf Bundes- und Länderebene wird dieses sinnvolle System in der politischen Praxis gelebt. Es ist erprobt und bewährt. So lehren es Sozialkundelehrer landauf, landab, die ihr „Wissen" in Sachen Staatsorganisationslehre seit einigen Lehrkraftgenerationen ihren Nachfolgern weitergeben und diese den Schülerinnen und Schülern. Sie vermitteln dabei, dass dieses auf nationaler Ebene angewandte System auch auf kommunaler Ebene gelte. Sie irren. (Und bedauerlicherweise vertrauen Legionen von Jugendlichen diesen Lehren und zeigen sich bitter enttäuscht, wenn sie politisch aktiv und von der Realität enttäuscht werden.)

Denn: Ein Stadtrat ist kein Parlament. (Die juristische Darstellung basiert auf der Bay GO, ist aber analog zu übertragen.)

- Der Oberbürgermeister ist in direkter Wahl von der Bürgerschaft gewählt. Er verdankt sein Amt nicht der Wahl des Stadtrats. Er schuldet ihm daher keine Rechenschaft.
- Die Stadtverwaltung ist ein „Hilfsorgan" des Oberbürgermeisters. Sie untersteht ihm (und nicht dem Stadtrat). Die Stadtverwaltung hat im Tagesgeschäft nichts mit dem Stadtrat zu tun. Missfällt dem Stadtrat ein Handeln der Verwaltung, hat er dies dem (Ober-)Bürgermeister mitzuteilen, und allein der hat sich damit zu befassen.
- Die Kompetenzen zwischen (Ober-)Bürgermeister (einerseits) und Stadtrat (andererseits) sind in der Gemeindeordnung präzise festgelegt und unterliegen nicht einer willkommenen politisch motivierten Beliebigkeit.
- Der Kernsatz der Kommunalverfassung lautet: Oberbürgermeister und Stadtrat verwalten (gemeinsam!) die Geschäfte der Stadt. Das impliziert: Der Stadtrat ist kein eigenständiges (juristisches) Organ mit eigenen Rechten und Kompetenzen. Er hat kein „Kontrollrecht", kein „Klagerecht", kein „Fragerecht". Der Stadtrat ist kein Parlament, Stadtrat und Oberbürgermeister bilden ein Verwaltungsorgan, sind aufgerufen, zusammenzuarbeiten und Lösungen für die Stadt zu gestalten.

Diese seit der Nachkriegszeit in den (westlichen Bundesländern) festgelegte und erprobt erfolgreiche Grundstruktur wurde seit Ende der 1960er-Jahre (nach den Megastädten) flächendeckend in den anderen Groß- und Mittelstädten schleichend (nicht juristisch, wohl aber politisch) in Frage gestellt.

Hinzu kam ab den Neunziger-Jahren des 20. Jahrhunderts vermehrt, auch in den mittleren Städten, die Besetzung von Referats-/Dezernatsspitzen mit „berufsmäßigen Stadträten", also kommunalen Wahlbeamten auf Zeit (wobei es häufig bei der Besetzung zu einem ausgehandelten Proporz nach den Stärkeverhältnissen im Stadtrat kam). Diese hatten naturgemäß die Neigung, sich als „Politiker" zu fühlen und mit dem Blick auf eine Wiederwahl auch entsprechend zu agieren, was zu einer „Politisierung" des Verwaltungshandelns führte. (Auf Feinheiten, wie das eigene Antragsrecht berufsmäßiger Stadträte braucht hier nicht eingegangen zu werden.)

Hinzu kommt – späteren Datums, aber beharrend – eine Zersplitterung der Parteienlandschaft (auch und besonders) auf kommunaler Ebene, die dazu führt, dass kleine (und kleinste) Strömungen Gelegenheit finden, sich (oft opportunistisch) als „Koalitionspartner" oder „Mehrheitsbeschaffer" in Szene zu setzen. Das bedingt ein Moment der Instabilität und Unkalkulierbarkeit des Stadtrats und der lokalen Politik und dient nicht wirklich dem Bild eines an Sachlösungen orientierten Stadtrats – mit allen Folgen der Wahrnehmung der Bürgerschaft zur Sachorientierung des Rates und zur Einschätzung seiner Uneigennützigkeit – bis hin zur Diskreditierung und Miss- und Verachtung der Mitglieder des Rates.

Dies betrifft, wie am Anfang dieses Abschnittes geschildert, nicht nur die Pressearbeit, sondern auch das Gesamtbild der Kommunalpolitik, ihrer Außenwirkung einerseits, das wahltaktische Verhalten der Ratsmitglieder andererseits und schließlich das Wahlverhalten der Bürgerinnen und Bürger. Die kommunale Presse- und Öffentlichkeitsarbeit kann daran nichts ändern. Sie muss diese (neuen) Konstellationen aber erstens erkennen und durchschauen und zweitens eine klare Linie dazu einnehmen. Sie darf sich nicht in die parteipolitischen Manöver und Machenschaften hineinziehen lassen, gar den Versuch unternehmen, Mitspieler bei den politischen Spielchen zu werden.

Nach der aktuellen Rechtslage gilt

- (Ober-)Bürgermeister und Stadtrat verwalten die Stadt und ihre Geschicke gemeinsam, bei klarer Aufteilung der Kompetenzen;
- der Stadtrat ist kein Parlament und hat keinerlei Befugnisse der Kontrolle von Bürgermeister und Verwaltung;
- der Stadtrat ist ein Kollegialorgan und agiert allein durch Beschlüsse;
- ein Stadtratsmitglied ist kein Politiker, sondern Teil eines Gemeindeorgans – als Einzelner hat er keine Befugnisse (die Fragen der Übertragung von individuellen Kompetenzen durch Beschluss bzw. im Rahmen von Geschäftsordnung etc. bleiben hier außer Betracht).

Faktisch bleibt eine Veränderung der Stadtratsarbeit wie der Gemeinwohlorientierung von Stadtrat und Verwaltung, weg von lokaler Sachorientierung hin zu politisierter Betrachtungsweise und Ansprüchen von kleinen Gruppen und Einzelkämpfen im Rat (und im medialen Umfeld) festzustellen, was nicht zuletzt auch durch die medialen Darstellungsmöglichkeiten per Social Media und Internetgruppen bedingt ist.

Die Pressearbeit hat zu entscheiden, mit welchen Instrumenten sie auf das „neue Selbstverständnis von Mitgliedern des Stadtrats" reagiert und im Zweifel betont, dass es der Stadträtin X oder dem Stadtrat Y natürlich freistehe, ihre oder seine Meinung kraftvoll zu äußern, dass der richtige Ort dafür die Gremien des Stadtrats sind, dass es ihr/ihm ja jederzeit möglich sei, dort entsprechende Anträge einzubringen und dass das Presseamt nach einem Beschluss des Kollegialorgans Stadtrat diesen auch gern in geeigneter Weise den Medien und der Öffentlichkeit vorstellen und erläutern wird. Umformuliert bleibt: Pressesprecher nehmen nicht zu jeder Meinungsäußerung, jeder Gedankenblähung eines einzelnen Stadtratmitglieds Stellung. Das erleichtert die kommunale Pressearbeit nicht, gehört aber zu den Entwicklungen, mit denen sie leben muss.

10.4 Der Pressesprecher und die Nr. 1

Um sich in der täglichen Arbeit durchsetzen zu können, braucht die Pressestelle der Stadt institutionelle Vorgaben, die sich besonders aus ihrer Stellung in der Verwaltung ergeben.

Wenn die Aufgabe einer möglichst raschen und authentischen Information der Journalisten erreicht werden soll, muss als Voraussetzung für die Arbeit des Pressesprechers erreicht sein,

- dass er in der Lage ist, sich alle nötigen Informationen rasch zu beschaffen;
- dass er bei Anfragen direkten Zugang zum Verwaltungschef hat;
- dass er routinemäßig täglich beim Verwaltungschef vorsprechen und anstehende oder künftig mögliche Fragen klären kann.

Einen wesentlichen Vorteil bedeutet es, wenn er jeden Tag beim Oberbürgermeister zur „Morgenandacht" erscheint, die eben erschienenen Zeitungen unterm Arm, um ggf. darauf reagieren zu können, aber auch um anstehende Fragen für die kommenden Ausgaben aufzubereiten.

Es ist unverzichtbar, dass er Zugang zu allen Sitzungen hat. Das bedeutet zwar insgesamt einen riesigen Zeitaufwand – ist aber im Hinblick auf die möglichen Fragen von Journalisten eine Notwendigkeit.

10.5 Persönliche Zurückhaltung

Der Pressesprecher muss zwar verwaltungsintern, gelegentlich mit gebührendem Nachdruck darauf bedacht sein, seine Kompetenz deutlich zu machen, in seinem Außenauftritt muss er hingegen seine „dienende Funktion" (als „Übermittler" und eben nicht als „Macher") erkennen lassen.

Es ist nicht immer leicht, sich nach innen durchzusetzen (z. B. wer, wann mit welchen Themen mit ihm vor die Presse geht, bzw. wer gefälligst den Mund hält) und zugleich nach außen (nur) als engagementloser, unbeteiligter, sachlicher Sprecher aufzutreten, zumal es ja noch einen dritten Beteiligten, den Stadtrat und die Stadtratsparteien gibt.

Der gemeindliche Pressemann ist ein Handwerker der Informationsvermittlung, kein Medienstar. Sein Ziel muss sein, die Stadt in den Medien präsent zu machen, nicht sich selbst. Wäre der Pressesprecher täglich in der Zeitung, bekäme er es bald mit den Politikern am Ort zu tun. Ist er nie in der Zeitung, fragen sich die Politiker, was er denn überhaupt tue. Von beiden Übeln scheint das zweite das noch leichter erträgliche zu sein.

10.6 Vom Sprachrohr zum Kommunikationsberater

Das „Berufsbild" des Pressesprechers hat sich gewandelt. Nach der Zeit, als man einen Verwaltungsinspektor einteilte, nebenbei, wenn er gerade Zeit hatte und eine lästige Presseanfrage eintraf, da doch einmal eine Auskunft zu erteilen, hatte man hauptamtliche Pressesprecher, die Fragen entgegennahmen und zurückriefen, nachdem sie den Sachverhalt mit großmächtigen Referenten im Haus geklärt hatten und vom Oberbürgermeister „autorisiert" wurden, eine Antwort zu erteilen.

Pressesprecher wurden dann, weil das Mediengeschäft schneller, die Journalisten fordernder, die Oberbürgermeister pressebewusster wurden, zunehmend zu wirklichen Sprechern des Behördenleiters. Pressesprecher wurden, um den angelsächsischen Terminus aufzunehmen, zu „Their Masters Voice". Sie waren aber in dieser Stellung nach wie vor nur (reaktive) Vollzugsgehilfen.

Verändert hat sich in jüngster Zeit der Führungsstil in den Rathäusern, wo Oberbürgermeister ihrer rechtlichen Stellung gemäß und faktisch politisch die Richtlinienkompetenz ausüben, aber in Führungszirkeln die Verwaltungsspitzen (wie Vorstandsvorsitzende den Unternehmensvorstand) anleiten, in denen Presseverantwortliche ihren Platz haben.

Insoweit hat sich die Rolle vom „Sprecher des Oberbürgermeisters" in eine neue Aufgabe gewandelt: der Pressesprecher bleibt (das ist in der Struktur des öffentlichen Dienstes so angelegt) der Sprecher des Verwaltungschefs und ist sein persönlicher Berater, eingebunden in den Kreis der Referenten und Dezernenten.

Er ist aber zugleich auch kommunikativer Berater des Oberbürgermeisters und der Referentenkollegen und als solcher aufgefordert, zur Not klar und deutlich eine ratende Rolle aus kommunikativer Fachsicht zu übernehmen.

Eine relativ neue Fragestellung (vom Presseausschuss des Deutschen Städtetags bei der 122. Sitzung in Essen 2022 und bei der 123. Sitzung in Heidelberg 2023 behandelt) ist die Betreuung von Social Media-Aktivitäten der (Ober-)Bürgermeister, zumal es eine Reihe von Stadtchefs- und Stadtchefinnen gibt, die in der Nachahmung amerikanischer Gepflogenheiten eine maximale Twitter-Präsenz als Kommunikations- und Herrschaftsinstrument entdeckt haben, aber auch andere, die das Medium als persönliche Domäne und modernes Darstellungsmittel additiv nutzen.

Dazu gibt es zwei Grundpositionen

- Der Kanal (oder die Kanäle) sind ein persönlicher Account des (Ober-)Bürgermeisters, die dieser unter seinem eigenen Namen (ggf. ohne den Hinweis auf sein Amt) führt. Dafür spricht, dass der

Account vom (Ober-)Bürgermeister selbst authentisch befüllt werden kann (was er dann aber auch selbst und ohne Inanspruchnahme von Hilfe aus der Verwaltung personeller Art oder technische Kanäle der Stadt tun muss). Diese subjektive Natur der Kommunikation ist es, die die Follower schätzen. Sie folgen der Person, nicht dem Amt.

- Das Social Media-Team des Presseamts betreut den Kanal (die Kanäle) des Oberbürgermeisters. Dafür spricht, dass damit die gesamte, ganzheitliche Kommunikation der Stadt im Blick der Presseverantwortlichen liegt und ein einheitliches Außenbild gewährleistet ist. Dabei steht der Account sehr wohl unter der Wortmarke „Vorname, Name, Oberbürgermeister der Stadt...", und ist ebenso authentisch wie alle sonstigen Verlautbarungen des Verwaltungschefs, die sein Presseamt auch sonst als seine persönliche Meinung herausgibt.

Im ersten Fall ist zusätzlich die Frage der Archivierung und der Dokumentation zu lösen, letztlich auch die Frage, was mit dem Account nach dem Ausscheiden aus dem Amt passiert, und ob für einen solchen Account archivrechtliche Vorschriften gelten. Dabei hat wohl grundsätzlich zu gelten, dass ein (Ober-)Bürgermeister als „relative Person der Zeitgeschichte" immer im Amt ist, wenn er sich öffentlich (wie im Account) zu politischen Themen äußert (auch wenn er dies unter „Privatnamen" und ohne Anfügung der Amtsbezeichnung tut).

Ganz unabhängig von solch rechtlichen Betrachtungen bleibt die praktische Dimension der Pressearbeit im Tagesgeschäft, wenn das Presseamt von (gelegentlich spontanen) Stellungnahmen oder Meinungsäußerungen des (Ober-)Bürgermeisters überrascht wird und ggf. damit von Medien konfrontiert und zur Erläuterung und Kommentierung oder Präzisierung aufgefordert wird.

Zu einer höchstpersönlichen Namensäußerung der Nummer 1 kann sich ein Pressesprecher in der Regel nicht ohne persönliche Rücksprache äußern. Im Innenverhältnis wird also die Absprache ohnehin erforderlich, im Außenverhältnis hin zu den Medien, wird die Stellung des Pressesprechers eher geschwächt, wenn er darauf verweisen muss, diese Äußerung des (Ober-)Bürgermeisters (noch) nicht zu kennen, und vor einer Erläuterung erst mit dem Urheber Rücksprache nehmen zu müssen. Einer Pressearbeit aus einem Guss und mit Überzeugungskraft ist dies gewiss nicht förderlich.

Natürlich kann niemand einem Verwaltungschef verwehren, sich seinen individuellen Weg an die Öffentlichkeit zu suchen, von dem er glaubt, dies sei der Königsweg in die Herzen seiner Wahlbürger. Letztlich ist dies auch eine Frage des Vertrauensverhältnisses und der eingespielten Gepflogenheiten zwischen Oberbürgermeister und Presseamtsleiter. (Wobei klar sein muss, dass der (Ober-)Bürgermeister dann auch auf eine Beratungs- und Schutzfunktion des Presseamtes verzichtet.)

Eine Erweiterung des Themas „individualisierter, persönlicher Account“ betrifft über den (Ober-)Bürgermeister hinaus entsprechende eigene Auftritte der weiteren Bürgermeister:innen und der Dezernenten/Referenten, die sich (siehe oben unter Erl. 10.3.) als berufsmäßige Stadträte auch als „Politiker“ und außerhalb der Verwaltungsdisziplin und der Zurückhaltungspflicht sehen, und mit dem Argument, sie seien gewählt und nicht ernannt, Wahlbeamte und nicht Laufbahnbeamte, für sich ein ihnen als Person zustehendes Recht reklamieren, eigene Positionen auf eigenen Kanälen, unabgestimmt mit der Verwaltung als solcher, zur Not auch gegen Kollegen und Leiter anderer Dezernate, öffentlich kundzutun.

Das führt – als Folge konsequent zu Ende gedacht – zu einer „Twitter-Kakophonie“, die die Verwaltung als wenig vertrauenswürdige Einheit mit Lösungskompetenz für die wirklich anstehenden Fragen erscheinen lässt.

Es führt letztlich zu der Einschätzung des Autors (die zu teilen oder abzulehnen freisteht):

Es gibt keine „privaten“ Social Media-Accounts von Mitgliedern der Stadtverwaltung. Sie stellt einen Block dar – vom Oberbürgermeister bis zum Rathausportier. „Die Verwaltung“ spricht mit einer Zunge. Sie zischt nicht; sie twittert nicht auf Nebengleisen. Sie mag unterschiedliche Meinungen haben, aber nur eine (abgestimmte) Verkündung.

11. Die Bündelung kommunikativer Kompetenz – der „Bürgerkonzern“

Eine Bewusstwerdung jüngster Zeit ist die Zusammengehörigkeit von (zentraler) Stadtverwaltung und einer Reihe von „Tochterunternehmen“ der unterschiedlichsten Rechtsformen und Zielsetzungen wie Stadtwerke, Sparkassen, Kliniken, Kommunalunternehmen, Müllverwertungszweckverbänden usw. Begrifflich wurden sie unter dem Terminus „Bürgerkonzern“ zusammengefasst, ein Schlagwort, das anfangs auf Vorbehalte und Spott traf (weil der Begriff „Konzern“ Assoziationen mit „Trust“ und Großkapital hervorrief), der aber bald auch von sozialdemokratischen Oberbürgermeistern großer Städte als Synonym verwendet wurde für all die Unternehmen in einer Stadt, die in mehrheitlich kommunalem Eigentum (damit dem Eigentum der Bürger) stehen und für ihn und in seinem Interesse öffentlich Aufgaben erfüllen und öffentliche Dienstleistungen anbieten. Sie alle sind unter der „Dachmarke“ Bürgerkonzern zusammengefasst. Sie alle haben in der Regel eigene Presseabteilungen und verfolgen eigene Marketingstrategien, pflegen ihr Sponsoring, veranstalten Events im Sinne ihrer Imagepflege und stellen ihre Arbeit und ihre Erfolge nach außen dar.

11.1 Gemeinsame Intentionen

Es liegt im Interesse der Stadt ebenso wie im Interesse der Töchter, die Öffentlichkeitsarbeit, die Auftritte und Veranstaltungen, vor allem aber die gemeinsame Aussage nach außen – das Handeln im Interesse der Bürger und der Allgemeinheit – abzustimmen. Oberbürgermeister und Stadtratsmitglieder aller Parteien sind i. d. R. Mitglieder der Verwaltungs- bzw. Beiräte. Insoweit war die Ausbildung eines Zusammengehörigkeitsgefühls wichtig und wurde in verschiedenen Städten auch bewusst gefördert. Die Stadt Ingolstadt mit rund 30 solcher Tochtergesellschaften hat z. B. eine Internet-Plattform „IN-direkt" geschaffen, auf der alle Mitarbeiter des „Bürgerkonzerns Ingolstadt" per Rundmail informiert werden, was aktuell für die Bürgerschaft getan wird – bei rund 1 500 Mitarbeitern der Stadtverwaltung werden so rund 4 500 Mitarbeiter im „Bürgerkonzern" erreicht.

Rechnet man dies hoch auf die mitbetroffenen Familienangehörigen, wird durch eine solche Plattform eine beachtliche Aufmerksamkeit für gemeinsame Positionen geschaffen. Der Slogan des Ingolstädter Bürgerkonzerns ist „Gemeinsam für Sie da", der in unterschiedlichsten Darbietungsformen (Tag der offenen Tür, Messeauftritt, Logo, Wortmarke) zur Darstellung kommt.

11.2 Führungskompetenz – Kommunikationskompetenz

Natürlich ist es Aufgabe und Frage der Führungskompetenz des Oberbürgermeisters, die Geschäftsführer der Tochtergesellschaften zusammenzuführen und die einzelnen Verwaltungs- und Beiräte zu koordinieren. Parallel dazu ist es Aufgabe des Pressesprechers dafür zu sorgen, dass die Medien- und Öffentlichkeitsarbeit der Tochtergesellschaften im Rahmen des Möglichen harmoniert.

Das bedeutet, dass

- Maßnahmen der Öffentlichkeitsarbeit der Töchter mit Außenbedeutung (Pressetermine, Events) abgestimmt werden, sodass keine Überschneidungen entstehen,
- publizistisch relevante inhaltliche Aussagen auch in Bezug auf ihre zeitliche Publikation innerhalb des „Bürgerkonzerns" abgestimmt werden,
- eventuell entstehende unterschiedliche Sichtweisen zu kommunalen Themen im Vorfeld abgefangen und vor einer Konfrontation/ Veröffentlichung geklärt werden.

Mit anderen Worten: es bedarf einer Abstimmung zwischen den Presseverantwortlichen der „Konzernunternehmen".

Diese Rolle muss der Pressesprecher der Stadt übernehmen und dafür Strukturen aufbauen und geeignete gemeinsame Plattformen bereitstellen.

11.3 Kommunikationsmarkt

Es geht dabei darum, dass sowohl die Stadt als auch die Töchterunternehmen z. B. Anzeigen schalten, Sendungen unterstützen, als Sponsoren unterwegs sind. Im Vergleich mit den großen privatwirtschaftlichen Unternehmen sind ihre Anteile gering – das relativiert sich in ihrer Summe. Und da alle Beteiligten heftig und gebührend moralisch entrüstet, natürlich zurückweisen, dass Anzeigenschaltungen und Werbung in irgendeiner Form ihre Berichterstattung beeinflussen könnten, glauben wir ihnen das natürlich sofort. Wir halten es aber dennoch für wünschenswert, dass die Gesamtinvestition der Firmen des Bürgerkonzerns von irgendjemand registriert und koordiniert wird.

11.4 Der Primus der Konzern-Pressesprecher

Die Rolle der Primus-inter-pares unter den Töchtersprechern sollte mithin dem Pressesprecher der Stadt einige Aufmerksamkeit und angemessenen Zeitaufwand wert sein – von der Organisation gemeinsam finanzierter Zeitungskollektive, Events, Konzerte, Reisen usw. abgesehen.

12. Die Verortung des Presseamtes in der Verwaltung

Medien- und Öffentlichkeitsarbeit haben ein Doppelgesicht: einerseits muss die gesamte Verwaltung begreifen, dass sie am Außenauftritt beteiligt und für ihn (mit-)verantwortlich ist. Andererseits braucht die Verwaltung Spezialisten, die die Außendarstellung steuern (und denen dazu alle anderen Einheiten zuarbeiten müssen).

12.1 Öffentlichkeitsarbeit als Gemeinschaftsaufgabe der gesamten Verwaltung

Öffentlichkeitsarbeit/PR ist Aufgabe des gesamten Personals einer Verwaltung. Mitarbeitersünden wie langsame Bearbeitung, schlechte Beratung oder unverständliche Schreiben beeinflussen das Erscheinungsbild (Corporate Image) negativ. Es kommt deshalb zunächst darauf an, eine Identifikation der Mitarbeiter mit ihrer Behörde zu schaffen und ihnen dabei ihre Innen- und Außenwirkung für das Unternehmen bewusst zu machen. Wenn sich alle – vom Pförtner über die Telefonistin bis zur Verwaltungsleitung – ihrer Außenwirkung bewusst sind und sich im Team als Öffentlichkeitsarbeiter für die Verwaltung begreifen, wird das den Eindruck, den die Kunden von einer solchen Institution erhalten, positiver beeinflussen als einige überzeugende Presseinformationen des Pressesprechers.

Was in gut geführten Unternehmen seit Jahren eine Selbstverständlichkeit ist, sollten deshalb auch alle Verwaltungen beherzigen. Um alle Mitarbeiter für die Öffentlichkeitsarbeit zu gewinnen, sind gezielte Schulungen erforderlich. So mannigfaltig die Ansatzpunkte sind – Kundenorientierung, erfolgreiche Beratungsgespräche, adäquater Empfang von Gästen, richtiges Telefonverhalten, Kommunikations- und Korrespondenztraining usw. –, der Einsatz wird sich doppelt lohnen: in der positiven Außenwirkung und in einem spürbaren Motivationsgewinn beim Personal.

12.2 Die Notwendigkeit einer zentralen Steuerung

In einer Zeit zunehmender Informationsbedürfnisse und wachsender Angebote für Kommunikationsdienstleistungen können es sich Unternehmen, Organisationen und Institutionen, aber eben auch Kommunen nicht leisten, auf eigene professionelle Presseleute zu verzichten. Um sie in die Lage zu versetzen, effizient zu arbeiten, müssen auch innerhalb der Verwaltung entsprechende Vorkehrungen getroffen werden.

12.2.1 Als selbstständige gesamtverantwortliche Einheit

Die Pressestelle muss als selbstständige, für die Gesamtverwaltung zuständige Einheit (auf Leitungsebene oder Stabsstelle, s. o.) organisiert sein. Würde sie dem Kulturreferat zugeordnet, hätte sie vielleicht Glaubwürdigkeit in Kulturfragen, wäre sie dem Baureferat zugeordnet, würde man ihr Aussagen in Planungsfragen abnehmen – nicht aber für jeweils andere Bereiche. Die Pressestelle „muss selbstständig und gelöst aus der üblichen Hierarchie arbeiten". Das entspricht auch einer vorhandenen Wertigkeit innerhalb eines Unternehmens ... Nur unter diesen Voraussetzungen kann eine Pressestelle selbstsicher und glaubwürdig aus der Sicht der Journalisten arbeiten.

12.2.2 Als Koordinator unterschiedlicher fachlicher Sichtweisen

Sachbearbeiter sind Fachleute für einzelne Fachgebiete, die dazu neigen, ihre (fachlichen) Positionen darzustellen (und im schlimmsten Fall die Anliegen von Kollegen aus anderen Fachbereichen zu bewerten und zurückzuweisen). Denkweisen, die größere Zusammenhänge oder politische Implikationen berücksichtigen, dürfen nicht vorausgesetzt werden. Aufgabe der Presseämter ist es, hier die Abstimmung unterschiedlicher Fachämter herbeizuführen und für eine konzise und belastbare Außendarstellung mit einer einheitlichen Position zu sorgen.

Journalisten wollen aber nicht immer den Pressesprecher zitieren oder für ihre O-Töne haben. Pressestellen müssen dafür auch Mitarbeiter aus Fachämtern anbieten (und intern entsprechende Beratung und Weiterbildung – des Auftritts in Pressekonferenzen, vor der Kamera oder mit dem Mikrofon – anbieten).

12.2.3 Verstetigung des Informationsflusses

Um ihren Aufgaben gerecht zu werden, muss die Pressestelle umfassend über alle Entwicklungen in einem möglichst frühen Stadium Kenntnis haben.

12.2.3.1 Voraussetzung dafür ist das Recht auf Teilnahme an allen Sitzungen und Besprechungen und der Zugang zu allen Vorgängen innerhalb der Verwaltung und des Stadtrats samt seiner Ausschüsse, Beiräte und Gremien (geregelt in der Dienstanweisung der Stadt für den Umgang mit den Medien).

12.2.3.2 Voraussetzung ist ferner, dass alle Referate, Abteilungen, Fachbereiche die Pressestelle über alle (potenziell) öffentlichkeitsrelevanten Themen unverzüglich informieren. Sie müssen dies als Bringschuld verinnerlichen und verstehen, dass dies letztlich ihrem Vorteil und zu ihrem Schutz dient.

12.2.3.3 Möglichkeiten dazu bieten auch von Pressestellen geschaffene Strukturen. Bei der Stadt Ingolstadt besteht z. B. eine tägliche morgendliche Telefonkonferenz, bei der dem Pressesprecher die Referatsbeamten aller Referate zugeschaltet werden, in deren Rahmen (analog zur Morgenkonferenz der Zeitungen) die aktuelle Berichterstattungen der Medien besprochen, entsprechende Reaktionen festgelegt und Themen für die aktive Pressearbeit abgestimmt werden.

12.3 Die „mediale Repräsentanz" des Hauses

Pressestellen müssen von außen betrachtet als die nicht nur kompetenten, sondern auch autorisierten Vertreter der gesamten Verwaltung und der politischen Führung auftreten können. Das bedeutet auch, dass sie weitgehend Ermächtigung erhalten, direkte Auskünfte an die Medien (ohne Rücksprache und explizites Einverständnis der Leitung) zu erteilen. Auch Auswahl und Nennung von Ansprechpersonen für Journalisten für spezielle Auskünfte oder Interviews muss Kompetenz der Pressestellen sein. Presse- und Öffentlichkeitsarbeit ist unkonventionell und unbürokratisch. Sie muss kreativ sein, sie muss nach Methoden suchen, das, was sie veröffentlichen will, originell an die Öffentlichkeit zu bringen. Dazu gibt es viele Wege und Schleichwege. Die oben skizzierten sind nur Beispiele. Gute Pressearbeit wird immer nach neuen Kanälen und Methoden suchen müssen.

12.4 Berufsprofil

Erfolgreiche Medienarbeit kann nur leisten, wer einem bestimmten Anforderungsprofil entspricht. Ein Pressesprecher sollte daher folgende Kriterien erfüllen:

- analytisches Denken, Sinn für Aktualität, Erkennen von Zusammenhängen,
- konzeptionelles, strategisches Denken,
- effizientes, flexibles, teambezogenes Arbeiten,
- soziale Kompetenz,
- taktvoll, diskret im Umgang,

- loyale Einstellung zur Verwaltungsspitze,
- sicherer Umgang mit der Sprache,
- gute Verwaltungskenntnisse.

Der ideale Öffentlichkeitsarbeiter müsste demnach Analytiker, Stratege, Organisator, Berater, Kontaktmann, Journalist und Verwaltungskenner in einer Person sein. Diese Optimalvorstellung wird ein Pressesprecher kaum erfüllen können. Es kommt deshalb darauf an, Personen zu finden, die möglichst viele Anforderungen erfüllen. Wünschenswert wäre es, wenn ein Pressesprecher sowohl über eine **journalistische** als auch über eine **verwaltungsbezogene Ausbildung** verfügen würde. Aufgrund der Komplexität der Ausbildungen ist dies aber selten der Fall. Nach den praktischen Erfahrungen spricht vieles für einen „Verwaltungsprofi" an der Spitze der Pressestelle, der sich journalistische Kenntnisse angeeignet hat und zugleich das nötige Fingerspitzengefühl im Umgang mit Medienvertretern besitzt. Wenn Journalisten für diese Position eingestellt werden, hängt ihr Erfolg sehr stark davon ab, wie schnell sie in die Verwaltungsabläufe „hineinwachsen", um von den Mitarbeitern respektiert und ernst genommen zu werden. Durch die enge Bindung an die Verwaltungsleitung scheint es naturgemäß nicht opportun, die Stelle des Pressereferenten durch Ausschreibung besetzen zu wollen. Neben den genannten Kriterien ist gute und vertrauensvolle Zusammenarbeit mit dem Chef des Hauses von großer Bedeutung. Dieses Kriterium kann nicht im Rahmen eines Auswahlgespräches abgeprüft werden, sodass eine Ausschreibung meist ins Leere läuft. Hauptverwaltungsbeamte greifen daher häufig auf Mitarbeiter für diese Funktion zurück, mit denen sie bereits seit längerer Zeit vertrauensvoll zusammengearbeitet haben und die den übrigen Anforderungen weitestgehend entsprechen.

12.5 Alternative Lösungen

Öffentlichkeitsarbeit kann man auch einkaufen. Wirtschaftsunternehmen bedienen sich oft einer PR-Agentur, die dann wie eine ausgelagerte Pressestelle arbeitet: Sie verschickt Presseinformationen, führt Pressekonferenzen durch, pflegt Kontakte zu Journalisten, plant öffentlichkeitswirksame Veranstaltungen. Eine gute Agentur bietet dabei sicherlich die Gewähr für eine professionelle Erledigung der Aktivitäten.

Wie eingangs bereits erwähnt, unterliegt die Öffentlichkeitsarbeit einer Verwaltung aber besonderen – auch rechtlichen – Verpflichtungen. Der persönliche Kontakt zur Verwaltung, das notwendige Vertrauensverhältnis zwischen Verwaltungsspitze und Journalisten ist von entscheidender Bedeutung für das Image einer Verwaltung. Das Tagesgeschäft der Pressearbeit an eine Agentur zu delegieren, scheidet daher schon aus diesem Grunde aus. Überlegenswert hingegen ist es allerdings, die Planung und Durchführung von größeren Veranstaltungen (z. B. Stadtjubiläen, Stadtfesten, Tag der offenen Tür), Messepräsentationen oder die Konzeption von Broschüren an externe Spezialisten zu vergeben.

12.6 Widerstände

12.6.1 Von Medienarbeit versteht jeder etwas

Heute hat sich die Öffentlichkeitsarbeit zu einem voll professionellen Geschäft entwickelt, das wie jeder Beruf eigene Kenntnisse erfordert. Nur hat sich diese Sicht nicht überall durchgesetzt. Man muss sich als Pressemann damit abfinden: Dieses Geschäft versteht jeder, ebenso wie auch jeder, der abends zu Hause Werbefernsehen sieht, von sich glaubt, er habe umfassende Kenntnisse von Werbetechnik. In der Praxis bedeutet das lange Diskussionen. Das ist in der Arbeit mit einem demokratisch legitimierten Gremium selbstverständlich nötig. Hierbei entstehen zwangsläufig Reibungen, die nur Kraft kosten. Am besten verbucht man das unter „Kosten der Demokratie".

12.6.2 „Da macht das doch gleich selbst"

Pressestellen müssen sich auch davor hüten, als Mädchen für alles betrachtet zu werden. Sie beschaffen Informationen, geben Anstöße. Da ist die Tendenz der Dienststellen groß, der „Einfachheit halber" gleich die Durchführung bei der Pressestelle zu vermuten. So wird jede Pressestelle immer in der Gefahr stehen, „eingespannt" zu werden. Effektiv geht ihr aber dann die dafür aufgewandte Zeit für die eigenen Aufgaben ab. Ein Pressesprecher wird dann von mehreren Referaten gleichzeitig als Mitarbeiter eingenommen. Aber gerade Öffentlichkeitsarbeit erfordert Kreativität und Einfälle – und das setzt eben voraus, dass er nicht im täglichen Arbeitsanfall ertrinkt, sondern genügend Zeit hat, sich den Kopf freizuhalten für konzeptionelles Denken.

12.7 Die Ausstattung der Pressestelle

Zur Erfüllung ihrer Aufgaben bedarf eine kommunale Pressestelle selbstverständlich einer gewissen Mindestausstattung im Sach-, Personal- und Finanzbereich. Die Tatsache, dass Öffentlichkeitsarbeit (mehr als reine Pressearbeit) auch etwas kostet, ist in der freien Wirtschaft eine Selbstverständlichkeit.

Im Bereich der öffentlichen Dienste wird die Öffentlichkeitsarbeit gelegentlich noch als Luxus betrachtet, an dem zu sparen man bereit ist. Da sich aber zunehmend auch politische Parteien professioneller Werbetechniken bedienen, kann man – intellektuelle Redlichkeit vorausgesetzt – davon ausgehen, dass die Bedeutung des Arbeitsbereiches Öffentlichkeitsarbeit und dessen Bedarf auch von den Politikern mehr und mehr berücksichtigt werden wird.

12.7.1 Raumbedarf

Die Pressestelle hat mit Journalisten zu tun, die Multiplikatoren darstellen. Es versteht sich von selbst, dass die Pressestelle damit auch diesen Vertretern der Öffentlichkeit gegenüber eine Art Visitenkarte darstellt. Anders formuliert, eine Pressestelle, die in der letzten Ecke des Rathauses angesiedelt ist, wird in ihrem Stellenwert den Journalisten gegenüber kaum das nötige Vertrauen erwecken. Von der Platzierung im Rathaus her bietet sich aufgrund der notwendigen tagtäglichen Abstimmung mit dem Verwaltungschef eine auch räumliche Zuordnung zum Bereich des Oberbürgermeisters an. Pressearbeit setzt vertrauensvollen Umgang mit der Presse voraus. Das beinhaltet die Notwendigkeit, mit Journalisten auch vertraulich und unter vier Augen sprechen zu können oder mit anderen Worten entsprechende Rückzugs- und Besprechungsbereiche. Je nach Größe der Stadt ist auch eine räumliche Grundausstattung mit Hintergrund für Fernsehinterviews, eine entsprechende Studioausstattung vorzusehen.

12.7.2 Personal

Die Arbeit der Pressestelle ist so umfassend und durch die Notwendigkeit der Sitzungsteilnahme auch zeitintensiv, dass eine hinreichende Anzahl journalistisch tätiger Mitarbeiter vorhanden sein muss. Entsprechendes gilt für die personelle Ausstattung von Internet- und Facebook-Redaktionen. Die Mitarbeit von Verwaltungspersonal, das in vergaberechtlichen und haushaltsrechtlichen Fragen beschlagen ist, ist nahezu unverzichtbar.

Die aus dieser Besetzung erforderliche Ausstattung mit Schreibkräften – die Pressestelle lebt von rasch und präzise getippten Mitteilungen – ist selbstverständlich. Damit dürfte auch die durchschnittliche Ausstattung der deutschen Stadtpressestellen angesprochen sein (abgesehen von der Personalausstattung der Millionenstädte, die durchaus um die 20 Kräfte umfassen). Dass die Schreibkräfte in einem, aus der Sicht der klassischen Verwaltung so unkonventionellen Amt, flexibel sein müssen und über reine Schreibarbeiten hinaus tätig sind, kommt hinzu: Pressearchiv, Ausschnittdienst, die Zusammenstellung von Veranstaltungskalendern u. Ä. muss schon routinemäßig praktisch neben dem täglichen Anfall erledigt werden.

Die Arbeit in Pressestellen ist – diktiert vom journalistischen Arbeitsstil – hektisch, bietet Konfliktpunkte nach beiden Seiten und stellt entsprechende Anforderungen an die Mitarbeiter. Dass es wünschenswert ist, die Pressestelle als Ausbildungsstelle einzusetzen, ist heute Allgemeingut.

12.7.3 Sachausstattung

Bei der Sachausstattung der Pressestelle werden sich je nach Gemeinde und Größenordnung unterschiedliche Lagen ergeben. Eine Unterscheidung zwischen wünschenswerter und notwendiger Ausstattung ist angebracht. Notwendig wird die Anlage eines eigenen Buch-Archivs mit Nachschlagewerken, presserechtlichen Standardwerken, Registerbänden usw. sein, ebenso der Bezug der einschlägigen Medien-Fachpublikationen.

Notwendig auch die Ausstattung mit AV-Geräten, ggf. zur Produktion eigener Podcasts, die Einrichtungen für ein gesteuertes digitales Bildarchiv. Es gibt Pressestellen in Deutschland, denen andere Dienststellen zugeordnet sind, z. B. ein eigenes Graphikbüro, andere haben eine Fotostelle und ein Fotoarchiv. Beides hängt von der Schwerpunktsetzung der jeweiligen Arbeit ab; beides kann auch durchaus rentierlich sein (wenn man die Kosten bedenkt, die die Vergabe von Aufträgen an freie Graphiker und/oder Fotoarbeiten bedeuten).

13. Grundsätze und Taktik in der Medienarbeit

Die Grundsätze für den Umgang der kommunalen Presseämter mit den Medien sind sozusagen das eherne Grundgesetz, auf dem Erfolg oder Misserfolg, Ansehen oder Misstrauen durch die Journalisten beruht.

13.1 Aktive und passive Medienarbeit

Ausgangspunkt dafür ist die Unterscheidung in aktive und passive Pressearbeit.

Aktive Pressearbeit bedeutet, dass das Presseamt selbst mit seinen Informationen an die Medien herantritt, sie entsprechend zur Veröffentlichung aufbereitet und zur Verbreitung in den Medien anbietet.

Passive Pressearbeit bedeutet, dass die Medien (selbst) ihre Themen aussuchen, ihre Schwerpunkte setzen und an die Presseämter herantreten und Auskunft fordern.

Implizit ist natürlich angelegt, dass die Presseämter (tendenziell) Themen von sich aus anbieten, bei denen sie in positivem Licht erscheinen, während die Themen, die von Journalisten nachgefragt werden, (tendenziell) eher kritischer Natur sind. (Das ist eine idealtypische Darstellung, über der durchaus nicht verkannt werden soll, dass auch von Journalisten nachgefragte Themen durchaus kommunalpositiv sein können und oft auch sind.)

13.2 Agenda Setting und Balance

Es geht grundsätzlich also um die Frage des Agenda Settings, also die Entscheidung, wer bestimmt, welche Themen Gegenstand der Darstellung in den Medien und damit Gegenstand des öffentlichen Diskurses werden. Gewissermaßen ist dies ein sportlicher Wettstreit um die „Herrschaft über den Stammtischen", das Bild in der öffentlichen Meinung.

Hier geht es darum, eine Balance zwischen Geben und Nehmen herzustellen.

Das Geben besteht in diesem Zusammenhang in der durch die dauerhafte Praxis vermittelten Sicherheit für den Journalisten (die Redaktion), man werde keiner gestellten Frage ausweichen und ihn (sie) nicht belügen, sondern in aller Offenheit und Korrektheit antworten. (Dazu gehören die Stichwörter: Nie ausweichen, nie hinhalten, nie lügen, Fehler zugeben, umfassend unterrichten.)

Im Gegenzug wird erwartet, dass die Redaktionen ihrerseits von den Presseämtern aktiv angebotene Themen auch aufgreifen und so über längere Frist die beiderseitigen Interessen zum Tragen kommen. Das heißt auch, dass ein Klima der Gegenseitigkeit und der Berechenbarkeit entsteht.

13.3 Gleichbehandlung und Exklusivität

Hinzu muss kommen, dass die Presseämter bei ihrer aktiven Pressearbeit den Grundsatz der Gleichbehandlung und bei der passiven Pressearbeit den Schutz der journalistischen Exklusivität beachten.

Das bedeutet, dass Informationen, die das Presseamt herausgibt (aktive Medienarbeit), nach dem Grundsatz der Gleichbehandlung allen Medien, mit denen es in regelmäßigem Kontakt steht, zugänglich gemacht werden, und zwar gleichzeitig.

Wenn aber ein Journalist selbst ein Thema aufgreift und damit zur Pressestelle kommt – er hat dann praktisch ein moralisches Urheberrecht am Thema –, kann er davon ausgehen, dass die Antwort darauf nicht über den Presseverteiler an alle Redaktionen ausläuft. Ist es ein Thema, von dem die Pressestelle glaubt, es sei so wichtig, dass es alle Redaktionen hätten erfahren müssen, muss sie sich vorwerfen, nicht selbst darauf gekommen zu sein. Die Diskretion über noch nicht veröffentlichte Themen muss die Pressestelle wahren. Auch das gehört zu den ungeschriebenen Vertrauensregelungen.

13.4 Die Exklusivität als Ziel

Man muss sich vor Augen halten, dass das (große) Ziel aller Journalisten die alleinige Darstellung, die exklusive Nachricht (am besten der „Scoop") ist. Etwas „im Blatt zu haben", was die konkurrierenden Blätter oder Medien nicht haben, ist Ziel aller Redaktionen (und der Ärger aller Redaktionen ist, etwas nicht im Blatt zu haben, was die Konkurrenz berichtet). An dieser Rivalität werden die Journalisten auch von ihren Redaktionsleitern gemessen. Das erklärt auch, warum Journalisten z. B. Pressekonferenzen hassen: weil dort alle gleichzeitig eine Information erhalten (und sie damit eben per se nicht „exklusiv" ist). Deshalb versuchen Journalisten dort oft auch Umgehungsstrategien, indem sie Nachfragen oft nicht vor allen anderen Kollegen stellen, die ja dann auch die zusätzlichen Informationen erhalten, sondern später noch einmal anrufen und die vertiefenden Fragen stellen. Insoweit bedarf es gelegentlich seitens der Presseämter der nachdrücklichen Aufforderung zur Teilnahme – und bei Nichtteilnahme der Verweigerung, gesondert Informationen zu liefern (mit dem Verweis, dass dann alle, die zur Pressekonferenz erschienen waren, benachteiligt wären).

13.5 Exklusivität als Waffe

Berücksichtigt man dieses Streben nach Exklusivität, lässt sich damit auch spielen. Exklusivität ist bei Anfragen der Medien zugesichert (s. o.). In besonderen Fällen, etwa in Reaktion auf eine besonders unfaire Berichterstattung einer Zeitung, wäre es denkbar, dort nicht zu reagieren, sich aber von der Konkurrenz (ergänzend oder zu einem anderen Thema) „fragen zu lassen". Wie die Konkurrenz dazu kam, diese Frage zu stellen, wird immer ihr Geheimnis bleiben. Im Übrigen wäre dies natürlich eine moralisch überaus verwerfliche Technik.

13.6 Übersicht

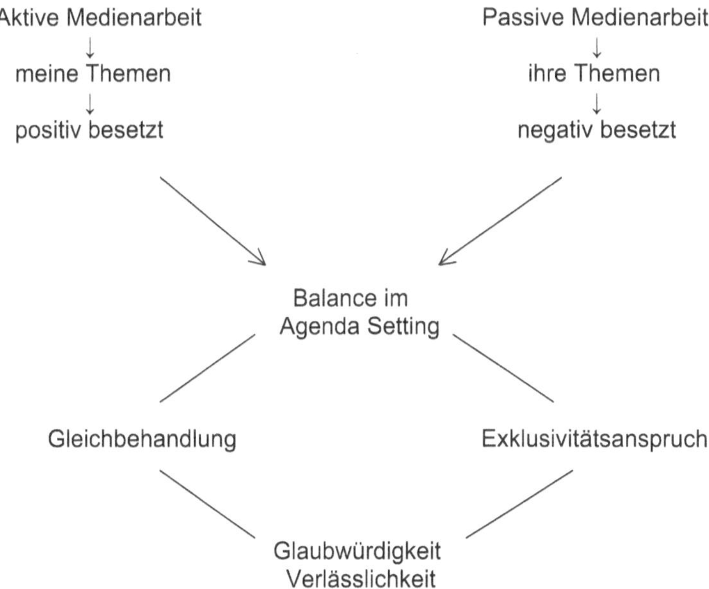

14. Umgangsformen

14.1 Die Kollegen von der Presse

Von *Gustav Freytag* stammt der Satz: *„Alle Welt klagt über den Journalisten, und jedermann möchte ihn für sich gebrauchen."*

Es ist Aufgabe der Pressestelle, zu den Journalisten ein vertrauensvolles Verhältnis zu schaffen, das seine gegenseitige Fundierung in den Grundregeln journalistischer Wahrhaftigkeit und journalistischer Gepflogenheiten hat. Das ist eine grundlegende Vorbedingung; die zweite ist:

Das gegenseitige Vertrauensverhältnis ist unabdingbare Voraussetzung für eine langfristig korrekte, den Interessen der Öffentlichkeit dienende Arbeit. Vonseiten der „Rathausopposition", aber auch mancher Journalisten, wird gelegentlich Pressearbeit einer Stadt mit PR-Management für den Oberbürgermeister verwechselt, wird Pressearbeit als Kosmetik am Image der Mehrheit oder gar verkappte Wahlhilfe begriffen. Das ist grundfalsch.

14.2 Die freie Presse

Die freie Presse gehört zu den Wesensmerkmalen dieses Staatssystems. *Schuster* zitiert dazu *Karl Hermann Flach*, der meinte, man könne generell sagen, *„dass die Behörden sich nach und nach mit der unabhängigen Presse abgefunden haben"*. Die Behörden haben sich nicht nur damit abgefunden, sie haben auf die Notwendigkeit der freien Presse reagiert und ihnen Pressestellen als Ansprechpartner gegenübergestellt, die aus der Verwaltung heraus Sonderdienste für die Zeitungen leisten.

Keine Pressestelle kann auf Journalisten Druck ausüben, ohne das System der freien Presse zu gefährden und sich letztlich damit selbst zu schaden. Sie kann und muss aber mit den Journalisten, wenn sie glaubt, dass dazu ein berechtigter Anlass vorliegt, über die Grundsätze einer fairen und unparteilichen Berichterstattung reden, was dann erfolgversprechend ist, wenn eine gemeinsame, vertrauensvolle Gesprächsbasis vorhanden ist. Die Pressestelle muss auch als Spezialdienst der Verwaltung den eigenen (ungerecht behandelten) Mitarbeiter unterstützen: „Da der Verwaltungsmensch nun einmal im Blickpunkt der Öffentlichkeit steht und – je nach Dienstrang – gelegentlich in der Tagespresse zitiert wird, ist es wichtig, innerhalb seines Hauses Verständnis hierfür, gegebenenfalls Unterstützung und Schutz zu finden, wenn die Presse ‚schlecht' ist." Das richtet sich an den Verwaltungschef, aber auch an die Pressestelle, deren wesentliche Aufgabe es ist, den Oberbürgermeister in seiner Haltung der Presse gegenüber zu beraten. Damit steht der Pressesprecher in der diffizilen Mittlerstelle zwischen den berechtigten Interessen der freien Berichterstattung und den Zwängen der Verwaltung.

Umso wichtiger ist es, dass er sich seines eigenen Standpunkts innerhalb „des Systems" bewusst ist, die beiden beiderseitigen Positionen reflektiert hat und sich Grundregeln für sein Verhalten zurechtgelegt hat.

14.3 Grundregeln

- Journalisten lassen sich nicht für dumm verkaufen. Ein Pressesprecher kann einmal etwas beschönigen, vielleicht ein zweites Mal; spätestens dann hat er seinen Kredit an Glaubwürdigkeit verspielt und kann in Zukunft – auch wenn er sich an Tatsachen hält – nicht mehr erwarten, dass seine Informationen entsprechend honoriert werden. Pressearbeit kann nur verkaufen, was ist. Wie auch ein fehlerhaftes Produkt in der Wirtschaft nicht durch PR-Maßnahmen langfristig aufgemöbelt werden kann, ohne dass es die Verbraucher merken, kann Stadtpolitik langfristig mit Aussicht auf Erfolg nur dann als gut dargestellt werden, wenn sie gut ist. Wenn sie aber gut ist, kann sie legitimerweise auch „verkauft" werden. Das bedeutet auch, dass sich der Pressesprecher nicht vorschicken lassen darf, „schlechte" Berichterstattung zu verhindern, wenn sie den Tatsachen entspricht. Er kann sich hinstellen und erklären, das sei bei der Stadt schlecht gelaufen und erklären, warum dies so war. Wenn er genügend Vertrauen aus der vorhergegangenen Arbeit genießt, wird das entsprechend honoriert werden.
- Die Zeiten, da Pressestellen Presseverhinderungsstellen waren, sind vorbei. „Gute Presse" ist nur durch aktive, am journalistischen Ethos orientierte, Arbeit zu erreichen, vorausgesetzt, dass sich auch die Journalisten an die grundlegenden Regeln des Journalismus halten und auf Revolverblatt- und Skandalblatt-Methoden verzichten.
- Kein Pressesprecher sollte versuchen, die Themenwahl der Zeitung zu beeinflussen. Er kann erwarten, dass wirklich bedeutsame Gemeindethemen, die er vorschlägt, berücksichtigt werden – er darf jedoch seinerseits vor von Journalisten an ihn herangetragenen Themen nicht kneifen.
- Kein Pressesprecher kann erwarten, dass seine Informationen von Journalisten ungeprüft übernommen werden – das Nachprüfungsrecht, das Recht auch andere Betroffene zu hören und zu zitieren, ist der Zeitung unbenommen.

14.4 Tipps im Umgang mit Journalisten

Wenn Öffentlichkeitsarbeiter gewisse Spielregeln im Umgang mit Journalisten beachten, werden sie nicht nur die Qualität ihrer Arbeit, sondern auch das Ansehen der Verwaltung steigern. Stichwortartig lassen sich diese Regeln wie folgt zusammenfassen:

- Der Aufbau von persönlichen, vertrauensvollen, offenen Kontakten ist entscheidend für eine erfolgreiche Öffentlichkeitsarbeit und schafft eine solide Basis auch in Krisenzeiten.
- Verständnis für den ständigen Termindruck von Journalisten und Interesse an den Arbeitsbedingungen der Redakteure zeigen.
- Nach Anfrage eines Journalisten möglichst schnell zurückrufen und auf gestellte Fragen antworten; ggf. eine Zwischennachricht geben.
- Jede Information sollte zunächst selbst überprüft werden: Ist sie aktuell? Ist sie auch für andere interessant?
- Texte verständlich und prägnant abfassen! Informationen mit Namen verknüpfen, Namen sind Nachrichten!
- Ein Bild ist gefragt. Illustrationen und Fotos steigern den Informationsgehalt jeder Mitteilung.
- Man muss nicht alles sagen, was wahr ist, aber was gesagt wird, muss wahr sein (nach Konrad Adenauer).
- Journalisten reagieren sensibel auf Ungleichbehandlung. Deshalb sollten alle sowohl im Umgang als auch in der zeitlichen Bedienung mit Fakten gleichbehandelt werden!
- Offensichtliche Unrichtigkeiten in der Berichterstattung sollten mit dem Verfasser kollegial besprochen werden. Die „offiziellen" Korrekturmöglichkeiten wie Gegendarstellung, Unterlassung usw. sollten sparsam und nur im äußersten Notfall eingesetzt werden.

14.5 Grundsätze, die Journalisten sich selbst stellen

Den Umgangsformen der Presseämter entsprechen die Anforderungen, die Journalisten an ihr eigenes Arbeiten stellen. Dafür sollen die folgenden Punkte stehen. Von *Jens Feddersen*, dem langjährigen Chefredakteur der Neuen Rhein/Neuen Ruhr Zeitung, stammen die folgenden vier journalistischen Grundsätze (sie sollten auch für die Arbeit von Pressesprechern gelten):

- Sei immer ehrlich, auch wenn die Wahrheit manchmal weh tut.
- Schreib niemandem nach dem Mund, auch wenn es für Dich vielleicht das Bequemste ist.
- Gib Dich nie mit der ersten Recherche zufrieden, auch wenn sie genau das ergibt, was Du gerade am liebsten hören willst.
- Nutze Deine Macht nie aus, die Du als Journalist gegenüber Mitmenschen ausüben kannst. Nimm Dich als Person gerade dann zurück, wenn die Macht am verführerischsten ist.

„Journalisten sind an das Postulat der Wahrhaftigkeit gebunden, dürfen nur geprüfte Fakten veröffentlichen. Aus diesem Grund sehen sie in ihrer Arbeit solche Pressesprecher skeptisch, die ihre Arbeit als Werbung für ein Unternehmen, eine Organisation etc. anlegen.

Vielmehr muss der/die Pressesprecher/in dem Journalisten einen Service bieten, der die Zusammenarbeit erleichtert. Der ständige persönliche Kontakt mit Journalisten und eine kontinuierliche Information sind die Grundlage einer effektiven Pressearbeit" (*Michael Konken*, a. a. O., SD).

14.6 Die Vertraulichkeitsstufen

Im Umgang miteinander haben sich Formen entwickelt, die auf beiden Seiten gewöhnlich respektiert werden.

Auskünfte werden nach der Art des Umgangs mit ihnen kategorisiert. Auf dieser Basis findet landläufig das Zusammenspiel mit den Medien statt. Folgende Informationsarten werden unterschieden:

A-Informationen: der Journalist darf die Informationen verwenden und seinen Informanten als Quelle angeben.

B-Informationen: der Journalist darf die Informationen verwenden, ohne dabei die Quelle anzugeben. Er muss auch die Identifizierbarkeit der Quelle vermeiden.

C-Informationen: dies sind vertrauliche Informationen, die nicht veröffentlicht werden dürfen. Sie sollen dem Hintergrundwissen des Journalisten dienen. Die Preisgabe von C-Informationen hängt maßgeblich vom Vertrauensverhältnis der Gesprächspartner ab. Beim leisesten Zweifel an der Vertraulichkeit sollte auf eine Informationsweitergabe dieser Art verzichtet werden.

Diese Einteilung der Informationen ist zwar in der Praxis üblich und wird auch normalerweise zwischen Pressesprecher und Redakteur beachtet, sie hat aber keine rechtliche Bedeutung. Juristisch ist also der Journalist nicht an diese Einschränkung gebunden. Ob ein Redakteur sich an die Spielregeln hält, ist in erster Linie vom Vertrauensverhältnis abhängig, das zum Pressesprecher besteht. Ein seriös arbeitender Journalist wird sicherlich immer die Bitte um Verschwiegenheit respektieren. Wird das Instrument zu seiner Knebelung missbraucht, um mit Hilfe von vertraulichen Informationen ein bereits kursierendes Gerücht unter Verschluss zu halten, kann das Vertrauensverhältnis schnell ins Gegenteil umschlagen. Dieses, in der Politik immer wieder zu beobachtende Vorgehen, zwingt den Journalisten, sich zwischen dem Interesse der Öffentlichkeit und der Gefahr, das Vertrauensverhältnis zu zerstören, zu entscheiden.

14.7 Ablaufnotwendigkeit

Wer sich überlegt, wie er angemessen mit Journalisten umgeht, muss sich auch über ihre Arbeitsbedingungen und die Zwänge ihrer Arbeitsmethoden informieren.

Wer die Kenntnisse des journalistischen Alltags berücksichtigt, wird als Pressesprecher erfolgreich sein. Denn die Entscheidung, ob und was veröffentlicht wird, fällt in den meisten Fällen bereits an seinem Schreibtisch.

Der Arbeitstag eines Zeitungs-Journalisten beginnt meist gegen 9: 30 Uhr. Die Durchsicht der Post, erste Pressetermine und inhaltliche Recherche finden bis zum Mittag statt. Um diese Zeit wird in Redaktionskonferenzen auch die Zeitung für den nächsten Tag geplant. Nachmittags werden die Artikel geschrieben und die Zeitungsseiten gestaltet. Bei größeren Tageszeitungen gestalten die sog. „Blattmacher" nicht nur das Seiten-Layout, sie können auch die Formulierung der Überschriften beeinflussen (deshalb bilden Überschrift und Textteil auch nicht immer eine Einheit). Bei überregionalen Tageszeitungen liegt der Redaktionsschluss bereits sehr früh am Nachmittag, Regionalzeitungen können Meldungen dagegen noch bis in die Abend- und Nachtstunden aufnehmen. Der Abend dient dem Redakteur auch wieder zur Informationsbeschaffung.

- Lokalredakteure nehmen durchschnittlich mehrere Termine am Tag wahr. Sie müssen sich in kurzer Zeit in unterschiedlichste Themen hineindenken, letzte inhaltliche Feinheiten sind so nicht immer gewährleistet. Agenturmaterial steht kaum zur Verfügung, jede Zeile ist selbst zu schreiben. Daraus entsteht ein permanenter Termindruck, der zur strengen Selektion des Informationsangebotes zwingt.
- Bei den elektronischen Medien (Rundfunk, Fernsehen, Online-Redaktionen) ist der Zeitdruck noch größer, da sie die Informationen in der Regel noch am gleichen Tag senden.
- Anzeigenblätter sind aufgrund des geringeren redaktionellen Aufwandes überwiegend dankbare Abnehmer von Presseinformationen.
- Anders als in einer Behörde sind die Hierarchien in Redaktionen extrem flach. In den meisten Fällen verantworten die Redakteure ihre Artikel selbst, eine kritische Bewertung findet normalerweise erst am nächsten Tag statt. Lediglich größere Printmedien leisten sich einen Textchef, der jeden Beitrag penibel prüft und ggf. umschreibt.
- Die Eigenart der Zeitungsproduktion besteht darin, immer einen vorgegebenen Rahmen füllen zu müssen, egal, ob an einem Tag viel oder wenig passiert. Durch unvorhersehbare Ereignisse müssen ursprünglich geplante Artikel gekürzt oder vollständig aus dem Blatt genommen werden. Zusagen, ob und wann ein Artikel erscheint, sind auch aus diesem Grund für den Redakteur kaum möglich.

14.8 Kontaktpflege statt Kumpanei

Die Kalkulierbarkeit, das heißt die wirklichkeitsnahe Einschätzung der Reaktionen des Journalisten (oder aus dessen Position – des Pressesprechers), bedeutet die Möglichkeit im Einzelfall angemessen zu reagieren. Sie setzt eine möglichst gute gegenseitige Kenntnis voraus. Das bedingt einen direkten persönlichen, kollegialen Kontakt und Umgangston. Damit lassen sich auch schon im Vorfeld vermeidbare – und für beide Seiten unfruchtbare – Verstimmungen ausräumen.

Ein „mauernder" Pressesprecher ist für den Journalisten so schlecht wie ein verschnupfter, verbitterter Journalist für diesen. Das erschwert aber nicht nur die persönliche Arbeit der beiden, sondern auch die sachgerechte Berichterstattung, auf die – von beiden – die Öffentlichkeit Anspruch hat. Ein persönlich gutes Verhältnis bei Respektierung der Zwänge und Notwendigkeiten der anderen Position ist also letztlich auch dem gemeinsamen Anliegen, der korrekten Berichterstattung, dienlich.

Das hat nichts mit Kumpanei zu tun. Man kann sehr wohl freundschaftlich und auch privat miteinander umgehen und sollte dies wohl auch tun, ohne dass deshalb im dienstlichen Verkehr eine Bevorteilung erwartet wird; im Gegenteil: nicht ein privat gutes Verhältnis beeinflusst die Berichterstattung, sondern das korrekte, faire, dienstliche Verhalten ist Voraussetzung eines guten privaten Verhältnisses.

Nicht übersehen werden sollte, dass Medienarbeit immer auch eine Dimension persönlicher Bekanntheit hat. Im „dienstlichen" Verkehr haben Journalisten und Presseamtsmitarbeiter gelegentlich einiges gemeinsam erlebt: stürmische Bürgerversammlungen, Informationsreisen in Partnerstädte – auch Begegnungen außerhalb des Dienstes in örtlichen Presseclubs, in Vorständen gemeinnütziger Verbände etc.... Das führt zu gegenseitigem Verständnis (auch bei unterschiedlichen Sichtweisen und Positionen). Es wäre völlig falsch, dies als Beeinträchtigung redaktioneller Freiheiten, von Filz im Pressewesen vor Ort zu sehen. Persönliche Bekanntschaft ist kein Hindernis für professionelle Distanz.

14.9 Es gibt sie wirklich, die wirklich unmöglichen Querulantenjournalisten – eine Gebrauchsanweisung (ohne Erfolgsgarantie)

Das sind diejenigen, die eigentlich keine Journalisten sind und sich vorgenommen haben, die Stadt, den Stadtrat, die Verwaltung prinzipiell und lustvoll zu diskreditieren. Wie begegnet man ihnen? Eine mehr oder minder wirkungsvolle Strategie könnte so aussehen, dass

1. sich der Pressesachbearbeiter eine mentale Position aufbaut, die ihn strikt an emotionalen, aggressiven und verbal eskalierenden Äuße-

rungen hindert, und er sich vorsagt: „Es gibt keinen wirklich unmöglichen Journalisten“,

2. mit dem fraglichen Journalisten redet und ihm die Grundlagen des eigenen Selbstverständnisses darlegt,
3. die eigene inhaltliche sachliche Information zum konkreten Gegenstand seiner Anfrage darstellt.
4. Sollte dies nicht helfen und die nachfolgenden Berichte nicht aufgegriffen haben, was man an Sachinformationen vorgelegt hat, kann es hilfreich sein, ihn zu extremen Überspitzungen in der Berichterstattung zu führen und
5. zugleich die Journalisten aller anderen lokalen Medien ausführlich und umfangreich, wahrheitsgemäß, über den bisherigen Diskussionsverlauf zu informieren und es ihnen anheimzustellen darüber zu berichten.
6. Verliert der fragliche Journalist daraufhin an öffentlicher Glaubwürdigkeit, ist die Bataille gewonnen, wenn nicht, beginnt man wieder bei 3.) oben, aber auf breiterer Basis und macht sich das Thema zu eigen.

Im Übrigen leitet dieses Thema über zum nächsten Kapitel:

Der wehrhaften Kampagnenfähigkeit.

15. Kampagnenfähigkeit

Unter Kampagnenfähigkeit ist zu verstehen, dass die städtische Pressearbeit (zur Not) in der Lage ist, die Bürgerinnen und Bürger aus eigener Kraft und ohne die Hilfe von Dritten mit ihren Informationen, Appellen, Ansichten zu erreichen.

Die oben genannte „Not“ könnte dadurch entstehen, dass am Ort eines medialen Lokalmonopols die örtlichen Medien sich weigern, Beschlüsse, Argumente des Rathauses darzustellen (also ihrerseits politische Ziele verfolgen, statt über Politik (nur) zu berichten, ihrerseits „Kampagnenjournalismus“ betreiben). Eine andere „Notlage“ könnte aus Kampagnen auf Internetforen, Blogs und den unterschiedlichen Formen der Social Media entstehen (zu denen die lokalen Medien zwar meist Distanz halten, die sie aber tunlichst, zu Recht und aus gutem Grund nicht in ihrer Berichterstattung aufgreifen) und gegen die sich zur Wehr zu setzen schwierig ist.

Deshalb ist es sinnvoll, sich Instrumente zu schaffen, die Reaktionen der städtischen Öffentlichkeitsarbeit ermöglichen und es ihr gestatten, sich direkt an die Bürger zu wenden, also eine Gegenöffentlichkeit aufzubauen.

Dazu gehören zum Beispiel eigene Publikationen, die über lange Zeit bereits eingeführt sind.

Am Beispiel Ingolstadt: eine wöchentliche achtseitige Beilage in der Tageszeitung, ferner vom Presseamt inhaltlich gestaltete wöchentliche Zeitungsseiten in lokalen Wochenblättern, ein eigener Internetauftritt mit täglich drei aktuellen Nachrichten, den „tt" (Tagesthemen), aus denen ein Newsletter generiert wird, der der Bürgerschaft in toto oder nach Kategorien angeboten wird, ein eigener Facebook-Account (der 2015 bei 17 000 Fans lag) und ein digitaler Informationsbrief, der unter dem Namen IN-direkt jederzeit alle Mitarbeiter des Bürgerkonzerns erreichen kann, unabhängig von allen anderen Strukturen.

Das sind – sozusagen in Friedenszeiten – vorbereitete reguläre Informationsmedien, die Jahr für Jahr, Tag für Tag, befüllt und attraktiv gestaltet werden müssen.

Insoweit stellen sie eine arbeitsreiche Routineaufgabe der Medienarbeit dar. Sie haben aber darüber hinaus zwei Effekte:

- Sie sind für den Eintritt der oben geschilderten Notfälle vorhandene und jederzeit und mühelos aktivierbare Instrumente der Bürgerinformation und
- allein durch ihre Existenz als potenzielle Instrumente erhöhen sie die publizistische Wehrhaftigkeit der Kommunen und üben damit auch eine gewisse Abschreckung vor allzu übermütigen Attacken auf die Kommunen aus.

16. Hilfen für Hörfunk- und Fernsehjournalisten

Zu den Aufgaben eines Presseamtes gehört es auch, den Medienvertretern in technischer Hinsicht unterstützend zur Seite zu stehen. Es geht hier insbesondere um Rundfunkjournalisten (der Begriff Rundfunk umfasst dabei übrigens die zwei Bereiche „Hörfunk" und „Fernsehen"). Es geht hier nicht um die technischen Voraussetzungen für die Rundfunkberichterstattung aus Sitzungen des Stadtrates oder seiner Ausschüsse, sondern um Sendungen, die öffentlich-rechtliche oder private Rundfunkanstalten im Umfeld der Stadt und der Politik gestalten, und schließlich auch um Hilfeanfragen für Filmaufnahmen etc., die (nur) in der Stadt gedreht werden sollen.

Grundsätzlich macht es dabei keinen Unterschied, ob die Sendungen als Live-Sendungen oder als Aufzeichnungen zur späteren Ausstrahlung in den unterschiedlichsten (bestehenden) Formaten vorgesehen sind.

Solche Sendungen sind aus Journalistensicht „ideale Möglichkeiten, Themen sowohl positiv, aber auch kritisch ausführlich zu behandeln. Vielfältige Informationen können so kompakt der Öffentlichkeit vermittelt werden" (*Michael Konken*, Pressearbeit, a. a. O., S. 36). *Konken* empfiehlt daher:

„Pressesprecher sollten in den Vorgesprächen zu Live-Sendungen die Chance nutzen, beratend Themen vorzuschlagen, sich aber nicht auf-

zudrängen. Tipps bei der Suche nach einem geeigneten Drehort, Interviewpartnern oder zum Rahmen der Sendung sind wichtig und werden gern angenommen. Sind vor der Sendung Interviews zu machen oder Einspielfilme zu drehen, sollte angeboten werden, ortskundige Mitarbeiter zur Begleitung des Teams zu stellen" (ebenda).

16.1 AV-Berichterstattung aus dem Stadtrat

Für die Berichterstattung von Hörfunk und Fernsehen die Voraussetzungen zu schaffen, ist Aufgabe des Presseamtes (in Kooperation mit den jeweils zuständigen Fachämtern wie Hauptamt, DV-Amt). Es geht um die erforderlichen technischen Standards, aber auch die Festlegung von Kamerastandorten im Sitzungssaal, ggf. die entsprechend erforderlichen Passagen in der Geschäftsordnung des Stadtrats. Überlegenswert ist die Bereitstellung von Interview-Standorten im Umfeld des Sitzungssaals für die die Sitzungen begleitenden Interviews.

16.2 Berichte über die Stadt

Die Pressestelle ist erste Anlaufstelle für Berichtsanfragen zu städtischen Themen (außerhalb von Sitzungen), z. B. Interviewanfragen an den Oberbürgermeister, Stellungnahmen zu aktuellen (oft kontroversen) Themen – nicht nur der örtlichen Rundfunkmedien, sondern auch der überregionalen Sender (die gelegentlich die Stadt als Exempel eines national-akuten Themas darstellen wollen). Grundsätzlich gilt: die Stadt entscheidet, ob sie sich „vor die Kamera" stellt, sie entscheidet auch, wer sich interviewen lässt.

Unabhängig davon liegt es meist im Interesse der Stadt, einer solchen Anfrage nachzukommen. Die Pressestelle hat die Aufgabe, die entsprechenden Terminmöglichkeiten (mit dem Terminkalender des Oberbürgermeisters einerseits und den Terminzwängen der Redaktionen andererseits) zu harmonisieren und die Aufnahmen vorzubereiten, den Sendeort (im Rathaus, vor einem Bauobjekt) festzulegen (auch unter Berücksichtigung der Optik aus städtischer Sicht) und so die Wünsche der Journalisten und die Interessen der Stadt unter einen Hut zu bringen.

16.3 Berichte aus der Stadt

Hier geht es um Redaktionen, die einen Film, eine Reportage realisieren möchten, die eine Veranstaltung, eine Persönlichkeit betreffen, die nicht direkt mit städtischen Belangen verbunden ist, aber des städtischen Hintergrunds bedürfen – eine Person aus der Stadt, die sich in besonderer Weise hervorgetan hat, ein Unternehmen, das sein 100-jähriges Bestehen feiert und dazu eine Veranstaltung auf einem Stadtplatz durchführt. Dazu sind städtische Genehmigungen erforderlich – regelmäßig wenden sich dann die Medien an die Stadt. Dass Pressestellen ihnen bei der Beschaffung von Erlaubnissen (Sondernutzungserlaubnis, verkehrsrechtliche Anordnung etc.) behilflich sind, gehört zum Medienservice der Presseämter.

16.4 Fernsehen in der Stadt – Shows und Showplatz

Im Zuge der Imagepflege kann es auch durchaus im Interesse der Stadt liegen, besondere Sendungen des Fernsehens (Musikantenstadel, Jetzt red i ...) in die Stadt zu holen oder dafür zu sorgen, dass in bestimmten Themenreihen die Stadt aufscheint, dass große Kulturereignisse oder Sportveranstaltungen stattfinden, die dann auch publizistisch flankiert, unterstützt und mitgesteuert werden müssen. Das umfasst:

- „Beschaffen von Erlaubnissen durch die örtlichen Behörden
- Ausweisen von Sonderparkplätzen für das Sendeteam (Ü-Wagen, Gerätewagen usw.)
- Anschlüsse für Strom, Wasser etc.
- Absperrung für den Sendeort
- Hotelreservierungen und Verpflegung für das Sendeteam
- Unterstützung der Öffentlichkeitsarbeit für die Sendung durch die eigene Presse-Arbeit in den Lokalmedien, evtl. Anzeigen in den Printmedien
- „Stand by" vor und während der Sendung für evtl. auftretende Probleme
- Betreuung von Interviewgästen, Künstlern etc."

(*Michael Konken*, Pressearbeit, a. a. O., S. 36)

In solchen Fällen hat man die Grenze zwischen Pressearbeit und genereller Imageförderung der Stadt (längst) überschritten und muss sich fragen, welche weiteren Dienststellen, Stadttöchter etc. man dafür ins Boot holt und beteiligt.

Das Beispiel zeigt aber auch, dass die Presseämter in Fragen der Außenkommunikation (im Sinne der überregionalen, nationalen und, bei Großstädten, internationalen Imagedarstellung) Aufgaben weit jenseits der (nur) „politischen Kommunikation" erfüllen.

16.5 Reality-TV

Immer wieder werden an Presseämter von (mehrheitlich privaten Fernseh-)Medien Wünsche herangetragen, städtische Mitarbeiter mit der Kamera über der Schulter zu begleiten, nach dem Motto: Wir wären gern dabei, wenn Ihre Lebensmittelkontrolleure bei einem Metzger an die Tür klopfen, wir würden gerne Ihre Jugendamtsmitarbeiter begleiten, wenn sie bei einer Familie die Lebensumstände von Jugendlichen prüfen (in der Regel mit der Versicherung, das aufgenommene Material selbstredend nur dann zu verwenden, wenn die Betroffenen, sozusagen nachträglich, der Verbreitung zugestimmt hätten).

In einer Analyse der Datenschutzbeauftragten des Bundes und der Länder heißt es: *„Reality-Produktionen über behördliche Einsätze haben in den letzten Jahren erheblich zugenommen. Justiz-, Polizei und Sozialbehörden scheinen mittlerweile wichtige ‚Lieferanten' für solche Fernsehsendungen zu sein, die einzelne Bürgerinnen und Bürger bloßstellen und damit erheblich in ihre Rechte eingreifen. Das Fernsehpublikum ist dabei, wenn eine Gerichtsvollzieherin versucht, einen Haftbefehl gegen einen Schuldner zu vollziehen – wobei auch schon einmal eine Wohnung zwangsgeöffnet wird – oder wenn die Polizei Verdächtige überprüft … Es kann vom heimischen Fernsehsessel aus bequem mitverfolgen, ob die Betroffenen glaubwürdig Einsicht zeigen, unbelehrbar bleiben oder gar ausfällig werden. Aufgrund des Erfolgs derartiger ‚Unterhaltungssendungen' ist abzusehen, dass die Intensität und Eingriffstiefe der gezeigten staatlichen Maßnahmen zukünftig immer weiter zunehmen werden …"*

Presse- und Öffentlichkeitsarbeit sind zwar grundsätzlich nötig und auch geeignet, um die behördliche Aufgabenerfüllung der Öffentlichkeit gegenüber darzustellen und zu dokumentieren und den Informationsanspruch der Öffentlichkeit zu erfüllen. Dabei aber – so die staatlichen Datenschutzbeauftragten, müsse *„das Persönlichkeitsrecht der Betroffenen gewahrt werden, gerade wenn Unterhaltung und Befriedigung von Sensationslust im Vordergrund stehen"*.

Abgesehen von der Fragwürdigkeit eines derartigen journalistischen Selbstverständnisses, den Betroffenen zuzumuten, bei einem Besuch eines Behördenvertreters im Licht eines Kamerascheinwerfers zu stehen, bleibt immer die Frage, wie solche „journalistischen Begehrlichkeiten" von Presseamtsseite abzulehnen sind. Dem wurde relativ rasch mit Argumenten wie „Behinderung der Arbeit der freien Presse", „Intransparenz behördlichen Agierens" und den daraus resultierenden Drohungen eines inszenierten Prangers begegnet.

Insofern ist die Entschließung der 78. Konferenz der Datenschutzbeauftragten des Bundes und der Länder (8. und 9.10.2009, Berlin) ein für die Pressearbeit hilfreicher Berufungstatbestand.

„Wird das Fernsehen durch zielgerichtete behördliche Unterstützung in die Lage versetzt, personenbezogene Filmaufnahmen anzufertigen, ist dies rechtlich als Datenübermittlung an private Dritte zu werten. Für einen solchen massiven Eingriff in das Datenschutzgrundrecht der Betroffenen gibt es keine Rechtsgrundlage. Der Staat … ist grundsätzlich nicht befugt, Dritten die Teilnahme daran zu ermöglichen. Auch das Vorliegen einer wirksamen vorherigen Einwilligung der Betroffenen wird regelmäßig zweifelhaft sein … Angesichts der Überraschungssituation sowie der mit dem staatlichen Eingriff nicht selten verbundenen Einschüchterung ist hier eine besonders sorgfältige Prüfung geboten …"

Das Fazit lautet:

„Die Datenschutzbeauftragten des Bundes und der Länder fordern deshalb alle Behörden auf, grundsätzlich von der Mitwirkung an solchen ‚Reality'-Reportagen Abstand zu nehmen".

Das enthebt die Presseämter (künftig) der Notwendigkeit abwägender Argumentation zur Verhinderung derartiger Ansinnen und erlaubt ihnen die Berufung auf eine generell und bundesweit gültige Regelung.

17. Begehrlichkeiten – städtische Pressearbeit für Dritte

In jeder Stadt finden kulturelle, politische, gesellschaftliche Ereignisse statt, die nicht von der Stadtverwaltung organisiert werden, die aber durchaus das Erscheinungsbild der Stadt nach außen beeinflussen können. Darf eine kommunale Pressestelle dem Veranstalter, wie dies bisweilen gewünscht wird, hier bei der PR-Arbeit unter die Arme greifen, darf sie auch dafür die Werbetrommel rühren?

Nimmt man den Fall, dass in einer Stadt Tagungen oder Landeskonferenzen oder kulturelle Ereignisse stattfinden, die von privater, d. h. nicht-städtischer Seite – einem Verband oder Verein etwa – organisiert werden, wie eine internationale Briefmarkenausstellung, landesweite Chortage, eine Tagung mit bekannten Referenten zu einem derzeit landesweit brennend interessierenden Thema, kann, soll oder darf dann überhaupt eine kommunale Pressestelle dieses Ereignis aufgreifen?

Es steht außer Zweifel, dass es für die Öffentlichkeitsarbeit einer Stadt von Interesse sein kann, den Namen der eigenen Stadt über das Vehikel einer solchen Veranstaltung über die Stadt hinauszutragen, die Stadt als Tagungsort dieser oder jener renommierten Organisation, dieses oder jenen kulturellen Ereignisses zu präsentieren. Es steht ebenso außer Zweifel, dass dies nur in Abstimmung mit dem jeweiligen Veranstalter erfolgen darf, es sei denn, es handelt sich um den bloßen Veranstaltungshinweis an die Presse. Die Frage wird erst dann von Interesse, wenn die Veranstalter an die Stadt herantreten mit der Bitte, für eine entsprechende Pressearbeit für diese Veranstaltung zu sorgen.

Hier stellt sich dann nicht mehr nur die Frage, ob die Stadt sich nicht vielleicht mit fremden Lorbeeren schmückt, sondern ob es legitim ist, städtische Mittel in privaten Dienst zu stellen. Hier muss gelten, dass nicht jede Veranstaltung pressemäßig betreut werden

kann, sondern nur solche, die bestimmte Kriterien erfüllen, die eine solche Dienstleistung der Stadt rechtfertigen; eine Stadt kann nur dann unterstützen, wenn

- zwischen ihr und dem Veranstalter ein wechselseitiges Geber- und Nehmerverhältnis besteht. Das Interesse des Veranstalters, seine Aktivität in der Öffentlichkeit bekannt gemacht zu sehen, muss mit dem Interesse der Stadt durch diese Bekanntmachung einen öffentlichkeitswirksamen Erfolg zu verbinden, in einem ausgewogenen Verhältnis stehen. Finden in einer Stadt z. B. Chortage statt, steht das Interesse der Veranstalter für diese Aktivität Zuhörer und Aufmerksamkeit zu finden, dem Interesse der Stadt, ihren kulturellen Wert als Aufführungsort zu betonen, gegenüber;

- mit der unterstützten Veranstaltung keine kommerziellen Interessen seitens des Veranstalters verbunden sind. Die Unterstützung etwa kommerzieller Musikveranstaltungen – Auftritt eines Schlagersängers – verbietet sich. Dagegen scheint die Hilfe für Musikveranstaltungen – auch wenn Eintrittskarten veräußert werden – legitim, solange das Ziel der Veranstaltung nicht primär auf Gewinnerzielung ausgerichtet ist;
- die vonseiten der Stadt gewährte Pressehilfe sich auf das Einbringen von Erfahrungen und Kontakten beschränkt. Finanzielle Unterstützung – z. B. für kulturell wertvolle Veranstaltungen – gehören nicht in das Presseressort. Die kommunale Öffentlichkeitsarbeit kann nur ideell Hilfestellung geben durch die Beratung bei der Erstellung von Texten, Plakaten, durch die Information der Kollegen von der Presse, nicht aber stellvertretend quasi sich in die Presseagentur des Veranstalters verwandeln. Die kommunale Pressestelle kann nur Durchlaufstelle, höchstens jedoch Durchlauferhitzer für die Veranstalter sein;
- und insoweit der kommunalen Pressestelle die Korrektheit in pressemäßiger Hinsicht der durch sie weitergegebenen Informationen bekannt ist. Die verständliche Neigung von Veranstaltern, die Bedeutung ihrer Veranstaltung zu betonen, darf nicht zu „Aufschneiderei" führen, die bei Weitergabe geschönter Information das Vertrauensverhältnis von Pressestelle und Redaktionen belastet;
- Geschäftsanfall der eigenen Aufgaben und personelle Ausstattung der kommunalen Pressestelle dies ohne Vernachlässigung der eigenen Aufgaben zulassen. Eine rechtliche Verpflichtung zur Unterstützung besteht nie – auch nicht unter dem Gesichtspunkt der Selbstbindung zur Gleichbehandlung;
- auch vom visuellen Erscheinungsbild her, deutlich wird, dass es sich hier um eine Veranstaltung nicht städtischen Charakters handelt, oder anders ausgedrückt, das Markenzeichen der Stadt – das städtischen Veranstaltungen vorbehalten ist – hier keine Verwendung findet. Das visuelle Gestaltungskonzept einer Stadt würde seine „Erkennungs-Qualität" verlieren, wenn es in privaten Veranstaltungen als „Augenfänger" verwendet werden könnte.

18. Auge und Ohr der Verwaltung, Tagesroutine

Aufgabe der Pressestelle ist es, über Vorgänge und Entscheidungen in Stadtrat und Verwaltung nach außen zu informieren. Gleichberechtigt daneben steht die Information der Stadtorgane über Meinungen und

Tendenzen der aktuellen Themen „draußen", bei den Journalisten, in den Foren, in der Bürgerschaft. Jede Entscheidung, jede Debatte in den Gremien, viele Äußerungen von Beteiligten zeigen Kritik, Zustimmungen, (Gegen-)Vorschläge, die alle in die Verwaltung zurückgekoppelt werden müssen.

18.1 Medienbeobachtung

Die Pressestelle wird es zwar nie erreichen, alles zu lesen, zu hören und zu sehen, was über die eigene Stadt oder für sie Interessantes berichtet wird – dennoch ist das ein idealtypisches Ziel, dem sie sich annähern muss.

Eine wichtige Aufgabe von Pressesprechern ist die kontinuierliche Beobachtung und Auswertung von Berichten und Medien. Zur Aufgabe einer Pressestelle gehört es, *„die Unternehmens – oder Verwaltungsleitung aktuell über die betreffenden Berichterstattungen zu informieren"* (*Michael Konken*, Pressearbeit, a. a. O., S. 32).

Öffentlichkeitsarbeiter sind Sensoren, die Tendenzen und Entwicklungen der „veröffentlichten" (und durch Analyse der dahinter liegenden „öffentlichen") Meinung erkennen und Vorstellungen entwickeln, darauf erforderlichenfalls sofort zu reagieren.

18.2 Tagesroutine – Lesen

Das beginnt mit der täglichen Beobachtung der Lokalzeitungen. Jeder Artikel, der über ein städtisches Thema (die Arbeit der Verwaltung, Meinungen über den Stadtrat, Meinungsäußerungen von Mitgliedern des Rates, über Vorgänge in der Stadt, Parteien, Vereinen, Verbänden, Aufregerthemen der Bürgerschaft, Leserbriefe, Facebook-Kommentare, zu Terminankündigungen und Veranstaltungen) – berichtet, muss erfasst, geprüft, beurteilt und festgehalten werden.

Die tägliche Arbeitsroutine des kommunalen Presseamtes wird also mit der Lektüre einer ganzen Reihe von Zeitungen beginnen, der lokalen und regionalen Zeitungen, wohl aber auch einiger bedeutender überregionaler Blätter, ergänzt im Wochenablauf durch Wochenzeitschriften, Magazine und kommunale Fachveröffentlichungen. Alle, die eigene Gemeinde betreffenden Artikel werden herauszuziehen sein. Daneben aber auch solche, die von allgemeinem kommunalen Interesse sind – über Wohnungsbaupolitik etwa –, oder von Modellen, Vorhaben, Erfolgen und Misserfolgen in anderen Gemeinden berichten.

18.3 Tagesroutine – „Morgenandacht"

Mit dieser morgendlichen Ausbeute wird der Pressesprecher (oder sein Stellvertreter – denn die Routine muss auch personell abgesichert sein) zu einem täglichen (und sinnvollerweise zeitlich strikt fixierten) Termin beim Oberbürgermeister zum Vortrag erscheinen, um die „Presselage" abzustimmen und eventuelle Reaktionen festzulegen. Das kann und wird in aller Regel ein zeitlich kurzes Gespräch sein, sollte aber auch dann stattfinden, wenn es außer der übereinstimmenden Meinung, es gebe nichts Neues und keinen unmittelbaren Reaktionsbedarf, nichts zu besprechen gibt. (Der Termin dient dann auch der psychologischen gegenseitigen Selbstvergewisserung der Nähe und setzt auch nach außen hin Zeichen.)

Als sinnvoll kann sich nach diesem morgendlichen Zwiegespräch die oben geschilderte Telefonkonferenz erweisen, bei der dem Pressesprecher die Referatsbeamten zugeschaltet werden, bei der die Presselage mit den einzelnen Referaten in Bezug auf ihre fachlichen Belange und mit allen zusammen in Bezug auf die Lage des Hauses nach außen besprochen und bereits die Konsequenzen aus dem OB-Gespräch eingeführt werden können.

18.4 Tagesroutine – Ausschnittsdienst

Über die erschienenen Artikel bzw. Blogs, Facebook-Einträge muss die Verwaltung unterrichtet werden. Um tagesaktuell reagieren zu können, müssen den Fachämtern kurzfristig die sie betreffenden Sachverhalte zugeleitet werden. *Michael Konken*, Pressearbeit, a. a. O., S. 32 schreibt:

„Ein Pressespiegel mit den wichtigsten Veröffentlichungen muss daher am frühen Vormittag erstellt werden und allen Interessierten zur Verfügung stehen. Interessant sind auch Meldungen, die in Newsrooms verbreitet werden. Nicht selten sind diese Basis für Berichterstattungen in anderen Medien (z. B. Spiegel-online etc.).“

Fraglich dabei ist, ob dies in Form eines Pressespiegels erfolgt (der übrigens zu Gebühren führt, die an die VG-Wort – zu Recht – zu entrichten sind und für die der Deutsche Städtetag einheitliche Musterkonditionen ausgehandelt hat) oder in Form eines Ausschnittdienstes, der sich individuell nach Thema an betroffene Ämter oder (Verwaltungs-)Personen richtet.

Neben den bisher gebräuchlichen in Papierform zugeleiteten Belegartikeln wird auch die Online-Variante genutzt, werden Artikel eingescannt und an die Betroffenen weitergeleitet.

18.5 Tagesroutine – Archivierung

Als weiterer Schritt folgt die Archivierung nach einem System, das das rasche Wiederauffinden gestattet. Problematischer als bei den Zeitungen ist diese Sammelarbeit bei Rundfunk und Fernsehen, schon deshalb, weil hier die Pressestelle die genauen Sendetermine kennen muss, was in der Praxis nicht einfach ist.

Die früher in der Regel recht aufwendige Registrierung ist heute bei den Kommunen dadurch erleichtert, dass grundsätzlich ein Zugriff auf die digitalen Archive der Zeitungen besteht oder vereinbart werden kann.

18.6 Weitere Auswertungsmöglichkeiten

Für größere Verwaltungen kann neben der zeitlich verzögerten Auswertung der Printmedien auch die Kenntnis der aktuellen Lage interessant sein. Hierfür ist ein Zugang zu einem Agenturdienst erforderlich. In Deutschland bietet sich die dpa an, die neben ihrem Basisdienst (überregionale Meldungen) auch Landesdienste unterhält, die alle wichtigen lokalen und regionalen Informationen verwerten. Durch den Online-Empfang per PC ist eine sofortige Reaktion auf Meldungen möglich. Darüber hinaus käme noch eine Auswertung der wichtigsten Hörfunk- und Fernsehsendungen in Betracht. Aufgrund der sehr aufwendigen Ergebnismessung bleibt sie aber in der Regel nur sehr großen Kommunalverwaltungen vorbehalten.

18.7 Medienbeobachtung als Erfolgskontrolle

Die Beobachtung der Medien im Sinne einer Erfolgskontrolle bezieht sich auf mehrere Bereiche.

18.7.1 Zunächst einmal geht es darum, die Wirkung des eigenen Arbeitens zu verfolgen: Ist eine eigene Pressemitteilung im Blätterwald verschwunden, haben die lokalen Medien das aufgegriffen, was man ihnen angeboten hat? Oben wurde dargestellt, dass bei Respektierung der journalistischen Grundsätze erwartet werden kann, dass eigene Informationen (der aktiven Pressearbeit) auch gebracht werden. Insoweit ist das „Medien-Monitoring" ein Muss, um die eigene Arbeit kritisch zu beurteilen, insbesondere bei „ausbleibenden Berichten". Folgt nach einer Aussendung von Presseinformationen gar keine Berichterstattung, sollte bei den Medien telefonisch nachgefasst werden. Für den Öffentlichkeitsarbeiter ist es wichtig zu erfahren, warum nicht berichtet wurde. War das Thema nicht interessant? War die Meldung für das Medium nicht reizvoll? Kam die Presseinformation überhaupt beim Redakteur an? Bei den Nachfragen ist allerdings Fingerspitzengefühl gefragt, da die Medien sich nicht gern „drängeln" lassen.

18.7.2 Dieses Nachgehen bei Veröffentlichung ist auch Grundlage für ein Nachfassen bei „fehlerhaften" Berichten. Falls eine fehlerhafte Berichterstattung nach einer Aktion des Presseamtes erfolgt ist, sollte in jedem Fall mit dem Redakteur ein im positiven Sinne gemeintes aufklärendes Telefonat geführt werden. Das Ziel ist dabei nicht ein neuer Artikel in der nächsten Ausgabe. Viel wichtiger ist es, eine möglicherweise falsch verstandene Information gegenüber dem Redakteur richtigzustellen, damit er bei seinem nächsten Bericht zu diesem Thema die richtige Information „im Speicher" hat. Ansonsten erinnert er sich an die falsche Information und verwendet sie beim nächsten Artikel wieder.

18.7.3 Vergessen werden darf natürlich nicht die einfachste Form der Erfolgskontrolle, die interne „Manöverkritik" nach Abschluss einer PR-Aktion. Beispielsweise sollten nach einer Pressekonferenz die beteiligten Mitarbeiter um eine erste Bewertung gebeten werden. Neben der schnellen subjektiven Einschätzung zu Erfolg oder Misserfolg ist die interne Würdigung auch eine gute Möglichkeit, die innerbetriebliche Einstellung zur Öffentlichkeitsarbeit zu stärken.

Erfolgskontrolle kann aber auch schon vor Erscheinen eines Artikels erfolgen. Bei guter und vertrauensvoller Zusammenarbeit ist auch eine gemeinsame Auswertung mit dem einen oder anderen Redakteur hilfreich. Er als Empfänger der Mitteilung kann am ehesten beurteilen, ob die ihm überlassenen Informationen für seine Arbeit nützlich waren. Erreicht man den Journalisten mit dem Thema wirksam, ist in aller Regel auch die Berichterstattung von Erfolg gekrönt.

18.8 Zeitthemen – über den Tag hinaus

Unabhängig von den Berichten zu stadtbezogenen oder allgemein-kommunalen Themen ist es Aufgabe der Pressestellen am Puls der publizistischen Themen zu sein, die Politik und Gesellschaft beschäftigen.

18.8.1 Themen, die die Republik wochenaktuell bewegen, müssen von der Pressestelle registriert werden, da Lokalredaktionen die Tendenz haben, solche gern auf das örtliche Niveau „herunterzubrechen". Eine aufmerksame Pressestelle erahnt, welche heute in den nationalen Fernsehnachrichten gebrachte Frage ihr morgen mit lokalem Bezug gestellt werden wird, und bereitet sich (und ihren Oberbürgermeister) (wenn möglich mit entsprechendem Zahlenmaterial unterfüttert) darauf vor.

18.8.2 Es gibt langfristige gesellschaftliche Themen, die sich weniger in der tagesaktuellen Berichterstattung niederschlagen, sondern vielmehr die eher intellektuelle, die moralisch-politische, die philosophische Debatten beherrschen und sich auf langfristige Tendenzen und Trends beziehen. Sie zu beobachten ist Aufgabe der Pressearbeit. Sie in ihrer Beratungsfunktion für die Verwaltungsspitze einzubeziehen ist nötig. Sie können aber zugleich auch Material für die Gestaltung von Redekonzepten und Politikentwürfen für den Oberbürgermeister sein. (Die Pressestelle der Stadt Ingolstadt führt dazu z. B. einen eigenen Ordner mit der Überschrift „Zeitläufte".)

19. Sitzungsberichterstattung

Die Sitzungsberichterstattung ist primär Sache der Medien. Pressestellen haben dafür die Grundlagen zu schaffen. Das betrifft in erster Linie die Vorberichterstattung und Ankündigung.

19.1 Ankündigung und Einladung

Stadtrats- und Ausschusssitzungen sind grundsätzlich öffentlich. Es ist wünschenswert, dass Bürger als Zuhörer und Zuschauer daran teilnehmen. Voraussetzung dafür ist, dass die Sitzungen und die Beratungsgegenstände öffentlich angekündigt werden. Dazu muss die Pressestelle rechtzeitig vorher (und in einem routinemäßig erprobten Verfahren) diese ankündigen. Dazu müssen die Medien vor Ort die nötigen Informationen, aber auch die Bitte erhalten, Sitzung und Sitzungsgegenstände anzukündigen. Die Pressestelle muss darüber hinaus Sorge dafür tragen, dass die Bürger (sollten die Medien dies versäumen) informiert werden und dafür ihre eigenen Mittel – vom Amtsblatt über eigene Printmedien bis hin zu Internet und Facebook – einsetzen.

19.2 Medieninformation vor den Sitzungen

Die Medien, die üblicherweise vor Ort die Sitzungen besuchen, müssen von der Pressestelle in den Stand gesetzt werden, den Sitzungen zu folgen, und alle erforderlichen Unterlagen – rechtzeitig vorher – zugestellt zu bekommen. Die gängige Praxis dazu ist, dass den Medienvertretern die Sitzungsvorlagen (die den Stadtratsmitgliedern für ihre Beratungen vorliegen), soweit sie die öffentliche Sitzung betreffen, zugesandt werden.

19.3 Bürgervorinformation

In den größeren Städten ist es gängige Praxis, dass der Sitzungskalender (meist für das laufende Jahr) für Stadtrat und Ausschüsse in einem „Ratsinformationssystem" im Internet eingestellt und für jedermann einsehbar ist – mit zunehmender Konkretisierung vor den Sitzungen auch mit der jeweiligen Tagesordnung und den Sitzungsvorlagen zu jedem einzelnen Tagesordnungspunkt. So mancher Bürger, der sich, oft lauthals, (in Leserbriefen und Blogs über mangelnde Transparenz des Stadtrats und über die „Hinterzimmerpolitik") beschwert, ist oft erstaunt, wenn man auf diese Informationsmöglichkeiten hinweist.

19.4 Anwesenheit von Medienvertretern

In den Gemeindeordnungen ist vorgeschrieben, dass (abgesehen von einer ausreichenden Zahl an Zuhörerplätzen für Bürger) für Medienvertreter eine angemessene Zahl von „Reporterplätzen" vorzusehen ist. Wobei „angemessen" umschrieben wird durch eine Zahl von Plätzen, die der Anzahl der vor Ort üblicherweise berichtenden Medien entspricht – ein akuter Ansturm aufgrund eines Sonderereignisses, das die Stadt plötzlich in den „nationalen Focus" rückt und eine Vielzahl überregionaler Berichterstatter anschwemmt, ist damit nicht gemeint. Und es steht außer Frage, dass die Pressestelle dann die örtlichen Medienvertreter, die mit ihr das tägliche Brot teilen, bevorzugen darf, obgleich sie zugleich verpflichtet bleibt, auch für die punktuell-interessierten Journalisten adäquate Berichterstattungsbedingungen zu schaffen.

Im tagesgeschäftlichen Normalfall muss die Pressestelle für Arbeitsplätze im Sitzungssaal sorgen, die den technischen Standards der Redaktionsarbeit entsprechen und die entsprechenden Vorkehrungen für Übermittlungen von Wortbeiträgen in die Redaktion und Mitschnitte für AV-Medien ermöglichen.

„Printmedien, Hörfunk und Fernsehen sind durch ihre Berichterstattung wichtige Vermittler der Informationen zwischen Politik und Öffentlichkeit. Hörfunk und Fernsehen leben von Film- und Tonaufzeichnungen. Auch für Journalisten aus Printmedien ist ein Mitschnitt von Wortbeiträgen oft hilfreich, weil dadurch die Entwicklung und Dynamik von Diskussionen für die Berichterstattung überprüft werden können. Aus diesem Grund sollten Mitschnitte von Redebeiträgen in öffentlichen Sitzungen grundsätzlich zugelassen werden" (*Michael Konken*, Pressearbeit ..., a. a. O., S. 181).

19.5 Print – Journalisten im Vorteil

Stadtratsmitglieder sind keine Berufspolitiker (sie üben vielmehr ein Ehrenamt aus). „Berufspolitiker" wie Bundestags- oder Landtagsabgeordnete müssen sich eine Berichterstattung über ihre Positionen, in gewissem Maße auch über ihren öffentlichen Auftritt (als relative Persönlichkeit der Zeitgeschichte) gefallen lassen. Ein Stadtratsmitglied ist hier deutlich besser geschützt. Die Rechtsprechung schützt seine Individualrechte – das Recht am eigenen Bild und der eigenen Stimme (natürlich aber kann über das Verhalten in der Sitzung und Redebeiträge geschrieben und auch daraus zitiert werden). Die Rechtsprechung geht von folgenden Überlegungen aus:

„Mitglieder in Kommunalparlamenten und deren Ausschüssen sind keine Berufspolitiker. Die Individualrechte der Mitglieder müssen daher besonders beachtet werden. Hörfunk- und Fernsehaufnahmen in Ratssitzungen könnten dazu führen, dass Mitglieder der Kommunalparlamente sich nicht mehr zu Wort melden, da sie Angst vor Versprechern oder falschen Aussagen haben, die dann durch Hörfunk oder Fernsehen in die Öffentlichkeit gelangen. Kommunalpolitiker sollen aber frei und ohne Zwänge ihre Meinung sagen können. Dies ist Wille einer kommunalpolitischen Entscheidungsfindung, die in der Darstellung unterschiedlichster Standpunkte besteht. Laufende Kameras und Mikrofone könnten diese Ziele beeinflussen. Im Sinne des Persönlichkeitsrechts ist es, Reden und Wortmeldungen zu schützen. Ohne das

Einverständnis der Betroffenen dürfen sie nicht mitgeschnitten werden. Entsprechende gesetzliche Vorschriften sind in den jeweiligen Gemeindeordnungen enthalten" (*Michael Konken*, Pressearbeit ..., a. a. O., S. 181).

Insoweit sind Journalisten der schreibenden Medien im Vorteil. Sie stehen nicht in der Pflicht, solche persönlichkeitsrechtlichen Aspekte zu beachten. Pressestellen hingegen sind gut beraten, die entsprechenden Rechtsfragen abzusichern. In der Regel erfolgt dies durch entsprechende Bestimmungen in den „Geschäftsordnungen des Stadtrats", muss aber stetig vom Presseamt verfolgt werden.

19.6 Sitzungsberichterstattung des Presseamtes selbst

Die Berichterstattung aus den Sitzungen wird zunächst einmal durch die Medien selbst erfolgen. Es ist nicht Aufgabe der Pressestelle, den Sitzungsverlauf nachzuerzählen. Wie oben dargestellt, ist es den Presseämtern verwehrt, den (parteipolitisch motivierten) Austausch von Argumenten zu schildern, gar zu bewerten. Das Presseamt hat allein die Aufgabe, Beschlusslagen nach außen darzustellen.

Diese Darstellung erfolgt – vor Ort – durch die in den Sitzungen anwesenden Medien. Die Aufgabe des städtischen Presseamtes wird sich daher im überregionalen Medienverkehr darauf konzentrieren, die lokalen „Ergebnisse" über den lokalen Aufmerksamkeitsbereich hinaus bekannt zu machen.

19.7 Der Stadtrat als „fremdes Territorium"

Um der Wahrheit die Ehre zu geben, ist von Struktur und Amts wegen der Stadtrat für den Pressesprecher „fremdes Gebiet". Das erklärt sich auch aus der Gemeindeordnung, die nur zwei „Gemeindeorgane" kennt, den Oberbürgermeister und den Gemeinderat (die Stadtverwaltung ist sozusagen nicht vorgesehen, sie ist explizit (nur) ein „Hilfsorgan" des Bürgermeisters, sie steht unter seiner Kompetenz und arbeitet ihm zu). Formal gibt es damit in der öffentlichen Debatte allein die Beziehungen zwischen dem Oberbürgermeister und dem Rat. In den Diskussionen des Stadtrats präsidiert und moderiert der Oberbürgermeister allein. Tatsächlich aber kommen in den Sitzungen (und dem Stadtratsplenum laufen ja viele Fachausschüsse voraus) zahlreiche Mitarbeiter der Verwaltung zu Wort. In großen Verwaltungen sind deren Wortbeiträge oft nicht abzustimmen – und führen gelegentlich zu Wortmeldungen, die Journalisten genüsslich auskosten: die Verwaltung weiß nicht, was sie will.

Dies zu koordinieren ist im Vorfeld Sache der Presseämter. Nicht koordinierbar aber sind die zu Sitzungsbeginn, während des Sitzungsverlaufes, am Sitzungsende (und erst recht nach öffentlichen Sitzungen) abgegebenen Statements von Stadtratsmitgliedern, gleich, ob von der Mehrheit, der Opposition oder vor allem von den Mini-Parteien.

Insofern bleibt die „Sitzungsberichterstattung", wenn nicht ein permanenter Albtraum der Pressestellen, so doch ein stetes Ärgernis und Anlass zu zeit- und arbeitsaufwendiger Nachbearbeitung.

19.7.1 Wenn sich der Stadtrat weltpolitisch übernimmt

Stadtratsmitglieder neigen, vor allem, wenn sie neu in die Gremien einziehen, dazu, sich für den Mittelpunkt der Stadt zu halten, wenn man Pech hat, glaubt der Novize sich dazu berufen, die Probleme der Welt zu lösen. Der Glaube lautet, man sei nun „in der Politik" (statt sich als Teil der Verwaltung zu begreifen, wie es die Gemeindeordnungen vorsehen).

Das hat mehrere Facetten.

- Was tun, wenn sich einzelne Stadträte (oder, weil alle glauben, mittun zu müssen, aus „politischen Gründen" nicht zurückstehen wollen) hervortun und der Stadtrat zum Forum „weltpolitischer" Betrachtungen und Beschlüsse wird? Beispiele aus der Vergangenheit: Deutsche Dörfer erklären sich zu atomwaffenfreien Zonen, das hat damals die Sowjetunion derart aufgewühlt, dass der Warschauer Pakt zusammengebrochen ist.
- Die Bundesregierung wird qua Resolution aufgefordert, die Sanktionen zu Nicaragua zu unterstützen.
- Der Stadtrat X bringt einen Antrag ein, Konfuzius-Institute in Deutschland zu schließen, weil dort nur Indoktrination betrieben und überdies spioniert werde.

Dabei geht es gar nicht darum, ob die antragstellenden Stadträte/innen wirklich große politikwissenschaftliche Leuchttürme sind, deren sachliche Kompetenz außer Frage steht, dass sie so treffsicher die internationale Lage übersehen, besser als der Bundesaußenminister und ein Stab qualifizierter Beobachter, Botschafter und Fachpolitiker im Bundestag – und all das nur aus der Zeitungslektüre und von Stammtischgesprächen. Diese Selbsteinschätzung wäre noch hinnehmbar. Nicht akzeptabel dabei ist aber der Schaden an der Perzeption der Staatsverwaltung. Das Staatsorganisationsrecht hat (aus gutem Grund) die Aufgaben zwischen den einzelnen Ebenen verteilt.

Eigentlich ist klar geregelt, wer welche Aufgaben zu erledigen und – wichtiger noch – zu verantworten hat. Die kommunale Ebene hat (übrigens laut GG) ihre Freiheiten – etwa die Baufreiheit – und – im Rahmen der Gesetze – die planerische und ökonomische Kompetenz, die Entwicklung des Gemeindegebiets so zu gestalten, wie sie sich den künftigen Lebensrahmen in ihrem Bereich ausmalt, und sie würde sich zu Recht eine über die Rechtsaufsicht hinausgehende Einflussnahme auf die sachliche Gestaltung verbitten.

Geregelt ist aber auch, welche Politikbereiche und Sachgebiete den Ländern vorbehalten sind, welche dem Bund, und insoweit ist es anmaßend von lokalen Räten, den Politikern, den Regierungen und Parlamenten in ihren Domänen aufzeigen zu wollen, wo es lang zu gehen hätte. Sie werden es überstehen.

Schaden aber nimmt die Gesellschaft, wenn durch solche kommunal gespielten Selbstüberschätzungen der Eindruck erweckt wird, die Politik sei nicht handlungsfähig – weil klar ist, dass solche abwegigen kommunalen Initiativen zu nichts führen, derweil ebenso klar ist, dass die Landes- oder Bundespolitik sie nicht einmal ignorieren werden.

Außer dem Ego des Einzelnen oder kollektiver Stadträte helfen sie niemand.

Insoweit muss man sich in der kommunalen Pressearbeit überlegen, wie man mit solchen Initiativen umgeht und den (hoffentlich nicht infizierten) (Ober-)Bürgermeister diesbezüglich berät.

Erfahrungsgemäß lässt sich eine derartige politische Zumutung am einfachsten damit lösen, dass der (Ober-)Bürgermeister dem Rat vorschlägt, den Antrag (z. B. auf die „atomwaffenfreie Zone", mit der sich das Ratsmitglied profilieren will – es würde natürlich sagen, dass dies sein tiefstes inneres Anliegen ist, und Anderes könne es vor Gott und der Welt, vor Wählerinnen und Wählern nicht verantworten) in eine Resolution umzuwandeln, und der Bürgermeister verspricht, sie selbstredend an den Bundesminister für Auswärtige Angelegenheiten zu leiten samt einem umfassenden Begleitschreiben. In der Regel weiß jeder, dass sich auf die Antwort lange warten lässt, und bis sie eintrifft, ist längst Gras über die Sache gewachsen, und neue globale Konfliktthemen bieten Stoff für neue Anträge und neue Resolutionen. Tatsächlich ist die Resolutionslösung nur eine feige Flucht ins Nirgendwo.

Eigentlich müsste der Rat an die Verwaltungsspitze lauten, sich hinzustellen und klar darzustellen, dass in diesem Staat jede Ebene ihre Aufgaben hat und es sich erstens nicht gehört, in die Zuständigkeiten anderer einzugreifen, dass es zweitens sinnfrei ist und man damit drittens den Bürgerinnen und Bürgern etwas vorgaukelt und damit viertens dem Vertrauen dieser in die Lösungskompetenz des (Gesamt-)Staates erheblich schadet.

Man könnte auch sagen, aus den genannten rechtlichen und politischen Gründen sehe man sich als Bürgermeister (und die Tagesordnung legen immer noch die Bürgermeister fest) nicht in der Lage, den Antrag auf die Tagesordnung des Rates zu setzen. Natürlich gibt es die Vorschrift in der Gemeindeordnung, dass ein Antrag zu behandeln ist, wenn ein bestimmtes Quorum des Rates dies fordert – das allerdings lässt sich im Vorfeld abschätzen, und dementsprechend ist dieses Vorgehen eine scharfe oder stumpfe Waffe. Dies setzt politischen Mut voraus, würde sich aber vermutlich auf Dauer als ehrliche und offene Politik auszahlen.

Schwieriger wird die Sache, wenn der weltpolitisch bedeutsame Antrag mit Forderungen verbunden ist, die in die Kompetenz des Stadtrats fallen: etwa, die städtische finanzielle Förderung für ein Kulturprojekt eines Fördervereins zur russisch-deutschen Völkerverständigung einzustellen, wenn dort nicht umgehend die Knechtung der Menschenrechte eingestellt werde.

Dann wird der Oberbürgermeister wohl nicht umhinkönnen, den Antrag im Rat behandeln zu lassen. Dann wird es – insbesondere bei „weltanschaulich befrachteten“ Themen (siehe unten) – Verletzungen und fließendes böses Blut geben. Die Pressearbeit kann ihm dann nur raten, ein möglichst flaches Profil zu bewahren, staatstragend zu moderieren, sich inhaltlich zurückzuhalten (sofern er dazu in der Lage ist) und ihm eine versöhnende Schlusswortbotschaft vorbereiten.

19.7.2 Wenn sich der Stadtrat falsch einschätzt

Viel bedeutsamer als solche politischen Scheingefechte nach Schauanträgen ist eine grundsätzliche Tendenz, die in vielen Städten, ja eigentlich flächendeckend zu beobachten ist. Entsprechend dem Input von oben beschriebenen (neuen) Stadtratsmitgliedern (die aufjubelnd bereit sind, jetzt endlich, da sie „an der Macht“ sind) und von alten Stadtratshasen (die, obwohl sie wissen, dass diese Position nicht der Rechtslage entspricht, aber gern den „neuen Geist“ der frischen Generation im Stadtrat aufgreifen) hat sich in den Ratsgremien von Nord bis Süd der Anspruch breitgemacht: *„Wir sind der Stadtrat, wir kontrollieren die Verwaltung“* – ganze Legionen von Studienräten, die Sozialkundelehrer, aber keine Juristen, die zwar meinungsstark, aber von Verwaltungslehre unbeleckt sind, haben ihren Schülerinnen und Schülern (die jetzt in die Gemeinderäte Einzug gehalten haben und sich auch nur lokalpolitisch engagieren) diese These eingeimpft.

Sie hat einen Vorteil: Sie gilt in der Tat zu Recht und zum Vorteil und Gewinn aller Bürgerinnen und Bürger in einem rechtsstaatlichen und demokratischen Gemeinwesen als „parlamentarische Grundordnung“ auf Bundes- und auf Länderebene.

Dort gibt es Parlamente – den Bundestag, die Landtage, letztere unter unterschiedlichen Denominationen. Die wählen den Regierungschef und die Minister. Und weil der Bundestag den Bundeskanzler wählt, kann er ihn auch wieder abwählen. Genau so kann der Bayerische Landtag, der den bayerischen Ministerpräsidenten wählt, ihn auch wieder abwählen. Das nennt sich „parlamentarisches System“, und deshalb können – und müssen – die Parlamente (Legislative) die Regierungen (Exekutive) überwachen und „kontrollieren“. Sie haben sie ja an die Macht gehievt und sind daher für ihr Handeln verantwortlich. Soweit das herkömmliche Studienratswissen.

Aber: Kein Stadtrat (das Gremium) hat je in den Bundesländern mit sog. Bürgermeisterverfassung einen (Ober-)Bürgermeister gewählt.

Das haben die Bürgerinnen und Bürger schon selbst getan. Der Bürgermeister „profitiert" von der „Direktwahl" – sein Mandat rührt nicht von der Zustimmung oder der Zuneigung des Stadtrats her. Ihn haben die Bürgerinnen und Bürger selbst zum Chef der Stadtverwaltung gewählt. Und deshalb steht es den Stadträten (als Gremium oder als Einzelnem) nicht zu, den Bürgermeister und die ihm (allein) unterstehende Stadtverwaltung zu kontrollieren, Rechenschaft zu fordern, ihm lehrerhafte Vorschriften oder Vorhaltungen zu machen. Die „Kommunalverwaltung" funktioniert nicht – so will es das Gesetz und es basiert auf langen Erfahrungen – als „Parlament", sondern als Körperschaft der Zusammenarbeit von „Oberbürgermeister und Verwaltung" und Stadtrat als Einheit.

Das Volk hat den (Ober-)Bürgermeister gewählt. Das Volk hat den Stadtrat gewählt. Jeder hat seine Aufgaben – welche das sind, steht genau (seit Jahrzehnten) in der Gemeindeordnung.

Deshalb kontrolliert weder der Oberbürgermeister den Stadtrat noch kontrolliert der Stadtrat den Oberbürgermeister und seine Verwaltung.

Wenn das (natürlich) nicht allen Gemeindebürgern bekannt ist, so sollte es doch jedem einzelnen Stadtrat klar sein, spätestens wenn er seinen Eingangseid geschworen hat, dass er die Rechte der kommunalen Selbstverwaltung nicht nur achten, sondern sie auch verteidigen wird.

Jeder hat seine Aufgaben zu erfüllen. Oberbürgermeister und Stadtrat verwalten (!) zusammen die gemeindlichen Angelegenheiten. Es ist viel einfacher, dem (Ober-)Bürgermeister bei der Arbeit zuzusehen und ihm auf die Finger zu schauen, ab und zu aufzuschreien, was wer falsch gemacht hat, was man besser hätte machen können, als selbst mit in die Verantwortung zu gehen, mitzuentscheiden, mit auszuhandeln, mit abzuwägen, mit auszudiskutieren; das heißt es nämlich: die Stadt gemeinsam zu verwalten. Das ist harte Arbeit; da muss man sich tagtäglich mit Fakten befassen, sie abwägen, begreifen, auch eine Frage des Aufwandes, den man betreiben möchte, wenn man gewählt ist, die Interessen der Stadt zu wahren, eine Frage der Sorgfalt, der Mühe. Eine Stadt „zu verwalten", das ist wirklich harte Arbeit. Da ist es doch viel einfacher sich hinzustellen und sich zum Kontrolleur zu erklären, statt mitzuarbeiten, nur zu „supervisieren" und ätzende Kritik abzusondern.

Was kann die Pressearbeit dagegen tun? Die einer einzelnen Stadt: wenig. Das ist ein breites gesellschaftliches Phänomen. Es ist schädlich. Deshalb wäre es Aufgabe der kommunalen Verbände sich damit auseinanderzusetzen, und die Folgen eines solchen Denkwandels in den Köpfen der Bürgerschaft zu erörtern. Erst wenn hier ein Problembewusstsein bei den Medien entwickelt wurde, können flankierend die lokalen Pressestellen mit ihren lokalen Medien den Dialog fortsetzen und versuchen, für die traditionelle Gemeinschaft von Rat und Verwaltung zu werben, was nicht leicht sein wird, weil die Medien es genießen, wenn (angeblich kontrollierende) Stadträte auf die Verwaltung einprügeln. Ob sie selbst arbeiten oder nicht, ist den Journalisten gleichgültig – aber Zoff im Rathaus zahlt sich immer aus –, ob zu Recht oder nicht ist sekundär. Und letztlich ist die kommunale Pressearbeit hier immer in der Abwehr, erweckt den Anschein, sie wolle sich reinwaschen, müsse sich rechtfertigen. Es ist immer schwierig, in solcher Lage aus der Defensive herauszufinden und selbst Akzente in der Öffentlichkeitsarbeit zu setzen. Das Thema lässt sich nicht mit Aktionen der Medienarbeit allein lösen, es lässt sich lindern, indem alternative Themen gespielt werden, je mehr desto besser – keine Attacken auf attackierende Stadtratsmitglieder, sondern Themen, die weit von Kontrollfreaks entfernt Sympathie für die Verwaltung wecken (und im Hintergrund mit freundlicher Lässigkeit und vorgeführtem Verständnis für die Überwachungsfreude der Ratsmitglieder – wer selbst nichts auf die Beine bringt, wacht lieber über andere). Letztlich aber wird man der Debatte über die neue Selbstsicht Einzelner und ganzer Stadträte nicht ausweichen können.

19.7.3 Zunehmende Weltanschaulichkeit

Weltanschaulichkeit nimmt (auch) in den Debatten auf örtlicher Ebene und in der Arbeit der Stadtratsgremien zu – eine nachgerade logische Folge der „neuen" Einstellung der Gemeinderatsmitglieder, der Gemeinderatsfraktionen und der Gemeinderäte als Ganzes. Wer sich weniger mit dem konkreten Tagesproblem der Gestaltung der Stadt (den Sitzbänken in der Fußgängerzone, den Geschossflächen in Bebauungsplänen, dem Winterdienst, dem Kanalbau, den vielen Details der Grundversorgung – die alle erledigt werden müssen auseinandersetzen will, weicht zwangsläufig auf Mainstream-Megathemen oder (wichtige) Themen, die breite Aufmerksamkeit haben, aus und versucht, hier anzudocken und mitzusurfen. Welcher Politiker stünde gegen Fridays for Future, aber welcher derartiger Future-Freund hat wochentags konkrete Zukunftsprogramme in der Mache – im Gegenteil: *„Wir Stadträte unterstützen diese fabelhaften Jugendlichen und Adoleszenten, wie wir früher die Senioren und grauen Locken unterstützt haben, wie wir 1989 (als das Jahr des Kindes war, was keiner mehr erinnert) die Kleinen und Niedlichen gefördert haben....Natürlich haben wir das gefördert, indem wir die Verwaltung (den Bürgermeister) (auf-)gefordert haben, denen (allen) doch zuzuhören (!), ihre Ideen aufzugreifen."*

Tatsache bleibt: Je weiter sich Stadträte von den arbeitsreichen Kleinthemen der täglichen Verwaltungsarbeit zurückziehen, desto genereller und unkonkreter werden ihre Debattenbeiträge, wird ihr Beitrag zur Verwaltung: vieles wird unter „globale Betrachtung" gestellt, die unter den Auspizien von etwa Klimawandel, Digitalisierung ect. wandeln. Zugleich wird, wer auch nur in inhaltlichen Details anderer Meinung ist, als Ignorant oder Schädling für alle seine Mitmenschen in Frage gestellt. Zudem wird man sich in der gesellschaftlichen Debatte mit der

Singularisierung und der Fähigkeit Einzelner oder kleiner Gruppen, über Social Media erheblichen medialen Einfluss auszuüben oder hohes Schadenspotenzial zu entwickeln, auseinandersetzen müssen. Beides Themen, die in den Kreisen der Öffentlichkeitsarbeit bislang kaum ernsthaft diskutiert wurden, aber dringend auf die Agenda gehören. Zwei an sich gegenläufige Themen:

- die Zunahme weltanschaulicher Kampfthemen einerseits, die eher auf eine Herden- und Massenbewegung hindeuten, und
- die Fähigkeit von Einzelnen und Ungebundenen, influencerartig auf die Öffentlichkeit einzuwirken andererseits, die eher auf die Privilegierung von Sonderinteressen abzielt,

sind beide nicht zwangsläufig Garanten eines hohen intellektuellen Ansatzes, einer niveauvollen Debattenkultur, zwar bestens geeignet für Talkshow-Formate, aber zweifelhaft als Beschleuniger intelligenter und realitätstauglicher Lösungen.

20. Instrumente (1): Das Pressegespräch in unterschiedlichen Formen

Ein kontinuierlicher Dialog mit den Medien ist für beide Seiten – Medien und Pressestellen – unverzichtbar. Während Pressemitteilungen und Pressekonferenzen dafür die offiziellen Instrumente sind, sind (zeitlich) tagtägliche und (inhaltlich) alltägliche Routinegespräche das Ölen und Warten der Apparatur, die beide Seiten betreiben.

Dabei kann man zwischen den täglichen bilateralen Routinegesprächen und (förmlicheren) Hintergrundgesprächen bzw. Pressegesprächen unterscheiden.

20.1 Routinegespräch

Solche Routinegespräche (die wohl eher per Telefon als am Tisch geführt werden) ergeben sich aus der Tagesroutine, den einfach in der Luft liegenden Themen und dem Wunsch beider Seiten, sich (übereinander) zu informieren. Auf örtlicher Ebene wird es dazu gehören, dass der Pressesprecher (sozusagen anlasslos) täglich mit jedem maßgeblichen Lokalchef der örtlichen Medien telefoniert. Dabei werden in aller Regel Fragen zur Sprache kommen wie:

- Termine heute,
- Was steht auf deiner Agenda,
- Was ist Stadtgespräch,

und en passant

- „Hast du auch gehört", also die überall unvermeidbare Klatsch- und Gerüchteküche.

Aus solchen Routinegesprächen

- ergeben sich häufig neue, gemeinsam anzupackende Themen, wobei die Frage von Exklusivität und Themen, die die Stadt als aktive Pressearbeit für alle Medien spielen muss, Fingerspitzengefühl (übrigens auf beiden Seiten) erfordert,
- wird schlicht ein Informationskanal (als Teil der örtlichen kommunikativen Infrastruktur) hergestellt und offen gehalten,
- entsteht (für den Pressesprecher) ggf. ein Frühwarnsystem für potenziell auf ihn und die Verwaltung zukommende Themen,
- erweitert sich sein Wissen über in den örtlichen Medien vorherrschende Meinungen, was auch sein eigenes Analyse- und Einschätzungspotenzial erhöht
- und fließen aus seinem Wissen und seiner Einschätzung Informationen an die Journalisten zurück, die diese erfahrungsgemäß (auf diesem informellen und abgeschirmten Niveau) gern aufnehmen und berücksichtigen.

Mit den örtlichen Redaktionen lassen sich solche Kontakte leichter halten als mit Vertretern überregionaler Zeitungen oder Sendeanstalten. Dennoch sind sie – schon um dort einen persönlichen Ansprechpartner zu haben und zu erhalten – von großer Bedeutung. Dort wird das „anlasslose" Telefonat nicht „tagtäglich" möglich, aber in regelmäßigem Takt wünschenswert sein.

20.2 Hintergrundgespräch

Das Hintergrundgespräch stellt im Vergleich zum Routinegespräch eine formell gestiegene Qualität dar – wird in aller Regel auch nicht am Telefon, sondern im persönlichen Gespräch erfolgen (und nimmt die unterschiedlichen „Mitteilungsstufen" in Anspruch).

Es muss im Verhältnis zu Journalisten möglich sein, Vertraulichkeit zu wahren. Medienvertreter können in Themen eingeweiht werden, die nicht zur Veröffentlichung bestimmt sind. Es geht um Informationen, deren Bekanntwerden zum momentanen Zeitpunkt Schaden anrichten könnte. Um aber nicht den Eindruck des geheimnisvollen Vertuschens zu erregen, können Journalisten im Vertrauen informiert werden, verbunden mit der Bitte, vorläufig darüber nichts zu veröffentlichen; gleichsam als vertrauensbildende Maßnahme und zur Herstellung der demokratischen Kontrolle durch eine beschränkte Öffentlichkeit.

Dieses Einweihen kann aber nicht den Sinn haben, den Journalisten zu disziplinieren, nach dem Motto: *„Sie erfahren jetzt im Vertrauen ... da habe ich Sie schön drangekriegt, jetzt dürfen Sie nichts schreiben."* Der Sinn der Vorerst-Geheimhaltung muss dem Journalisten vermittelt werden. Zugleich muss präzise der Zeitpunkt definiert werden, zu dem die Notwendigkeit des Stillschweigens endet und der Journalist ungehindert berichten kann (dabei ist klar, dass das vorläufige Stillhalten sich ausschließlich auf den Zeitpunkt bezieht, zu dem die Sache öffentlich wird, nicht aber auf Inhalte des Berichtsgegenstandes).

Solche vertraulichen Informationen dienen auch dazu, Journalisten auf bevorstehende Entwicklungen aufmerksam zu machen, sie vorzubereiten und ihnen Gelegenheit zu geben, sich im Vorfeld schlau zu machen und sie davor zu bewahren, überrascht zu werden. Insoweit hat ein Presseamt auch eine Schutzfunktion gegenüber Medien (was zum Aufbau von Vertrauen beiträgt).

20.3 Das Pressegespräch

Das Pressegespräch ist eine mindere Form der Pressekonferenz: dazu werden alle (örtlichen) Medien eingeladen.

Grundsatz muss sein: Ein Pressegespräch wird anberaumt, wenn eine Pressemitteilung nicht ausreicht, es sich also

- zeitlich oder
- inhaltlich

um ein Thema handelt, das der direkten, persönlichen Erläuterung bedarf.

Zeitlich: es hat eine (nicht-öffentliche) Sitzung, z. B. eines Gestaltungsbeirats, eines Verwaltungsrats, einer Stadttochtergesellschaft stattgefunden, von der alle Medien wissen und zu erwarten steht, dass (fände kein Pressegespräch statt) alle einzeln auf Nachrichtenjagd gehen.

Inhaltlich: die Beratungen des Gestaltungsbeirats müssen anhand von Plänen dargestellt und vom Vorsitzenden einem Architekten oder auch von der Stadtbaurätin erklärt werden, weil sonst (auch) die Journalisten ratlos zurückblieben.

Zu Pressegesprächen wird wie zu Pressekonferenzen eingeladen. Organisation und Führung liegen beim Presseamt.

„Ein Pressegespräch kann lockerer moderiert werden als eine Pressekonferenz. Die streng einzuhaltende Struktur der Pressekonferenz ist nur Orientierung. Zwischenfragen sowie gemeinsame Erörterungen und Überlegungen sind erlaubt, ja sogar sinnvoll, um so zu einem persönlichen Gesprächsklima zu kommen“ (Michael Konken, Pressearbeit ..., a. a. O., S. 134).

20.4 Talk ... unter Schwestern und Brüdern

Der Informations-Abstimmung (eher dem Abgleich als der Jagd nach Exklusivität) dienen Journalistentermine, wie Kamingespräch, Pressefrühstück, Pressestammtisch oder Pressetalks.

„Eine neue, immer beliebtere Form der Pressekonferenz ist der Pressetalk, auch Pressetreff, Medientreff, Journalistentreff oder Info-Treff genannt.“

Der Pressetalk ist eine lockere Veranstaltungsart und eignet sich besonders für „bunte Themen“, die in ungezwungener Atmosphäre der Öffentlichkeit vorgestellt werden sollen. Im Tourismus-, Veranstaltungs-, oder Kulturbereich ist der Pressetalk eine interessante Variante zur herkömmlichen Pressekonferenz. Er kann an Stehtischen realisiert werden, aber auch andere lockere Varianten sind denkbar. Bei entsprechender Wetterlage besteht die Möglichkeit, diese neue Art der Informationsvermittlung auch als Freiluftveranstaltung zu organisieren. Pressetalks können auch einmal auf einem Schiff, in einer Straßenbahn oder einem Museumszug veranstaltet werden.

Ein Pressetalk wird meist in einem entsprechenden Ambiente oder in einem stilvollen Rahmen gestaltet. Dies können Musikeinspielungen – vor, zwischen und nach den Statements-, Kleinkünstler, ein kleiner, vielleicht besonderer Imbiss, Picknick und anschließende Gespräche in lockerer Atmosphäre sein. Kurz: Pressetalks sollen ein Erlebnis sein und zur Teilnahme animieren. *„Pressetalks sind eine attraktive Alternative zu den typischen Pressekonferenzen“* (*Michael Konken*, Pressearbeit ..., a. a. O., S. 134).

Man sollte solche Veranstaltungen aber nicht leichthin als Partys oder lustvolle Events des Presseamtes abtun (wie es gelegentlich und nicht zu selten passiert). Sie stellen harte Arbeit dar. Sie dienen als „Informations-Basar“, sie fördern die „Teambildung des örtlichen Presse-Corps“, sie führen zu einer gewissen „Zivilisierung des Umgangs“ und stärken manchmal die „Beißhemmung“, die, sofern ungerechtfertigt, später zu gegenseitigem Bedauern führen würde.

21. Handeln mit sauren Gurken

Als „Saure-Gurken-Zeit“ wird traditionell die nachrichtenarme Zeit bezeichnet: die Schulferien sind ausgebrochen, die die „sitzungsfreie“ Zeit nach sich ziehen. Fast alle Politiker sind in den Urlaub gefahren. Über die Stadt ist eine sonnenbeschienene Friedfertigkeit und damit Nachrichtenlosigkeit hereingebrochen. Die Journalisten sind am Verzweifeln – sie haben ja wie immer (zwei, drei) Lokalseiten zu füllen, aber was tun, wenn in der Stadt für einige Wochen (im Sommer, aber auch kurzzeitiger zu anderen Ferienlöchern) nichts, aber auch gar nichts „Politisches“ passiert. Für die städtische Pressearbeit ist dies zugleich erahnbare Gefahr im Verzug und erkennbare Chance zum Zuschlagen.

21.1 Gefahr im Verzug

Wenn Journalisten zwar ihr Blatt zu füllen, aber keinen Stoff zu berichten haben, neigen sie (zumindest ist das die Sicht der Pressestellen) dazu, alte Skandalknochen auszubuddeln („Unsere Redaktion fragt nach ...“), auf die Suche nach Unzufriedenen zu gehen, die zu finden immer gelingt. *(„Die Vorsitzende des XY Vereins hat schwere Vorwürfe erhoben, mit denen unsere Jung-Reporterin die Stadt konfrontiert hat ... Sie hat dort niemand erreicht, sodass zu unserem Bedauern nur der Pressesprecher ... zu einer Stellungnahme zu bewegen war ...").* Schlimmerenfalls wird ein „Sommerlochthema" schon im Vorfeld der Sauren-Gurken-Zeit vorbereitet und skandalisiert, das dann die ganze Ferienzeit über genüsslich ausgewalzt wird.

21.2 Chance im Sauren-Gurken-Handel

Aufgabe der Presseämter ist es, nachrichtenarme Zeiten durch Vorarbeit zu nachrichtenreichen Zeiten aus kommunaler Sicht zu machen. (Das nachfolgend geschilderte Kommunikationsmodell entspricht der in Ingolstadt geübten Praxis.)

Dazu dient, dass im Vorfeld (Wochen im Voraus) festgestellt wird,

- welcher Bürgermeister (neben dem Oberbürgermeister), welcher Referent/Dezernent in den fraglichen Wochen der Sauren-Gurken-Zeit vor Ort ist. Im Beispiel der Stadt Ingolstadt gilt: es wird festgehalten, welcher Referent, (Kulturreferent, Schulreferent, Sozialreferent, Stadtbaurat ...) in welcher Woche der Ferienzeit im Dienst ist – und mit deren im Vorhinein eingeholter Zustimmung wird festgelegt, dass sie in der Woche x in der städtischen Pressekonferenz auftreten – zunächst noch einmal ohne Festlegung zu welchem Thema.
- Mit den Referatsbeamten (die in täglicher Telefonkonferenz dem Pressesprecher zugeschaltet sind) wird abgestimmt, welche Themen in dieser „nachrichtenarmen" Zeit präsentiert werden können. Dabei gilt als Grundsatz, dass es Anliegen der einzelnen Referate gibt, die während der sitzungs-intensiven Zeit kaum eine Chance haben, die aber den Referenten am Herzen liegen. Es ist Aufgabe der Pressestellen, den Kollegen zu vermitteln: für solche Themen gilt „Jetzt oder Nie" – und „Ihr habt nun eine einmalige Chance".

Auch daran zeigt sich, wie mühselig die Vermittlungsarbeit von Presseämtern sein kann, denen einerseits aus den Referaten entgegenhallt („Jetzt sind Ferien"), lasst uns einmal in Ruhe durchatmen und die, die Medien bedrängen („Jetzt brauchen wir Stoff – wo bleibt er, sonst klagt ihr doch dauernd, wir schreiben nichts über Euch").

21.3 Fazit

Für die Presseämter sind Saure-Gurken-Zeiten eine Gelegenheit,

- den Kollegen der Verwaltung Möglichkeiten zu eröffnen, Themen, die ihnen am Herzen liegen, die aber sonst in der Aufmerksamkeitskonkurrenz untergehen, darzustellen, zu erläutern und bekannt zu machen,
- den Medien zu helfen, in der nachrichtenarmen Zeit Berichtenswertes zur Verfügung zu haben, wofür sie in aller Regel dankbar sind (und was zur Balance im Sinne des Agenda-Setting beiträgt). Wer in

der nachrichtenintensiven Zeit erwartet, dass seine Themen berücksichtigt werden, darf sich in der nachrichtenarmen Zeit nicht mit der Behauptung davonstehlen, es gebe nichts zu sagen.

Mit anderen Worten: „Saure Gurken" sind für kommunale Pressestellen Zeiten besonderer Chancen-Verwertung.

22. Instrumente (2): Die Pressemitteilung

Jeder Berufsstand – auch der Pressesprecher der Kommunen – kennt ein Werkstück, das als Ausweis seiner besonderen Kunstfertigkeit dient. Wer immer es als Meister der Kunst zu verfertigen versteht, verdient Lob.

Für die Öffentlichkeitsarbeiter, die Medienleute ist dieser Gradmesser die „Pressemitteilung". Hektoliterweise wurde Tinte vergossen, wie sie zu gestalten sei.

22.1 Grundsätzliches

Die Pressemitteilung ist Träger der Information der städtischen Pressestelle. Sie ist ein Papier, auf dem ebenso die Ereignispräsentation wie die Sitzungsberichterstattung oder die Veranstaltungshinweise stehen, aber auch alles andere, was für mitteilenswert gehalten wird; sie ist ein Vehikel. Sie muss so abgefasst werden, dass sie dem Journalisten brauchbar erscheint. Einleuchtend, aber nicht selbstverständlich ist, dass sie sprachlich am Journalismus orientiert und in der Abfolge der Mitteilung journalistisch gestaltet sein muss. Sie tritt in Konkurrenz zu vielen anderen Pressediensten, die ein Redakteur täglich auf den Tisch bekommt. Sie muss schon äußerlich so gestaltet sein, dass der Journalist beim Aufreißen des Briefumschlags mit einem Blick erkennt, wer ihr Absender ist.

22.2 Was kann abgesetzt werden?

Massenmedien, die sich erfolgreich im Markt behaupten wollen, müssen die Bedürfnisse ihrer Kunden sehr genau kennen. Welche Informationen erwartet der Zeitungsleser? Welches Programm spricht den Fernsehzuschauer besonders an? Das Produkt „Information", „Unterhaltung" usw. muss zielgerichtet verkauft werden.

In einer vergleichbaren Rolle ist der Öffentlichkeitsarbeiter einer Verwaltung. Auch er will ein Produkt, zumeist eine „Information", an die Medien „verkaufen". Statt Geld erhält er den Platz auf der Zeitungsseite oder die Sendezeit im Rundfunk oder Fernsehen. Wenn die Medien ihm diese wertvolle Leistung zubilligen, muss die gelieferte Ware von entsprechender Qualität sein. Das bedeutet: auch der Öffentlichkeitsarbeiter muss den Markt studieren, um zu wissen, was seine Abnehmer wollen. Ein Erfolgsgarant ist Neuigkeitswert. Die „News" muss eine die Allgemeinheit interessierende Information enthalten. Es ist deshalb sinnvoll, als Pressesprecher immer wieder in die Rolle des „Konsumenten" auf der anderen Seite der Kommunikationsebene zu schlüpfen und die Frage zu stellen, ob man sich selbst von dieser Meldung angesprochen fühlen würde. Alltagsgeschichten der Verwaltung sollten immer auf ungewöhnliche Aspekte untersucht werden. Die Neugierde des Journalisten wird bei ungewöhnlichen Meldungen eher geweckt. Warum also sollte die alljährlich wiederkehrende Einstellung von Nachwuchskräften nicht mit einem Fototermin mit dem Bürgermeister im Fußballstadion aufgewertet werden? Lässt sich die Einführung eines Gemeinschaftstarifs nicht besser bei einer gemeinsamen Pressefahrt im Zug/Bus von Oberbürgermeistern und Landräten vermitteln? Wesentlich ist, dass die Verwaltungs- oder technische Fachsprache in eine für Journalist und Zeitungsleser brauchbare Sprache übertragen wird.

22.3 (Falsche) Erwartungen

Die Presseerklärung ist ein Service für die Redaktion. Kein Pressereferent kann jedoch erwarten, dass seine Verlautbarungen unbesehen übernommen werden. Auf diese Weise würde die Zeitung zu einem Public-Relations-Spiegel oder zu einem Bulletin amtlicher und halbamtlicher Verlautbarungen degradiert. Dem Bürger würde gerade das vorenthalten, was er zur Meinungsbildung braucht: die unabhängige, umfassende Information. Es ist nicht richtig, dass Pressestellen diese nötige Information nicht geben würden – auch sie arbeiten nach journalistischen Grundsätzen.

Die Pressemitteilung kann daher auch kein Instrument schönfärbender Berichterstattung sein. Sie ist Hinweis an die Redaktionen darüber, was die Pressestelle für berichtenswert hält – unbestrittenes Recht des Journalisten ist es, diese angebotene Information zu überprüfen und gegebenenfalls darüber zu berichten. Tatsache aber ist auch, dass nur dann die Pressestelle mit Aussicht auf Erfolg arbeiten kann, wenn der Journalist bei seinen Überprüfungen feststellt, dass sie authentisch sind. Stellt er fest, dass die Pressestelle wiederholt versucht, ihn zu verschönernder Berichterstattung zu missbrauchen, werden nächste Presseerklärungen ungelesen und automatisch in den Papierkorb wandern.

Da es häufig aufgrund von Presseerklärungen bei den Journalisten zu Vertiefungsfragen kommt, muss der Pressesprecher selbstverständlich für weitergehende Fragen zur Verfügung stehen, selbst zusätzliche Informationen liefern oder sie für den Journalisten beim zuständigen Fachmann einholen.

„Mit der Pressemitteilung wird das Ziel verfolgt, Journalisten Fakten zu relevanten Themen zu geben, bzw. Themenvorschläge zu vermitteln. Die Pressemitteilung muss folgende Voraussetzungen erfüllen:

- *sie ist aktuell,*
- *stellt umfassend und klar Fakten dar und nennt alle wichtigen Details,*

- *schmückt textlich nicht aus,*
- *enthält keine Wertung,*
- *ist nachrecherchierbar,*
- *ist sachlich, ohne Kommentierung,*
- *beinhaltet das Prinzip der abnehmenden Wichtigkeit,*
- *die wichtigsten Informationen stehen im Lead,*
- *ist im höchsten Maß objektiv"*

(*Michael Konken*, Pressearbeit, a. a. O., S. 52).

22.4 Gestaltung

Nach einer Umfrage einer Münchener PR-Agentur im Jahr 1994 landen 70 % aller Pressemitteilungen schon bei der ersten Durchsicht des Journalisten in seinem Papierkorb. Journalisten entscheiden schnell, ob die übersandten Meldungen für sie interessant sind und ob eine Mitteilung handwerklich gut gemacht ist. Oft scheitert die Aufnahme einer Information in die nächste Ausgabe der Tageszeitung oder der Rundfunkmeldung schon an der Überschrift oder dem Rechtschreibfehler in der ersten Zeile. Damit Pressearbeit erfolgreich sein kann, müssen einige Spielregeln beachtet werden. Besondere Anforderungen stellen Online-Redaktionen an Presseinformationen.

22.4.1 Äußere Form

Das Layout der Presseinformation sollte in das Corporate Design-Konzept der Verwaltung eingebettet sein. Deutlich muss die auffällige Wortmarke „Presseinformation" oder „Pressemitteilung" in Verbindung mit dem Absender stehen, sodass dem Redakteur die Meldung aus der „Musterstadt" sofort ins Auge springt. Die Presseinformation richtet sich natürlich an alle Medien. Da der Begriff sich in der Vergangenheit etabliert hat, darf man ihn ohne schlechtes Gewissen auch gegenüber Rundfunk, Fernsehen oder Online-Redaktionen verwenden.

Neben den allgemeinen Absenderangaben der Verwaltung (Anschrift, Telefon-, Faxnummer, E-Mail-Adresse) ist unter jedem Text der Vor- und Nachname des Ansprechpartners mit Telefon- und Faxnummer sowie E-Mail-Adresse aufzuführen, der den Medien für Rückfragen zur Verfügung steht. Zur schnelleren Auffindbarkeit kann die jährliche Durchnummerierung der Presseinformationen dienen. Es hat sich bewährt, den Pressetext in der Breite zu begrenzen, sodass dem Redakteur ein breiter Rand von ca. 5 cm für Korrekturen bleibt. Damit der Text übersichtlich und schnell lesbar ist, wird mit einem Abstand von eineinhalb Zeilen geschrieben und eine funktionale Schriftart (z. B. aus der Arial-Familie) gewählt. Die Rückseite des Bogens bleibt frei. Längere Texte wirken selbst bei einem aufgelockerten Layout ermüdend.

Abhilfe schaffen Zwischenüberschriften, die nach drei bis fünf Absätzen eingefügt werden. Neben der Erhöhung der Lesebereitschaft wird dadurch auch ein rascher Überblick über das Gesamtthema ermöglicht. Formatierungen wie Fett-, Kursivschrift oder Unterstreichungen sind in Pressemitteilungen nicht üblich. Bildunterschriften sollten am Textende noch einmal wiederholt werden.

22.4.2 Aufbau einer Pressemeldung/PM

- Dachzeile [einordnend]
- Überschriften [plakativ] – was ist los – (siehe auch unten) worum geht's
- Vorspann [berichtend]
- Lauftext erklärend vertiefend
- Kontakt: wer sind wir
- Abbinder: was tun wir.

Überschriften

Headlindes sind von großer Bedeutung, entscheiden meist schon über Lesen und Nichtlesen. Überschriften sind Aufmerksamkeitswecker.

Als Verfasser einer Presse-Info hat man keinen Einfluss auf die Überschrift, die in der Zeitung steht, aber man kann einen (guten) Vorschlag machen.

- Neugier wecken
- Eigeninteresse des Lesers
- hoher Neuigkeitswert
- keine negativen Assoziationen

> *Beispiel:*
>
> *Eine treffende Überschrift, die den wesentlichen Inhalt auf den Punkt bringt und neugierig macht, könnte wie folgt lauten:*
> *Titelzeile: „Bürgermeister: Verwaltung wird modernes Dienstleistungsunternehmen!"*
> *Untertitel: Neue Verwaltungsstruktur senkt Kosten der Verwaltung.*
> *Schlecht wäre gewesen:*
> *Titel: „Bürgermeister sprach über Verwaltungsmodernisierung."*

22.4.3 Gestaltung – eine Anleitung

Presse-Informationen sind Nachrichten oder Berichte, die aktuelle Sachverhalte von allgemeinem Interesse in verständlicher Sprache wiedergeben. Die Mindestanforderungen sind:

- Aktuelles Thema

- Allgemein verständlich
- Objektiv berichtet
- Übersichtlich aufgebaut
- Verständlich geschrieben

Schreiben Sie Presse-Informationen, damit sie gelesen werden und nicht um des Schreibens willen!

Verständlich schreiben heißt:

- Kurzweilige Sätze richtig aufbauen
- grammatikalisch richtig verbinden
- treffende Wörter benutzen
- die Rechtschreibung beherrschen
- sinnvoll gliedern.

Aufbau – die „W-Fragen"

Für den Aufbau des Textes einer Presseinformation gibt es klare Regeln. Am Anfang steht immer das Wichtigste, der aktuelle Aufhänger. Er ist für den Redakteur der Nachrichtenwert. Der sog. „Nachrichtenkopf" enthält die Antworten auf die „Sechs W-Fragen":

- Wer? (Vorname, Name, Funktion)
- Wann? (Zeit)
- Wo? (Ort)
- Was? (Geschehen)
- Wie? (Umstände)
- Warum? (Gründe, Ursachen).

Die Reihenfolge der Beantwortung der „W-Fragen" ist nicht starr, sondern richtet sich nach Anlass und Thema. Auch wenn einige Antworten selbstverständlich sind, sollten alle „W's" behandelt werden. Man nennt den ersten Satz, der die „Sechs-Fragen" enthält, Leadsatz. Er umfasst maximal 15 Worte. Im Zweifel sollte der Inhalt des Leads in zwei Sätzen formuliert werden. Im folgenden Fließtext, auch „Nachrichtenkörper" genannt, werden die Informationen weiter ihrer Wichtigkeit nach gegliedert: die wichtigen Details stehen vorn, dann folgen Vorgeschichte, Hintergründe und Zusammenhänge. Die Presseinformation hat – bildhaft gesprochen – die Form einer Pyramide. Im Gegensatz zu einem Schulaufsatz (Einleitung, Hauptteil, Schluss) gehören die wesentlichen Fakten einer Presse-Information immer in den ersten Absatz. Mit jedem Satz nimmt die Bedeutung der Information ab, gleichzeitig nimmt die Länge der Sätze zu. Dieser Aufbau entspricht der Arbeitsweise der Journalisten, die einen Text – wenn erforderlich – von hinten kürzen. Eine Information muss deshalb so verfasst werden, dass sie durch die Kürzung nicht an Klarheit verliert.

22.4.4 Genres

Kurznachricht

- enthält nur die notwendigen Fakten
- knappe, neutrale Aussage, aber verständlich geschrieben
- keine Aneinanderreihung technischer Insiderkürzel
- höchstens eine Spalte lang

„Harte" Nachricht

- Kernaussage nach vorne
- Orientierung an den bekannten „W's"
- prägnante Sätze
- Kürzungsmöglichkeit von hinten nach vorne (umgekehrte Pyramide)
- gut geeignet für kurze „Produktmeldungen"

„Weiche" Nachricht

- Sprache etwas farbiger
- Boulevardstil
- Einstieg mit Gag oder Zitat
- Schlusseffekt z. B. mit einer außergewöhnlichen Information

Tatsachenbericht

- Aufbau wie bei der „harten" Nachricht
- zusätzlich Hintergrundinformationen

Sonstige Berichte

- Vorbericht zur Ankündigung wichtiger Ereignisse
- Ergebnisbericht
- Messebericht
- Entwicklungsbericht
- ...

Checkliste

Nachrichtlicher Text:

- Was ist der Kern der Nachricht?
- Welche journalistischen W-Fragen können beantwortet werden?
- Welche zusätzlichen Informationen sind die wichtigsten? (auf wenige beschränken)
- In welcher Reihenfolge erscheinen sie im Text?
- Aufbau des Textes nach der umgekehrten Pyramide
- Vorspann mit dem Konzentrat der Aussage

- Formulierung einer Überschrift

22.5 Einige journalistische Gepflogenheiten

- Alle Pressetexte sind in der dritten Person geschrieben (also „die Stadt Ingolstadt" statt „wir").
- Personen werden mit vollständigem Vor- und Nachnamen und mit der genauen Position bezeichnet.
- Fachausdrücke und Abkürzungen werden immer erläutert.
- Zahlen bis zwölf werden ausgeschrieben, ebenso Prozent (statt %), Millionen und Milliarden (statt. Mio. und Mrd.), Euro (statt €), zum Beispiel (statt z. B.), genaues Datum (statt „heute" oder „morgen") usw.

Weitere stichwortartige Regeln für überzeugende Pressetexte sind:

- Nur Aktualität zählt! Keine alten Themen neu verpacken!
- Klare Fakten und präziser Umgang mit Datenmaterial vermeiden peinliche Nachfragen!
- Einfache Darstellung auch komplizierter Sachverhalte. Ggf. Anschauungsmaterial wie Grafiken, Tabellen, Illustrationen usw. beifügen (keine Tabelle oder Ähnliches in den Textkörper einbinden!).
- Maximal 15 bis 20 Worte pro Satz!
- Nachrichten kurz halten! Die maximale Länge sollte zwei DIN-A4-Seiten nicht überschreiten! Bei umfangreichen Sachverhalten sind eine maximal zweiseitige Zusammenfassung aller wichtigen Daten und eine detaillierte Darstellung als Anlage sinnvoll.
- Namen sind Nachrichten! Informationen, die mit Personen verknüpft werden können, interessieren mehr als reine Sachthemen. Vornamen mit nennen, ggf. auch Alter und Parteizugehörigkeit!
- Übertreibungen und Superlative wirken unseriös. Sie werden von den Redaktionen gestrichen und tragen nicht zur Glaubwürdigkeit der Öffentlichkeitsarbeit insgesamt bei.
- Zitate in direkter oder indirekter Rede machen die Presseinformation lebendiger und glaubwürdiger. Aussagen vorher autorisieren lassen!
- Am Ende Zeilenumfang und Anschläge nennen.
- Zusätzliche Informationen für die Redaktionen (z. B. Hinweise auf Anmeldefristen) werden deutlich abgesetzt von der Meldung am Schluss aufgenommen.

22.6 Formulierung

Verständliche Texte sind messbar! *Wolf Schneider* hat in seinem Handbuch „Deutsch für Profis" Folgendes festgestellt:

- neun Wörter pro Satz gelten bei der Deutschen Presseagentur als Obergrenze der optimalen Verständlichkeit.
- 14 Wörter pro Satz gelten im Hörfunk als Obergrenze.
- 16 Wörter pro Satz ist Durchschnitt in deutschen Zeitungen.
- 30 Wörter pro Satz ist die Obergrenze des Erlaubten bei der Deutschen Presseagentur.

Neben kurzen Sätzen ist die Verständlichkeit von Texten auch von folgenden Aspekten abhängig:

- Einfache Wörter (kein Fachchinesisch!). Abkürzungen vermeiden und nur dann verwenden, wenn sie vorher durch die vollständige Wortgruppe erläutert wurden (bei der ersten Verwendung in Klammern dahinter setzen).
- Substantivismus vermeiden. Ein Satz wird viel lebendiger durch Verben!
- Keine Fremdwörter, wenn sie zum Verständnis nicht besser sind als ihre deutsche Umschreibung.
- Nur über Themen schreiben, die man selbst versteht!
- Keine Floskeln und keine Füllwörter.

Wodurch zeichnet sich eine gute Presseinformation noch aus?

Die Stimulans eines Textes lebt von einer spannenden, lebendigen Sprache. Auch vermeintlich trockene Sachverhalte können durch anschauliche Beispiele oder Bildersprache dem Leser nähergebracht werden.

> *Beispiel:*
>
> *„Die Belastung der Bürger erreicht einen neuen Höchststand."*
> *Anschaulich wäre eine Ergänzung:*
> *„Damit arbeitet jeder Bürger die ersten fünf Monate des Jahres ausschließlich, um seine Steuern und Sozialversicherungsabgaben bezahlen zu können."*

Gute Texte sind konkret geschrieben. Statt sich in Allgemeinplätzen und Phrasen zu ergehen, gilt es, die möglichen Fragen eines Journalisten bereits im Text der Presseinformation zu beantworten. Hierbei kann es sinnvoll sein, mit Vergleichen zu arbeiten.

> *Beispiel:*
>
> *„Die Personalkosten steigen."*

Diese Aussage allein lässt viele Fragen offen: Warum steigen sie? Wie steht die Steigerungsrate im Vergleich zum Vorjahr und im Vergleich zu anderen Verwaltungen?

So schreiben Journalisten: (Nach „na news aktuell" – ein Unternehmen der dpa-Firmengruppe):

„Journalisten arbeiten nach bestimmten formalen Standards. Eignen Sie sich dieses Wissen an – machen Sie es den Redakteuren möglichst einfach. Schreiben Sie statt

Herr Müller	*Harald Müller*
Str.	*Straße*
in Konsequenz von	*weil*
heute	*am Donnerstag*
gestern	*am Mittwoch*
km	*Kilometer*
%	*Prozent*
Trotz der Tatsache, dass	*obwohl*
z. B.	*beispielsweise*
Während des Verlaufs von	*während*
12	*zwölf (dann: 13, 14, ...)*
Zu diesem Zeitpunkt	*jetzt*
Zum Zweck von	*für*

Web-Tipps:

www.pr-guide.de

www.clickz.com"

22.7 Fotos

Wenn möglich (und vom Thema her sinnvoll), können/sollten Pressemitteilungen Fotos oder Grafiken angefügt werden. Sie sollten mindestens über 300 dpi verfügen. Eine größere Auswahl an Fotos sollte in einem Pool (oft auch als Presseportal bezeichnet) für Journalisten eingestellt und auf die Möglichkeit sie dort abzurufen in der Pressemitteilung hingewiesen werden.

In Zeiten digitaler Fotografie können Fotos per E-Mail versandt oder im Internet zum Download parallel zur Pressemitteilung zur Verfügung gestellt werden. Die Fotos – oder auch Grafiken – sollten im JPEG-Format und einer Auflösung von 300 dpi für Zeitungsredaktionen und von 96 dpi für Online-Redaktionen vorliegen. Herkömmliche Fotografien auf Hochglanzpapier haben im Pressealltag weitestgehend ausgedient. Sollte dennoch bei einem besonderen Anlass diese Fotoform gewählt werden, haben brauchbare Pressefotos das Format 13 × 18 Zentimeter und sind hochglänzend. Zu jedem Foto gehört eine Begleitinformation, die Auskunft über den Zeitpunkt und den Anlass des Bildes, über das Motiv bzw. die vollständigen Namen und Funktionen der abgebildeten Personen gibt. Außerdem muss die Frage des Honoraranspruchs („Abdruck honorarfrei") und der Urheber/Rechteeigentümer/Fotograf des Fotos vermerkt sein. Jede Pressestelle hält von den wichtigen Personen des Hauses Portraitfotos oder Fotos in Arbeitssituationen auf Abruf bereit. Sinnvoll ist es, diese Fotos auf der kommunalen Homepage zum Download anzubieten. Pressefotos sollen von jemandem aufgenommen werden, der entsprechende Kenntnisse und Fertigkeiten besitzt.

22.8 Zeitpunkt und Verteilung

Die größte Mühe bei der Erstellung einer Presseinformation kann umsonst sein, wenn die Herausgabe zum falschen Zeitpunkt erfolgt. Deshalb sind unbedingt die Redaktionsschlusszeiten der Medien zu beachten. Normalerweise sollten alle Meldungen bis spätestens 15 Uhr das Haus verlassen haben. Bei Wochen- und Monatsmedien sind die entsprechenden Produktionsvorlaufzeiten zu berücksichtigen. Wenn eine Meldung keinen ausschließlich tagesaktuellen Charakter hat, sollte man die Herausgabe auf einen Zeitpunkt legen, an dem bekanntermaßen wenig Konkurrenz auf dem Meldungsmarkt z. B. durch Pressekonferenzen zu erwarten ist. Die Verteilung der Presseinformation muss möglichst zeitgleich an alle in Frage kommenden Medien erfolgen. In Zeiten des E-Mail-Versandes dürfte dies kein Problem darstellen. Bei eilbedürftigen Informationen (z. B. wegen Redaktionsschluss) ist es ratsam, die Meldung telefonisch zu avisieren und zunächst an die Agentur (dpa) zu geben. So ist sichergestellt, dass trotz des späten Erscheinens noch alle Medien die Information verarbeiten können.

23. Instrumente (3) – Presseverteiler

Es genügt nicht allein, Pressemitteilungen zu erstellen, sie müssen auch an die richtige Adresse gebracht werden. Dazu bedarf es einer Zielgruppen-Definition.

Die beste Pressemitteilung ist sinnlos, wenn sie nicht an die richtigen Adressaten gelangt.

„Ein effektiver, persönlich aufgebauter Presseverteiler ist die Voraussetzung dafür, dass die Medienarbeit die unterschiedlichen Medien direkt erreicht und auf die unterschiedlichen Belange zugeschnitten ist" (*Ewald Müller*, a. a. O., S. 101).

Die kommunalen Pressestellen werden daher sinnvollerweise Verteiler aufbauen, große, kleine, regionale, länderweite, bundesweite, an Kultur- und Sportredaktionen und je nach Inhalt der Meldung ihre Pressemitteilung über diese Verteiler streuen, eventuell sogar direkt zusätzlich an Journalisten persönlich gerichtet, von denen bekannt ist, dass sie als Spezialisten für ein bestimmtes Thema gelten oder bestimmte Interessensschwerpunkte haben. Es kommt dabei auch darauf an, welche Themen eine Stadt setzen möchte, ob sie Jazztage von Format hat (dann braucht sie einen Jazzverteiler), ob ein örtliches Team in der ersten Liga Eishockey spielt (dann braucht sie einen Eishockey-Verteiler ... etc.). Einzelne Projekte in der Stadt (Stadtjubiläen, große Sportveranstaltungen, Kulturereignisse) verlangen den Aufbau spezieller Presseverteiler – die dann aber ggf. auch für die längerfristige Kontaktpflege mit „neuen Freunden" unter Journalisten genutzt und fortgeführt werden können. Auf die Thematik, dass auch in der Art der Abfassung, der „Schreibe", bereits potenziell unterschiedliche Zielgruppen zu berücksichtigen sind, soll nur am Rande verwiesen werden. (Wer in Jugendzeitschriften „landen" will, sollte möglicherweise in anderen Worten, Begriffen und Bildern schreiben, als jemand, der ein Ärzteblatt im Blick hat.)

23.1 Höchstpersönliches Amtseigentum

Die Bedeutung des Presseverteilers lässt sich in der Praxis auch daran ablesen, dass er quasi permanent Gegenstand der Begehrlichkeit von Dritten (z. B. Agenturen, Werbern etc.) ist, die anrufen und „mal schnell gern euren Presseverteiler" hätten. Abgesehen davon, dass sich solche Agenturen damit Recherchearbeit ersparen wollen, zielen derart unsittliche Begehren auch auf Kostenersparnis ab und damit würden sie ihre Gewinnerzielung steigern. Ganz abschlagen aber lassen sich (etwa auch im Interesse der örtlichen Medien) solche Anfragen nicht. Es hat sich daher die Praxis bewehrt, dass man im Presseamt einen „kleinen" Verteiler mit den wesentlichen örtlichen Medien-Kontaktdaten bereithält, der bei derartigen Anfragen ausgehändigt wird. Der eigentliche Presseverteiler, der für die eigene Arbeit Verwendung findet, in dem das eigene Herzblut steckt, der mit viel Energie aufgebaut und mit Fleiß aktualisiert wird, allerdings gehört dem Amt allein – er wird zur Not mit Zähnen und Klauen geschützt. Er enthält Namen, Daten, Fakten, die in jahrelanger Arbeit zusammengetragen wurden, und stellt ein Kapital an Kontakten und Wissen, das im Kampf um Aufmerksamkeit der Medien zu wertvoll ist, als dass man ihn (selbst auch nur den Kollegen im eigenen Haus) auch nur zeigen würde.

Ein Presseverteiler, schreibt *Michael Konken* (Pressearbeit, a. a. O., S. 102), *„ist ein Produkt eigener Recherchen sowie Kontakte und so speziell, dass er nur für die Arbeit der jeweiligen Pressestelle effektiv ist. Da er auch Adressen von Journalisten enthält, die durch persönliche Kontakte aufgebaut wurden, darf er nicht weitergegeben werden"*.

23.2 Genaue Adressierung

Medien arbeiten untergliedert nach unterschiedlichen Redaktionen. Es wäre ein Irrtum zu glauben, dass eine Pressemitteilung, die an die Zentralredaktion geschickt wird, von dort an die „zuständigen" potenziell interessierten Redaktionen weitergeleitet wird (ebenso wenig werden Fachredaktionen, die kein Interesse haben, sich damit aufhalten, sie weiterzuleiten). Deshalb sollten Pressemitteilungen auch nie an den Verlagsleiter, den Intendanten, den Chefredakteur adressiert werden – in größeren Verlagshäusern, Rundfunkanstalten ist immer die Fachredaktion (Wirtschaft, Kultur, ...) anzuschreiben.

„Nach dem Eingang einer Pressemitteilung in der Redaktion fällt die erste Entscheidung, ob sie veröffentlicht wird oder nicht. Eine genaue Kenntnis der fachlichen und redaktionellen Zuständigkeiten ist daher grundlegend erforderlich. An einen bestimmten Journalisten zu adressieren ist nicht ratsam, denn dieser/diese könnte sich im Urlaub befinden oder krank sein. Wenn Journalisten ausdrücklich den Wunsch äußern, Pressemitteilungen persönlich zu erhalten, muss zusätzlich die gleiche Pressemitteilung an die zuständige Redaktion verschickt werden" (*Michael Konken*, Pressearbeit, a. a. O., S. 101).

23.3 Hilfen für den Aufbau von Presseverteilern

Hilfreich sind Nachschlagewerke, die die Kontaktadressen von Medien und die personelle Zusammensetzung der Redaktionen nennen und laufend aktualisiert werden. Adressensammlungen gibt es in Buchform, als Loseblattsammlung oder Datenbanken, auch auf CD-ROM. Weit über 10 000 Medien sind in den bekanntesten Nachschlagewerken verzeichnet und werden laufend aktualisiert. Der *„STAMM"* orientiert sich dabei stärker an der Vollständigkeit der Adressen von Medien und ihren Verlagen. Im *„Zimpel"* stehen die Ansprechpartner für bestimmte Themen in den einzelnen Redaktionen im Vordergrund. Ein Update einer CD-ROM-Version wird regelmäßig angeboten.

23.4 Verteilerstrukturen

Die Entscheidung, wer in welchen Verteilern auftaucht, also als potenzieller Rezipient betrachtet wird, lässt sich nach unterschiedlichen Kriterien treffen, hängt aber entscheidend von den Schwerpunkten ab, die das Presseamt trifft. Insoweit sind die nachfolgenden Hinweise nur Anhaltspunkt und Anregung zu Überlegungen:

- Tagesverteiler: Welche Medien und Journalisten möchte ich täglich erreichen, wem leite ich auch den täglichen Kleinkram – Straßensperrungen, Müllabfuhrterminänderungen etc. zu?
- Geheimverteiler: Welche Journalisten haben für bestimmte Themen ihr Interesse beim Presseamt deponiert (z. B. der Weihnachtskrippenspezialist, der Fachmann für die regionale Barockmusik ...)?
- Lokalverteiler: Die Medien des nahen Umlandes, etwa eines früheren Landkreises. Insoweit kann hier kein genereller, nach Kilometern festgelegter Bereich um den Standort genannt werden, es kommt auf spezifische Besonderheiten an, wieweit sich Umlandbewohner auf die Stadt hin orientieren. (Evtl. ist zu unterscheiden in lokale Zeitungen und lokale Anzeigenblätter, in Stadtteil- und Ortsteilmedien.)

- Regionalverteiler: Das kann ein Regierungsbezirk sein, ein traditionell beschriebener Bereich wie Voralpenland oder Ruhrgebiet.
- Nationaler Verteiler: Alle Vollredaktionen im Bundesgebiet bzw. internationale Medien. *„Da es sich bei diesen um bedeutende Medien wie AP, dpa, Süddeutsche Zeitung, Welt, Deutschlandradio, Deutsche Welle (weltweit) und ähnliche handelt, müssen die Inhalte der Presseinformationen den Ansprüchen der überregionalen Ausrichtung gerecht werden. Nicht zu vergessen sind Internetnachrichtendienste. Für alle gilt: Pressemitteilungen, die an diesen Verteiler gehen, müssen einen bedeutenden überregionalen Informationsgehalt haben"* (*Michael Konken*, Pressearbeit, a. a. O., S. 103).
- Verteiler nach Fach- und Interessensgebieten (der Medien):
  - Wirtschaftsmedien
  - Wissenschaftsredaktionen
  - Tourismusmedien
  - Kulturmedien (evtl. untergliedert: Volksmusik, Musik, Jazz, Pop, Malerei, Konkrete Kunst ...)
  - Sportredaktionen
  - Auslandskorrespondenten in Deutschland (Journalisten aus Frankreich, Kroatien, China ...)
  - Kommunale Fachpresse
  - Presseagenturen
  - Internetredaktionen

  Bei all diesen Zielgruppen muss die Pressestelle prüfen, ob ihnen die vorliegende Pressemitteilung zugesendet werden soll – sie kann aber auch, andersherum, überlegen, welche Nachricht erstellt werden könnte, um sie den jeweiligen Kategorien zuzusenden.

24. Instrumente (4) – Presseportal

Als hilfreich hat es sich erwiesen, seitens des Presseamtes einen Presse-Pool für Journalisten bereitzustellen. Es handelt sich um einen Bereich im Internet, der nur mit einem Passwort zugänglich ist, das Journalisten, die sich dafür akkreditieren, vom Presseamt erhalten.

In diesen Pool lassen sich „Materialien" der unterschiedlichsten Art einstellen – von den Pressemitteilungen beginnend über Redemanuskripte bis hin zu Künstlerbiographien und -portraits bei Konzerten oder generelles Fotomaterial zur Stadt. Letztlich kann das städtische digitale Pressedienstangebot Einladungen und Tagesordnungen zu Sitzungen, Hintergrundmaterial, Pläne, Karten, Dokumente enthalten, die in einem technischen Format angeboten werden, das unschwer in Print oder Fernsehen umgesetzt werden kann.

Journalisten bedienen sich daraus gerne, wie aus einem Steinbruch. Zudem dient der Pool auf lange Frist auch als Gedächtnis/Archiv, in dem sich frühere Pressemitteilungen oder Reden (zum Haushalt etwa) nachlesen lassen – insoweit ist auf Dauer auch eine klare Gliederung nötig, um die Archivfunktion zu stärken.

Es kommt Journalisten übrigens (mental) entgegen, dass nicht jedermann, also alle Bürgerinnen und Bürger, darauf Zugriff haben. Bei aller Forderung nach Transparenz lieben Journalisten doch Bereiche, die ihnen reserviert sind und ihnen einen Vorsprung an Informationen dem gemeinen Bürger gegenüber verschaffen.

Klar aber muss sein, dass ausschließlich das Presseamt die Herrschaft über das, was eingestellt wird (und das, was entrümpelt wird), hat, also keine Vermischung mit Datensammlungen anderer Ämter oder Referate stattfindet.

25. Online-Medien

Online-Medien sind heute weitgehend Routine im Alltag von Journalisten. Oft sind Zeitungs- und Onlineredaktionen verzahnt, nutzt das Medium die Möglichkeit, im Konkurrenzkampf über die Onlinepräsenz sofort Flagge zu zeigen und auf die „morgige Ausgabe" mit ausführlicheren Informationen und Hintergrundangeboten zu verweisen. Andere Online-Zeitungen arbeiten vorwiegend im Netz, um dann aus der Arbeit im Online-Bereich eine wöchentliche Printausgabe zu generieren. Dritte Medien wiederum arbeiten allein mit ihrer Netzpräsenz. Wie auch immer, für Presseämter stellen die Online-Medien einen speziellen Adressatenkreis dar.

Durch professionelle Online-Kommunikation wird auch das Image der Presseämter bestimmt. Sie ist aktuell (und erreicht alle Medien zeitgleich, was ganz im Sinne der Grundsätze der aktiven Medienarbeit ist). Insoweit muss bei den oben erwähnten Möglichkeiten für Presseverteiler immer auch deren digitale Variante für Onlinezwecke mitgedacht werden. So verbreitete Presseinfos können bequem weiterverarbeitet, verschlagwortet und/oder archiviert werden. Die Onlineverbreitung von Pressemitteilungen ist relativ einfach und kostengünstig, sie eröffnet neue (und umweltschonende) Transportwege.

E-Mail, Satellitenversand, digitale Pressemappen, Bilder, Grafiken, Audiofiles können im Netz deponiert, Pressekonferenzen gestreamt (also mit Bewegtbildern übertragen) werden.

Online-Journalisten arbeiten (verglichen mit dem Berufsbild klassischer Medien) breiter, sind also weniger Fach-ressort-orientiert. Im Stil muss der Online-Journalist eher webaffin sein: kurz, locker und so aufbereitet, dass die Nachricht ihren Weg im Netz findet. Online-Redakteure verbinden Layout, Programmierung, Grafik und Audio.

Zwischenzeitlich gibt es die unterschiedlichsten Arten von Online-Journalismus: vom klassischen Mix, wie ihn Tageszeitungen anbieten bis zu spezialisierten Marken mit fest definierten Zielgruppen (etwa Computerfans).

Web-Tipp: www.onlinejournalismus.de

26. Instrumente (5) – Interviews

26.1 Interviews

Was ist der Zweck von Interviews? Sie dienen dazu, persönlich geprägte Informationen zu erhalten. Es soll dabei der Eindruck der Unmittelbarkeit erweckt werden, indem der Leser/Hörer/Zuschauer des Interviews quasi direkt Kontakt mit der Person aufnehmen kann, die interviewt wird.

Diese Unmittelbarkeit besteht allerdings nur bei ungeschnittenen Live-Interviews. Jede wie auch immer geartete Bearbeitung setzt die Wirkung der Unmittelbarkeit herab. In den Printmedien scheitert die originale Form schon daran, dass ein gedrucktes Wortprotokoll als Interview schwer lesbar und langweilig wäre. Deshalb wird redigiert. Beim „Glätten" des Textes kann allerdings die Worttreue – gerade wenn es um die Darstellung komplizierter Sachverhalte geht – leiden, ohne dass es in der Absicht der Journalisten liegen muss. Dieses Prinzip sollte jeder kennen, der um ein Interview gebeten wird, und daher mit dem Journalisten ein „Gegenlesen" des Interviews vereinbaren. Klar ist auch: einen Anspruch auf ein Interview gibt es nicht. Insoweit ist das Interview ein Entgegenkommen der Behörde. Dieses Wissen ist auch ein Kapital, mit dem man umgehen kann.

Ferner ist klar: Der Journalist hat keinen Anspruch auf einen bestimmten Interviewpartner. Ob Oberbürgermeister oder Pressesprecher oder ein Vertreter des Fachressorts gewünscht wird, die Entscheidung trifft die Behörde (wobei bei positiv besetzten Themen der Oberbürgermeister, bei belastenden der Pressesprecher vorgeschickt wird). Besteht ein Journalist auf die Person als Interviewpartner (nur mit dem OB), findet halt zur Not überhaupt kein Interview statt.

26.1.1 Interview-Arten

Es gibt verschiedene Arten von Interviews, die sich nach dem Medium, der Dauer, nach der Spontanität oder nach der Sendeform einteilen lassen.

Während sich einige der vorgenannten Differenzierungen selbst erklären, gibt es bei der Form der Befragung in der Praxis immer wieder Missverständnisse. Daher folgen einige Erläuterungen zu den praxisnahen Befragungsformen Wortlaut-, Recherche- und Telefoninterview.

26.1.2 Wortlaut-Interview

Das Wortlaut-Interview, abgedruckt oder gesendet in Frage-Antwort-Form, verlangt sowohl vom Interviewer als auch vom Interviewpartner höchste Konzentration. Als Vertreter der Verwaltung sollte der Pressesprecher die erforderliche Sachkenntnis besitzen, um mit der nötigen Autorität und Bestimmtheit in das Gespräch gehen zu können. Je nach Medium ist nicht nur wichtig, was gesagt wird, sondern auch wie. Denn bei einem Fernsehauftritt ergreift der Hörer oder Zuschauer vor allem Partei für denjenigen, der glaubwürdiger und sympathischer wirkt.

26.1.3 Recherche-Interview

Das Problematische am Recherche-Interview ist, dass viele Interviewpartner es gar nicht oder zu spät als Interview erkennen. Aus einem unverdächtigen Anruf eines Journalisten mit zunächst belanglosem Gesprächsinhalt entwickeln sich einige eingestreute Fragen, z. B. zur Ausbildungssituation in der Stadtverwaltung. Ein Öffentlichkeitsarbeiter, der arglos antwortet, wird sich möglicherweise am nächsten Tag mit einigen Zitaten in der Zeitung wiederfinden. Diese Gefahr, die bei erfahrenen Pressesprechern natürlich nicht auftreten sollte, ist immer dann latent vorhanden, wenn es in einer Verwaltung keine klare Anweisung gibt, wer gegenüber den Medien Auskünfte geben darf.

26.1.4 Telefon-Interview

Die Besonderheit des Interviews am Telefon ist, dass die Gesprächspartner einander nicht sehen können. Wenn aber die nonverbale Kommunikation, die ein Gesprächsklima entscheidend bestimmt, fehlt, wird beiden Gesprächspartnern ein hohes Maß an Konzentration und Sensibilität abverlangt. Insbesondere der Befragte muss durch sehr genaues Hinhören die Stimmungslage des Journalisten herausfinden.

Telefon-Interviews sind erst durch die privaten Rundfunksender in Mode gekommen. Davor handelte es sich bei telefonischen Anfragen von Journalisten meist um reine Recherche-Interviews. Für die befragte Person ist diese Interview-Form sehr gewöhnungsbedürftig, zumal, wenn ein Live-Interview ohne vorherige Ankündigung stattfinden soll. Kein Redakteur kann von einem Pressesprecher aus dem Stand ein Interview verlangen. Soll ein Hörfunk-Interview in einer Magazin-Sendung am frühen Morgen stattfinden, ist es ratsam, entsprechend früher aufzustehen. Politiker (wie Genscher) haben gerade diese Morgen-Magazine immer wieder für ihre erfolgreiche Öffentlichkeitsarbeit genutzt.

So kritisch das Telefon-Interview vielleicht beim ersten Mal auch sein mag – es hat für den Befragten auch Vorteile. Er selbst kann nämlich die Steuerung des Gesprächs wesentlich beeinflussen, da keiner ihm das Mikrofon vom Mund nehmen kann. Außerdem ist das Interview quasi sein „Heimspiel", da es normalerweise in der gewohnten Umgebung des Befragten stattfindet.

26.2 Vorbereitung

Sobald ein Interview vereinbart wurde, gilt es sich als Öffentlichkeitsarbeiter zielgerichtet vorzubereiten. Diese Vorbereitungen lassen sich stichwortartig wie folgt zusammenfassen:

- Bild vom Interviewer machen. Für welches Medium, für welches Ressort arbeitet der Journalist? Welche Erfahrungen wurden bisher gemacht?
- Anlass des Interviews herausfinden. Was könnte der Redakteur fragen? Liefern frühere Artikel oder Sendungen Anhaltspunkte?
- Thema präzise festlegen. Fällt es in den Zuständigkeitsbereich des Sprechers? Die notwendigen Inhalte absprechen. Zwar wird ein Journalist vorher selten mit detaillierten Fragen herausrücken, mehr als die Nennung eines globalen Themas („Es geht um Stadtmarketing") kann aber erwartet werden. Alles andere sollte misstrauisch machen!
- In welcher Form soll das Interview gedruckt bzw. gesendet werden? Platz/Sendeminuten für die Wiedergabe erfragen! Bei Hörfunk- und Fernseh-Interviews ist eine Dauer von 1:30 Minuten typisch, d. h. hier ist es besonders erforderlich, sich gut auf Fragen vorzubereiten: kurze Sätze, Antworten gliedern (erstens, zweitens, drittens ...), auf Kernaussage konzentrieren. Reserveargumente für Nachfragen bereithalten.
- Gesprächstaktik auf den Journalisten und das zu erwartende Interview ausrichten! Offener bei unkritischen Themen und einem wohlgesonnenen Redakteur, vorsichtiger bei kritischen Sachverhalten und ablehnendem Pressevertreter.
- In kritischen Situationen, insbesondere wenn tendenziöse Berichterstattung bereits im Vorfeld erkennbar ist, kann ein persönlicher Interviewwunsch auch abgelehnt werden. In diesen Fällen ist es üblich, auf schriftlich gestellte Fragen auch schriftlich zu antworten (entspricht dann dem Charakter eines Wortlaut-Interviews). Diese Art des Umgangs ist aber höchst selten und sollte nur in dringenden Fällen eingesetzt werden.
- Keine Mini-Interviews bei komplizierten Sachverhalten! Gerade bei Auftritten in elektronischen Medien besteht die Gefahr, dass in der Kürze der Zeit schwierige Zusammenhänge nicht klar und prägnant erklärt werden können. Dann lieber einen Interviewwunsch ablehnen!
- Nicht zu viel Material bereithalten! Stapel von Aufzeichnungen lassen auf Unsicherheit schließen.

- Nebengeräusche ausschalten! Telefonanrufe und sonstige Störungen unterbinden.

26.3 Verhalten

Folgende Grundregeln sollte der Befragte in einem Interview beherzigen:

- Auch in kritischen Situationen immer ruhig und höflich bleiben, sich nicht provozieren lassen.
- Wahrheitsgemäß antworten; bei unangenehmen oder unklaren Fragen ggf. zurückfragen. „Nicht unbedingt alles sagen, was man weiß, aber immer wissen, was man sagt" (nach *Matthias Claudius*).

Besondere Verhaltensmaßregeln gelten bei Fernseh-Interviews. Sie bieten die beste Möglichkeit, Informationen der Öffentlichkeit weiterzugeben, wenn sich zu den guten Argumenten auch ein überzeugendes Auftreten der befragten Person gesellt. Daher sollte vor dem ersten Fernsehauftritt das eigene Verhalten und die Wirkung auf andere getestet werden. Fortbildungsinstitute bieten hierfür bereits gezielt Schulungen an. Natürliches, unverkrampftes Auftreten wirkt wesentlich überzeugender als aufgesetzte Autorität. Die Sprache soll klar und ungekünstelt sein; den Blick nicht umherschweifen lassen, sondern dem Interviewpartner zuwenden. Zur Kamera nur dann schauen, wenn in einer Passage des Interviews z. B. die Bürger der Stadt direkt angesprochen werden. Verlegenheitsgesten, fahrige, unruhige Bewegungen suggerieren Unsicherheit.

Je nach abgesprochener Länge des Interviews kurze verständliche Sätze formulieren. Gute und deutliche Bilder (Metaphern) werden von Redakteuren gern genommen. Weniger über den Sachverhalt, mehr über die Auswirkungen und Konsequenzen reden.

26.4 Nacharbeiten

Wer bereits während des Interviews alle vorgenannten Punkte berücksichtigt hat, braucht sich um die Frage der Nachbearbeitung nicht zu kümmern. Aber wer ist schon so routiniert und erfahren, wer kennt die fragenden Journalisten so genau, dass kein Quäntchen Unsicherheit nach einem Interview zurückbleibt?

Um Fehlinterpretationen, falsche oder aus dem Zusammenhang gerissene Zitate zu vermeiden, kann man mit dem Redakteur die Autorisierung des Interviews durch den Befragten vereinbaren. Das heißt: Das druckfertige Manuskript wird dem Interviewpartner zugeleitet, der sich das Recht vorbehält, Änderungen vorzunehmen. Es gehört nicht viel Phantasie dazu, um sich vorzustellen, wie es dabei zu unerfreulichen Auseinandersetzungen zwischen Öffentlichkeitsarbeiter und Redakteur kommen kann. Man sollte von der Autorisierung nur Gebrauch machen, wenn es sich um ein langes Zeitungsinterview oder um ein sehr brisantes Thema handelt; ein weiterer Grund kann im gestörten Vertrauensverhältnis zum Journalisten liegen.

Die Autorisierung von Beiträgen der elektronischen Medien findet aufgrund der technischen Gegebenheiten und des noch höheren Zeitdrucks üblicherweise nicht statt. Allerdings ist es nicht vermessen, wenn der Interviewte sich sein kurzes Statement noch einmal von der Videokamera vorspielen lassen will.

27. Instrumente (6) – Redaktionsbesuch

Besuche des Verwaltungschefs (dann begleitet vom Pressesprecher) oder des Pressesprechers allein bei Redaktionen von Zeitungen, Hörfunk- oder Fernsehsendern dienen der Kontaktpflege, der Vertrauensbildung, aber auch der inhaltlichen Vermittlung. Gelegentlich wird zwischen einem Gesprächsteil, der der Hintergrundinformation dient und vertraulich behandelt wird, und einem zweiten Interviewteil unterschieden, der dann (meist) zu größeren Beiträgen im Medium führt. Journalisten stehen solchen Gesprächen (die in der Regel der Chefredakteur als Hausherr moderiert, wenn der Besuch der Gesamtredaktion gilt, oder der Lokalchef, wenn die Lokalredaktion besucht wird), recht offen gegenüber: in überregionalen Redaktionen, weil die Journalisten gern das „Gesicht des Verwaltungschefs" oder das „Gesicht hinter der Pressemitteilung" kennenlernen möchten. Bei Lokalredaktionen – also unter Leuten, die sich im täglichen Geschäft ohnehin kennen – gibt der Redaktionsbesuch auch Gelegenheit, in aller Ruhe aktuelle Themen ausführlicher zu erklären, aber auch offen den Umgang miteinander zu thematisieren. Oft wird – vom Chefredakteur – ein solcher Besuch mit der Bitte um eine „Blattkritik" eröffnet, womit man zumindest rechnen muss, was aber auch eine Chance ist, das eine oder andere zurechtzurücken. Als vorteilhaft erweist es sich, wenn man eine (exklusive) Information mitbringt, die dann für den Interviewteil aufzusparen ist. Deshalb sollte für Redaktionsbesuche Zeit mitgebracht werden.

Für den Oberbürgermeister müssen im Vorfeld potenziell zu erwartende Fragen (entweder mit dem Redaktionsleiter abgestimmt oder in Einschätzung des Presseamtes) zusammengestellt und in den Kernaussagen mit Beantwortungsalternativen vorgelegt werden.

Die terminliche Festlegung ist naturgemäß von den individuellen Zwängen der Beteiligten abhängig. Erfahrungsgemäß beginnt der Redaktionsalltag mit der Konferenz bis ca. 11 Uhr. Gegen 15 Uhr beginnen in den Redaktionen die intensiven Arbeitszeiten, da Artikel geschrieben und Sendungen vorbereitet werden müssen, sodass sich ein Zeitpunkt dazwischen rund um die Mittagszeit anbietet.

Folge von Redaktionsbesuchen ist oft, dass größere Artikel oder Interviews bzw. Beiträge vereinbart werden, die sich im persönlichen Gespräch ergeben haben. Die Journalisten erfahren dabei neue Themen, neue Ansätze, entwickeln neue Ideen und bieten entsprechende Formate im Gegenzug an.

28. Instrumente (7) – Pressebesichtigungen, Pressefahrten: Ortstermine

Presseführungen erfreuen sich bei Journalisten generell einer gewissen Beliebtheit. Denkbar ist z. B. ein Ortstermin in der Baubaracke beim neuen Straßentunnel, der gerade gegraben wird. Möglich ist eine „Baustellenfahrt", bei der alle wichtigen aktuellen Großbaustellen im Stadtgebiet angefahren werden.

Vorstellbar ist der Besuch der neu eingerichteten millionenteuren Lackiererei in der Berufsschule. Pressefahrten und Ortstermine haben den Vorteil hoher Anschaulichkeit und bieten auch gutes Material zur Veranschaulichung in Bild und Film (weshalb in der Einladung auch immer dargestellt werden muss, welche optischen Reize damit gerade auch für Bildjournalisten und Fernsehen verbunden sind). Bei größeren Bauvorhaben lässt sich daraus auch ein wiederkehrendes Event machen, indem in geeigneten Abständen der Baufortschritt gezeigt wird.

Die Leitung der jeweiligen Ortstermine oder Fahrten obliegt dem Pressesprecher – allerdings ist hier vor allem die fachkundige Information durch Spezialisten (Bauleiter, Ingenieure, Techniker) erforderlich, die am „Ort des Geschehens" erfolgt. Dazu müssen die potenziellen Referenten ausgewählt und eingewiesen werden (insbesondere was Länge und Fachsprache ihres Vortrags betrifft und auf pressegerechte Präsentation verpflichtet wurden). Bei der o. a. Baustellenfahrt (die in Ingolstadt jährlich stattfindet) liegt ein Teil des Charmes in den fliegenden Wechseln der mitfahrenden Baumenschen, Geschäftsführer der Töchterunternehmen und Ingenieure, der einfach geeignet ist, Authentizität und aktuellste Informationsangebote zu übermitteln.

Hilfreich kann es sein, vor Abfahrt in einem Raum ein entsprechendes „Briefing" durchzuführen und dafür Pläne und Materialien bereitzuhalten und für die Medienvertreter Pressemappen mit schriftlichen Unterlagen vorzubereiten. Zeitlich sollte die Veranstaltung so gelegt werden, dass den Journalisten noch am selben Tag Gelegenheit geboten wird, das Erfahrene in ihren Medien umzusetzen.

Überlegenswert sind auch Mischformen aus Maßnahmen zur Bürgerinformation (nicht zur formalen Bürgerbeteiligung in Planungsverfahren) mit Ortsterminen für die Presse. Am besten lässt sich dies an dem oben angesprochenen Ingolstädter Beispiel schildern, wo bei größeren Baumaßnahmen (einer dritten Donaubrücke) in regelmäßigen Wochenabständen für Interessierte Baustellenführungen durchgeführt wurden, die sich zu regelrechten Rennern und Liebhaberterminen entwickelten und zu denen systematisch auch Journalisten der unterschiedlichsten Redaktionen erschienen und berichteten.

Dass Journalisten (in gerechtem Wechsel der Redaktionen und Genres) angeboten wird, bei Informationsreisen der Ausschüsse oder des Stadtrates oder bei Besuchsreisen in Partnerstädte mitzureisen, ist nicht unüblich, hat eine Reihe von Vorteilen, birgt aber auch Risiken und Fallstricke, die einem Presseamt viel Fingerspitzengefühl in der Auswahl und dann während der Reise abverlangen. Zu den Grundregeln heute gehört die klare, im Voraus getroffene, Kostenregelung (Reisekosten, sofern sie individuell anfallen, wie Flugkosten, trägt die Redaktion). Und: wenn ein Journalist mitreist, muss auch ein Vertreter des Presseamtes dabei sein.

29. Instrumente (8) – Pressekonferenz

Wenn es (neben der Pressemitteilung) so etwas gibt wie ein Meisterstück, das die städtische Medienarbeit beherrschen muss, das sie liebevoll zelebrieren kann, das sie kultivieren muss, dann ist es die Pressekonferenz. „*Die Pressekonferenz* (schreibt *Michael Konken*, Pressearbeit, a. a. O., S. 134) *ist die Königsdisziplin der Information.*"

29.1 Typen

Dabei kann man (idealtypisch) an eine Pressekonferenz denken, die zu einem ganz bestimmten Thema, einem besonderen Ereignis, sozusagen einmalig stattfindet: ein Solitär, der die Einmaligkeit des Events in dieser Stadt hervorhebt, deshalb hohe Aufmerksamkeit erfährt und (planmäßig) wie ein Meteor nach seinem Auftritt verglüht.

Oder man denkt an eine Pressekonferenz, die (in Ingolstadt) regelmäßig – etwa jeden Dienstag um 10:30 Uhr im kleinen Sitzungssaal des Neuen Rathauses – stattfindet, die eine Institution ist, die Woche für Woche verlässlich stattfindet (auch in den Ferien, auch in der „Sauren-Gurken-Zeit", auch am Faschingsdienstag und nur entfällt, wenn der Dienstag ein gesetzlicher Feiertag ist) – eine eingeführte, respektierte Veranstaltung, ein Jourfixe und eine Gewohnheit für alle Journalisten aus Stadt und Region, zu der man, wie zu einem Stammtisch, kommt, und die man nicht versäumt, schwänzt, weil das nämlich auch Nachteile mit sich brächte.

29.2 „Stadt-PK"

Eine derart eingeführte wöchentliche „Stadt-PK" ist für das Presseamt Gold wert und stellt einen der zentralen Kanäle der Informationspolitik eines Rathauses dar. Deshalb muss sie nach außen wie nach innen vermittelt und durchgesetzt werden.

29.2.1 Durchsetzung gegenüber den Medien

Wie bereits oben erwähnt, sind Pressekonferenzen bei den Medien zunächst unbeliebt, weil alle Kollegen dort die Informationen gleichzeitig erhalten und es damit naturgemäß mit dem exklusiven Scoop nichts wird.

Deshalb gibt es immer wieder Fälle, in denen Redaktionen die Stadt-PK boykottieren, aber erwarten, dass ihnen die Informationen dennoch zugehen (worauf sie einen Anspruch zu haben glauben). Will ein Presseamt seine PK durchsetzen, muss es hier konsequent bleiben: es geht nicht an, bestimmten (extravaganten) Redaktionen die Informationen frei Haus zu liefern – alle anderen, die zur PK erscheinen, wären dann die Dummen. Wenn nun auch noch zusätzlich bei der PK Unterlagen verteilt werden, die für die Redaktionen wichtig sind (inklusive z. B. der Einladungen zu Veranstaltungen, Empfängen, Sitzungen), und strikt darauf geachtet wird, dass nur dort diese Informationen zu haben sind, werden es sich die forsch-fordernden Redaktionen überlegen, ob sie fehlen können. Und da bei den lokalen und regionalen Redaktionen, die die PK besuchen und sie zu einem Kollegentreffen und Meinungsbasar nutzen, das Verständnis auf Dauer eher zugunsten der Stadt ausschlägt, sind solche Stadt-PK's in der Regel Erfolgsmodelle.

Mit der massenhaften Verbreitung des Internets und der Entwicklung der Social Media hat sich auch der Wunsch sog. neuer Journalisten (Social-Media-Aktivsten, Bloggern) auf Teilnahme an Pressekonferenzen erhöht (vgl. dazu oben, 8, insbesondere Erl. 8.4.: Auskunftsanspruch).

Zu Pressekonferenzen haben Journalisten und Medienvertreter Zugang. Das bedeutet, Pressekonferenzen sind keine öffentlichen, sondern geschlossene Veranstaltungen, zu denen nicht jedermann, sondern allein eingeladene Personen Zugang haben. Der Personenkreis wird durch einen „Journalistenverteiler" definiert. Die verpflichtenden Kriterien für die Aufnahme in den Verteiler entsprechen denen der „Auskunftspflicht", die Journalisten gegenüber Behörden nach den Landespressegesetzen haben. Wer noch nicht im Verteiler ist und zu einer angekündigten Pressekonferenz kommen will, muss Einladung und Zugang erhalten, so er seine journalistische Arbeit nachweisen kann und das Medium, für das er arbeitet, öffentlich zugängliche, regelmäßige, journalistisch redaktionelle Angebote zur Verfügung stellt (bzw. er als Freelancer Berichte solchen anbietet).

29.2.2 Durchsetzung nach innen

Natürlich steht und fällt die Attraktivität von Stadt-PK's auch damit, dass Woche für Woche dort auch journalistisch relevante Fakten angeboten werden.

Es ist übrigens durchaus nicht so, dass wöchentliche Auftritte des Oberbürgermeisters zu besonderer Attraktivität beitragen würden. Tritt der OB auf, muss er ein Thema von Gewicht mitbringen. Insoweit ist es ratsam, dass der Oberbürgermeister ein halbes Dutzend Mal im Jahr in die PK kommt – ansonsten ist sie Wirkungsort des Pressesprechers, der sie routinemäßig wöchentlich führt.

Das bedeutet aber auch, dass Woche für Woche seitens der Verwaltung interessante, aktuelle, journalistisch verwertbare Themen präsentiert werden. Das erfordert die Anwesenheit von drei, vier Referenten aus der Führungsriege (Dezernenten oder Amtsleiter). Die entsprechenden Instrumente zur Themenfindung, Themenfestlegung und Absprache über schriftliches Begleitmaterial muss sich das Presseamt schaffen (vgl. oben: tägliche Telefonkonferenz).

29.3 Zu Bedenken

29.3.1 Persönliche Anmerkung des Verfassers

Während aus den obigen Passagen zum Thema Pressekonferenz unschwer abzulesen ist, dass der Verfasser eindeutig zur Variante einer regelmäßigen Pressekonferenz neigt (die er in seiner Stadt 1984 eingeführt hat, als und weil mit dem Medienentwicklungs- und Erprobungsgesetz (Bayern) sich die Zahl der lokalen Akteure und Informationsnachfrager vervielfältigte), ist die größere Zahl der bekannten Pressesprecher größerer Städte eher der Ansicht, sie sei kein Routine-Instrument. *Michael Konken* (der nicht nur langjährig, erfolgreich, Pressesprecher von Wilhelmshaven und prominent in den presserelevanten Gremien des Deutschen Städtetags tätig war, sondern auch seither an der Spitze des Deutschen Journalistenverbands steht, meint: *„Pressekonferenzen dürfen nicht zu häufig veranstaltet werden, da sie in ihrer Wirkung etwas Besonderes in der Informationsvermittlung darstellen"* (*Michael Konken*, Pressearbeit, a. a. O., S. 134) und *„Veranstaltungsgrund ist immer ein besonderes Thema"* (ebenda).

29.3.2 Harmonisierung

Nun stellen beide geschilderten Formen keine absoluten Gegensätze dar. Die regelmäßige Stadt-PK ist ein Instrument des kontinuierlichen Informationsflusses mit besonderer Themenwertung und dem Vorteil, dass (über die Verbreitung von Pressemitteilungen hinaus) der Kontakt zwischen Verwaltungsspitzen und Journalisten in der persönlichen Ansprache (im Sinne des „Gesichts") erfolgt und gepflegt wird.

Die Pressekonferenz als ein Highlight steht dem nicht entgegen – sie hebt sich von der Standard-Stadt-PK dadurch ab, dass nicht drei, vier aktuelle Themen (von städtischem Spitzenpersonal) vorgestellt werden, sondern dass ein (einziges) die Stadt-Aktualität überragendes Spitzenthema gesondert und mit anderem „Personal" (dem Oberbürgermeister, dem Stardirigenten, externen Experten ... je nach Anlass) gepowert wird.

(Im Beispiel Ingolstadt, wie oben dargestellt, werden solche Presseereignisse dann von der Dienstags-Stadt-PK abgetrennt, aber dort als

„Sonder-PK“ angekündigt und auch dort wird dazu eingeladen, und zwar an einen anderen Ort.)

In beiden Fällen ist auch der einzuladende Journalistenkreis nicht (unbedingt) identisch. Die Sonder-PK's zielen immanent angelegt auf Fachverteiler, wobei nicht übersehen werden sollte, die örtlichen Medienvertreter (die wöchentlich den Gang zur Stadt-PK antreten) mit einzuladen. Dies wäre eine Kardinalsünde. (Mit ihnen lebt die Pressestelle jeden Tag – überregional zugeladene Journalisten mögen wichtig und erfreulich sein, auf lange Sicht sind sie „einfallende Heuschrecken“.)

Damit lassen sich beide Formen (und Absichten) verbinden und als Instrumente für die kommunale Medienarbeit nutzen.

29.4 Regeln für Pressekonferenzen der besonderen Art

Das führt dazu, dass man sich überlegen muss, welche Grundregeln für solche PK's zu beachten sind. Vorweg ist es wichtig festzustellen, dass Informationen, die in einer Pressekonferenz vermittelt werden, die höchste Veröffentlichungsrate in den Medien haben, da sie „keine Information von der Stange sind“ (*Frank Levermann*, Kommunalverband Ruhrgebiet; Von der PK bis zur Journalistenfahrt, Essen, 1996).

29.4.1 Anlässe und Hintergrund

Die Grundfrage für die kommunalen Presseämter ist, welche Themen überhaupt für eine Sonder-PK geeignet sind. Dabei kann die folgende Checkliste helfen: es kann sich um

- ein aktuelles Thema handeln, das in der Öffentlichkeit bereits verankert ist und debattiert wird;
- einen komplexen Sachverhalt handeln, der aus unterschiedlichen Perspektiven betrachtet werden kann (wobei hier die Position der Verwaltung dazu abgewogen wird).
- Es kann ein kommunales aktuelles Projekt und Entscheidungen dazu geben, zu denen Stellungnahmen fachlich kompetenter Repräsentanten von (staatlichen) Behörden, Institutionen, Organisationen vorgebracht werden,
- oder um die Präsentation von Geschäftsberichten, technischer Innovationen,
- die Vorstellung von regional bedeutenden Maßnahmen (der Entwicklung der Autobahn von München über Ingolstadt nach Nürnberg als Test-Strecke für pilotiertes Fahren),
- die Vorschau auf überregional beachtete Konzertreihen, Sportveranstaltungen ...

29.4.2 Die Führung einer Pressekonferenz

In jedem Einzelfall ist mit (eventuell) externen Beteiligten, die in die PK mitgenommen werden, abzustimmen, wer welchen Part mit welcher Botschaft, mit welcher zeitlichen Begrenzung (und in welcher Reihen- und Abfolge) übernimmt. Die Moderation, aber auch (um es klar zu sagen) die Herrschaft über den Ablauf der PK hat der Pressesprecher der Stadt.

Sollten Abreden getroffen werden, dass externe Persönlichkeiten teilnehmen, muss im Vorfeld klar sein, ob es sich um eine PK des Staates, des Regierungsbezirks, der Firma XY handelt – dann verabschiedet sich das städtische Presseamt aus der Veranstaltung. Handelt es sich aber um eine von der Stadt einberufene und veranstaltete PK, leitet sie der Pressesprecher und seiner Moderation „unterliegen" dann auch „Gäste" – zur Not der Ministerpräsident, ein Staatsminister und andere.

Der Pressesprecher moderiert Pressekonferenzen, zu denen die Stadt eingeladen hat. Er eröffnet, er erteilt das Wort – respektvoll, wenn der Oberbürgermeister anwesend ist und jeder weiß, dass der Pressesprecher in seinem Namen handelt. Dies entspricht den Usancen. Auch in der (anders organisierten) Bundespressekonferenz ist die Bundeskanzlerin, ein Bundesminister nur Gast. In städtischen Pressekonferenzen gilt die Fiktion, dass der Pressesprecher leitet (und dem OB „das Wort erteilt"), wobei jeder weiß, dass dieser seinen Sprecher jederzeit überspielen kann – dennoch ist das Ganze nicht unsinnig, weil in dieser Rollenverteilung der Pressesprecher in der Lage ist zu moderieren, Attacken abzufangen, als Schutzschild zu agieren (und deshalb entspricht die Rollenverteilung auch exakt dem Vertrauensverhältnis, das zwischen einem OB und seinem Pressesprecher bestehen muss. Wenn sie harmonieren, sind sie vor der Kulisse einer Pressekonferenz unschlagbar).

29.5 Vorbereitung

29.5.1 Terminsuche

Welcher Termin ist der richtige für die Pressekonferenz? Natürlich müssen Ferien und Feiertage berücksichtigt werden. In größeren Städten können Pressekonferenz-Termine bei den Journalistenzusammenschlüssen (Landespressekonferenz, Journalistenverband etc.) oder auch bei den Regierungs- und Landtagspressestellen, bei den großen Unternehmen und Verbänden vor Ort erfragt werden, um unnötige Konkurrenzen zu vermeiden. Dazu dient ja nicht zuletzt auch die Vertretung des Presseamtes in Presseclubs, wo man sich (informell) über Ereignisse und deren Präsentation, ja in der Regel weit im Vorfeld, unterhält.

29.5.2 „Reißerische" Einladung – oder moderater: „Von der Aufmerksamkeitsklaviatur"

Um nicht schon mit der Einladung im Papierkorb zu landen, hat *Werner Siebert* (Stirbt die klassische Pressekonferenz aus? in Presseclub München, Magazin 2010 „Aufmerksamkeitsklaviatur") eine Anleitung verfasst. Es geht um sieben Tasten, die man drücken sollte, *„wovon die ersten drei tonangebend sind"*.

1. Betroffenheit herstellen: Die Empfänger der gewünschten Medien müssen sich mit den dargebotenen Informationen und Themenbereichen identifizieren können. Gegebenenfalls muss man ihnen ihre Betroffenheit sogar erst vor Augen führen.
2. Herausstellen, was kontrovers diskutiert wird. Normalität langweilt, Kontroversen beleben!
3. Aktualität (möglichst „brennende") ist unerlässlich. Weder der Schnee vom letzten Winter noch der vom kommenden interessiert im Sommer.
4. Nicht immer ratsam, aber stets wirksam: Provokation! Eingefahrene Vorstellungen angreifen. Das Normale in Frage stellen.
5. Neugier anstacheln! Unbekanntes ankündigen, was üblicherweise verborgen bleibt oder verborgen bleiben sollte. Was nur hier und jetzt aufgedeckt wird.
6. Bereichern: Informationen bieten, die dem Drang der Menschen entgegenkommen, sich zu bereichern. Wertvolle Tipps bieten!
7. Mitwirken lassen! Aus passiven Informationsempfängern aktive Mitwirkende machen, die dann natürlich auch genannt sein wollen.

Um sicher zu gehen, dass die Medien eine Pressekonferenz auch besuchen, ist es erforderlich, den Redaktionen frühzeitig eine Einladung zukommen zu lassen. Sie erfolgt ca. zehn (Arbeits-)Tage vor der Pressekonferenz. Vorherige Ankündigungen oder großzügigere Einladungsfristen verursachen für den Pressereferenten Doppelarbeit und führen eher dazu, dass Journalisten von der doppelten Einladung genervt sind oder aufgrund der langen Zeitspanne den Termin vergessen. In der Einladung werden auf einer Seite Ort, Zeit und Thema sowie die Namen der Berichterstatter besonders hervorgehoben, damit der Journalist schnell selektieren kann.

„Man mag darüber denken, wie man will: Pressekonferenzen mit Beköstigung werden zahlreicher besucht als solche, wo es allenfalls Kaffee, Tee und Wasser gibt. Mit Kugelschreibern ist heute kein Blumentopf mehr zu gewinnen. Eher mit kleinen nützlichen und originellen Gegenständen, sofern sie nicht ‚verpflichtend' wirken.

‚Damit Sie immer wissen, woher der Wind weht!' stand auf einem kleinen Etui mit einem Kompass. ‚Damit es Ihnen nicht nass reingeht!' auf dem Anhänger zu einem Mini-Schirm.

Dankend angenommen werden z. B. die Einladung zu einer exklusiven Führung durch das Unternehmen, an den Messestand, zu einer Demonstration oder Jubiläumsveranstaltung und natürlich zu einem Exklusivinterview vor Ort mit dem Vorstand" (*Werner Siegert*, Stirbt die klassische Pressekonferenz aus? in Presseclub München, Magazin 2010 S. 7).

29.5.3 Keine Vorabinformationen ohne Absprache

Sofern zu erwarten ist, dass nicht alle Teilnehmer den Konferenzort kennen, ist eine Anfahrtsskizze hilfreich. Die Einladung ist ein Angebot zur Teilnahme, die Annahme ist freibleibend. Nachgefasst werden sollte nur dann, wenn keine Rückmeldung von einem Medium erfolgt, dessen Anwesenheit für den Veranstalter wichtig ist. Heikel ist die journalistische Bitte, die Konferenz-Unterlagen vorab zu erhalten, um beispielsweise begleitende Filmaufnahmen zu produzieren. In diesem Fall muss mit dem Redakteur fest vereinbart werden, dass sein Bericht nicht vor Beginn der Pressekonferenz gesendet wird. Andererseits kann die Arbeit der Journalisten erleichtert werden, wenn für die Bearbeitung des Materials ein zeitlicher Vorlauf eingeräumt wird. Dies erweist sich z. B. beim Entwurf des jährlichen Haushaltsplanes mit mehreren hundert Seiten als hilfreich. Eine Sperrfrist legt dann den frühesten Zeitpunkt fest, zu dem Meldungen, vorab verschickte Redetexte oder Aussagen im Rahmen einer Pressekonferenz veröffentlicht werden dürfen. Die Frist ist mit Datum und Uhrzeit deutlich zu vermerken.

Wer Pressekonferenzen nicht sorgfältig plant, wer die Inhalte vorher ins Netz stellt oder einem „wichtigen" Redakteur vorher zuspielt, wer die Klaviatur nicht beherrscht, mit der man Aufmerksamkeit erzielt, wird kaum mit großen Teilnehmerzahlen rechnen können. Wer die Tipps befolgt, für den ist die klassische Pressekonferenz ein wirksamer Multiplikator. Er wird auf viele interessierte, aktive Journalisten treffen – sofern an diesem Tag nicht ein außerordentlicher Vorfall alle Planungen durchkreuzt.

Das Killervirus der Pressekonferenz: Das Internet

Das Thema ist in aller Munde, interessant, wichtig wie die Auswirkungen der Krise, der Redakteur findet jedoch die Ergebnisse der Untersuchung bereits im Internet. Warum sollte er sich noch auf den Weg machen? Internet-Recherchen sind schneller und meist vielseitig. Sie erkunden auch das Umfeld und auch die Gegenseite. Ihr Artikel erscheint vielleicht schon am Tag zuvor. Damit verletzen sie nicht einmal eine Sperrfrist.

Was kann man dagegen tun? Die naheliegende Lösung: Was man in einer Pressekonferenz verkünden will, gehört nicht vorher ins Internet. Zudem: Es gilt das gesprochene Wort. Und an dieser Stelle eine geharnischte Schelte an „Ableser". Teilnehmer an Pressekonferenzen können selber lesen! Sie möchten keine ausgelegte Pressemitteilung vorgelesen bekommen. Heben Sie stichwortartig nur die wichtigsten Informationen hervor und ergänzen Sie sie frei durch interessante Einzelheiten. Dann werden die belohnt, die anwesend sind.

Gegenüber dem Internet-Rechercheur müssen die anwesenden Presseleute bemerkenswerte Vorteile erleben: eine lebhafte Diskussion, interessante Fragen der anderen, die Nähe zu maßgeblichen Persönlichkeiten, die Chance zu exklusiven Interviews und aktuellen Fotostrecken.

29.5.4 Rahmenbedingungen

Der richtige Ort wird normalerweise ein geeigneter Raum in der Verwaltung sein. Bei besonderen Ereignissen – z. B. bei der Vorstellung eines Geschäftsführers der kreiseigenen Kliniken – bietet sich dessen neue Wirkungsstätte, das Kreiskrankenhaus, als Konferenzort an. Zielsetzung sollte immer ein minimaler Reiseaufwand für die Medienvertreter sein. Alle Teilnehmer müssen gute Arbeitsbedingungen vorfinden (Schreibmöglichkeit, Telefon- und Faxanschluss, störungsfreie Interviewmöglichkeit usw.). Sofern eine Bewirtung vorgesehen ist, sollten die Getränke – ggf. auch Gebäck oder belegte Brötchen – bereits eingedeckt sein, da eine Bedienung während der Pressekonferenz stört. Der Raum muss ruhig sein (auch am Veranstaltungstag). Falls eine mediale Präsentation erfolgen soll, ist eine Leinwand erforderlich; außerdem muss der Raum abgedunkelt werden können. Bei größeren Veranstaltungen ist ggf. der Einsatz von Mikrofonen und Lautsprechern erforderlich. Alle technischen Geräte sollten unbedingt vor der Veranstaltung auf ihre Funktionstüchtigkeit hin überprüft werden. Namensschilder für die Verwaltungsteilnehmer und ggf. auch für die angemeldeten Medienvertreter erleichtern die Kommunikation während der Konferenz. Für ortsunkundige Journalisten sollten Hinweisschilder in der Tagungsstätte aufgestellt werden.

29.5.5 Pressemappe ist ein Muss

Auch für Pressekonferenzen werden Presseinformationen vorbereitet. Die Journalisten sind dankbar, wenn sie sich auf die Statements konzentrieren können. Professionelle Presseabteilungen verfassen häufig sogar zwei Fassungen zum Thema der Pressekonferenz. Eine kurze Nachricht von maximal 20 Zeilen als Zusammenfassung und einen längeren Bericht, angereichert mit Zitaten des bzw. der Vortragenden. Diese Unterlagen können den Medienvertretern zusammen mit allgemeinen Informationen über das Haus, Broschüren, Reden, aber auch Fotos zum aktuellen Thema in einer Pressemappe präsentiert werden. Redemanuskripte werden auf der ersten Seite mit dem Zusatz „Es gilt das gesprochene Wort!" versehen. Das heißt, die Journalisten dürfen nicht aus dem Manuskript zitieren, wenn in der Rede etwas anderes gesagt wird.

„Alles Nähere können Sie sich aus dem Internet runterladen!“ Dieser Hinweis ist kein Ersatz für eine Pressemappe. Die allein validiert die Genauigkeit der Namen, der vermittelten Daten und Zahlen, die Fachausdrücke und Informationen. Sie enthält Grundinformationen über den Veranstalter der Pressekonferenz. *„Journalisten sind faul!“... „Erleichtern Sie ihnen ihre Arbeit!“* Manche Pressereferenten legen jeweils einen Textvorschlag in Kurz-, Mittellang- und Langversion bei, natürlich mit Angabe der Zeichenmenge, um schnell berechnen zu können, wie viel Zeit der Beitrag beansprucht. Darüber lässt sich streiten. Als bereitgehaltenen Service per E-Mail nach der Pressekonferenz könnte das eine Veröffentlichung fördern.

Die Pressekonferenz soll informativ, ergiebig und effizient sein und deshalb nicht länger als eine Stunde dauern. Zu Beginn werden ein oder zwei Statements abgegeben, jedes nicht länger als zehn Minuten. Im Mittelpunkt der Veranstaltung soll das Frage-Antwort-Spiel stehen. Die Moderation übernimmt der Pressesprecher der Verwaltung. Da die Journalisten verbindliche, kompetente Auskünfte hören wollen, werden die Auskünfte vom Behördenleiter, seinem Vertreter und ggf. weiteren autorisierten Fachleuten abgegeben. Die Informanten sollten die Fähigkeit besitzen, bildhaft, präzise, allgemeinverständlich sowie in offener Rede vorzutragen und weder einer Frage auszuweichen, noch *„um den heißen Brei herumzureden“*. Auch bei aggressiven Fragen reagiert man nicht ärgerlich, vielmehr sollten die Betroffenen ruhig und freundlich bleiben. Falls eine Frage in der Pressekonferenz nicht beantwortet werden kann, sollte die umgehende schriftliche Antwort zugesichert werden. Zur Moderation gehört auch, noch nicht beantwortete Fragen erneut in die Runde zu geben oder noch nicht erteilte Informationen von den Fachleuten abzufragen. Frageberechtigt sind ausschließlich die Journalisten; „Zaungäste“ sowohl aus der Verwaltung als auch sonstige Interessierte sollten zu der Pressekonferenz nicht zugelassen werden.

Nach Abschluss der Pressekonferenz bietet es sich an, die Journalisten noch zu einem zwanglosen Zusammensein einzuladen, im Gespräch die Konferenzinformationen zu vertiefen und die persönlichen Kontakte zu den Medienvertretern auszubauen. Jedoch sollte man nicht enttäuscht sein, wenn diese Gesprächsmöglichkeit nicht zustande kommt, da die Medienvertreter stets unter Zeitdruck arbeiten und über jede gewonnene Minute froh sind.

30. Bildarchiv und Bildservice

Der Bedarf an Bildern hat sich in den letzten Jahren im Vergleich zu früher deutlich erhöht. Es geht dabei nicht allein um die illustrierenden Fotos, die Pressemitteilungen beigefügt werden und die es Medien erleichtern sollen, den entsprechenden Text auch tatsächlich ins Blatt aufzunehmen. Es geht heute vielmehr um fotografisches Material, das für Facebook-Auftritte, als Hintergrundmaterial für Fernsehaufnahmen oder Podcast-Aufzeichnungen verwendet werden kann.

Bilder ergänzen die Botschaft (und sind zugleich selbst eine). Bilder können Tatsachen darstellen, aber auch Emotionen wecken. Gemeinsam führen Bild und Text zu höherer Wirksamkeit.

In manchen Pressestellen werden deshalb eigene Fotografen beschäftigt, die auch die Ereignisse, die das Leben der Stadtverwaltung oder der Stadt generell markieren, begleiten. In anderen Städten bestehen feste Vereinbarungen eventuell mit Zeitkontingenten oder Einsatzfeldern mit Bildjournalisten, die für solche Aufgaben infrage kommen. Zugleich fallen fotografische Arbeiten in den Städten für entsprechende Publikationen an, etwa ein Handbuch des Stadtrats mit Porträtfotos aller Mitglieder des Gremiums oder Broschüren, die mit entsprechenden Fotografien illustriert werden und nicht zuletzt Ausstellungskataloge der Museen und Ähnliches mehr. Bestückt werden muss durch entsprechende fotografische Vorhaltungen auch ein Journalistenpool, der es den Medien ermöglicht, sich zu den unterschiedlichsten thematischen Schwerpunkten rund um die Kommunalpolitik von Kindergärten bis Senioren, von öffentlichem Personennahverkehr über Kulturveranstaltungen bis zu Baudokumentationen entsprechendes Material zu besorgen.

Unverzichtbar ist eine gutgestaltete Bildunterschrift:

Sie muss den Bildinhalt in wenigen Worten präzise beschreiben. Hilfreich ist eine „Bild-Caption“ (40 – 50 Worte zu den W-Fragen – wer, was, wann, wo, warum, wie – v. l. n. r.) und ein Hinweis zu den Bildrechten (ggf. zum Urhebernamen).

Angeboten sollte eine Auswahl an Bildern werden – wenn möglich in Hoch- und Querformat, damit ein Layouter damit spielen kann, was seine Arbeitsfreude, aber auch die Erfolgswahrscheinlichkeit eines Abdrucks erhöht. Digitalbilder sollten in unterschiedlichen Formaten vorhanden sein. JPG-Dateien sind mailbar und handlich und können von allen Programmen gelesen werden. Die Qualität leidet allerdings unter der Datenkompression. EPS- und TIFF-Format sind bei Graphikern beliebt (sind aber oft für E-Mails zu groß). Digitalbilder sollten eine Auflösung von 300 dpi haben.

Daher ist eine Bilddatenbank im Presseamt, die aber ausschließlich von ihr bestückt und bearbeitet wird, heute unverzichtbar.

Zu beachten sind dabei allerdings strenge juristische Regeln. In diese Bilddatenbank darf kein Bild aufgenommen werden, bei dem nicht klar dokumentiert ist, dass die Pressestelle über die Verwertungsrechte verfügt. Von der technischen Handhabung her ist in digitaler Form jedes einzelne Bild inhaltlich zu bezeichnen (was ist abgebildet?). Es ist festzuhalten, wer der Fotograf ist und damit die Urheberrechte hat, es ist zu dokumentieren, wie die Stadt in den Besitz der Verwertungsrechte gekommen ist. Dazu ist eine schriftliche Vereinbarung erforderlich, die mit dem Bild verlinkt oder verknüpft wird. Nötig ist auch ein klares System der Gliederung und der Vernetzung, eine Verschlagwortung jedes einzelnen Bildes, damit auf Dauer die Auffindbarkeit und Verwendbarkeit sichergestellt ist.

Werden Fotos aus der Bilddatenbank von Journalisten benutzt, ist Voraussetzung, die Akzeptierung der in der Datenbank genannten verbindlichen Geschäftsbedingungen oder bei Zusendung der Bilder oder Grafiken die Unterschrift unter einen Nutzungsvertrag, der die Mindestanforderungen für die kostenlose Überlassung der Fotos definiert.

(Auch mit Mitarbeitern aus der eigenen Verwaltung, die ggf. Fotos zur Verfügung stellen, ist ein Überlassungsvertrag erforderlich.)

31. Interne Kommunikation: PR beginnt „daheim"

Unter interner Kommunikation wird das Bemühen beschrieben, die eigenen Mitarbeiter umfassend zu informieren. Dabei zielt die interne Öffentlichkeitsarbeit darauf,

- nach innen wie nach außen „integrierte Kommunikation" zu erzielen,
- unter den Mitarbeitern ein „Wir-Gefühl" herbeizuführen und damit die interne Kommunikation als Führungsinstrument einzusetzen,
- die interne Kommunikationsarbeit als Instrument der allgemeinen Außendarstellung einzusetzen, sie also als ein bewusstes Instrument zu sehen, um auch nach außen hin Wirkung zu erzielen.

31.1 Mitarbeiter als Mitstreiter

Die Mitarbeiterinnen und Mitarbeiter des Hauses, aber auch der Tochterunternehmen sind zunächst einmal wichtige Adressaten, weil man bei ihnen davon ausgehen darf, dass sie dem Hause und seiner Politik besonders verbunden und daran interessiert sind. Sie stellen ein Potenzial an Botschafterinnen und Botschaftern dar, das durch geeignete Informationen, die sich an sie richten, auch genutzt werden kann. Erfahrungsgemäß werden viele von ihnen von Bürgerinnen und Bürgern mit der Verwaltung identifiziert und auf Themen angesprochen, die sich in der Kommune ergeben und die dort aktuell sind. Wenn die Mitarbeiter darüber Informationen haben oder mit entsprechenden Antwortmöglichkeiten versorgt worden sind, erfüllen sie eine wichtige Multiplikationsfunktion für die Gemeinde.

31.2 Ein kommunales „Wir-Gefühl"

Es geht auch darum, bei den Mitarbeitern ein Wir-Gefühl zu erzielen. Sie sollen sich mit ihrer Behörde identifizieren, sich zusammengehörig und gemeinsamen Zielen verbunden fühlen. Dies alles ist Voraussetzung dafür, dass sie sich voll für die Verwaltung engagieren. Untersuchungen zeigen, dass Unternehmen, aber auch Verwaltungen kommunikativ besser funktionieren, wenn die interne Kommunikation professionell organisiert ist.

Mit interner Kommunikation lässt sich auch das Außenbild gegenüber den Bürgerinnen und Bürgern besser darstellen. Mitarbeiter, die grantig oder muffig reagieren und nachfragende Bürger missmutig abfertigen, wirken nicht sympathisch, und daran lässt sich auch mit optimal gestalteten, im Bürgeramt aufgehängten Plakaten: *„Wir sind für Sie da"* nichts ändern. *„Der Widerspruch zwischen dem Anspruch einer bürgerfreundlichen Verwaltung und der Realität des Auskunftsgeschäftes wird hier peinlich deutlich"* (*Ewald Müller*, a. a. O., S. 84). Die positive Außenwirkung der Kommune mit dem Anspruch, als modernes, bürgerfreundliches Dienstleistungsunternehmen aufzutreten, hängt also von der positiven Einstellung der Mitarbeiter zur Stadt ab. Es muss Ziel der internen Kommunikation sein, sie davon zu überzeugen, dass es sich lohnt, für die Stadt zu arbeiten und das Bewusstsein zu entwickeln, dass sie eine besondere Rolle im politischen und gesellschaftlichen Leben der Stadt erfüllen. Voraussetzung dafür wiederum ist es, dass die Mitarbeiter sich ernst genommen fühlen, in die interne Kommunikation einbezogen und über Vorhaben umfassend informiert werden.

31.3 „Corporate Identity" und „Corporate Design"

Das Streben nach einem einheitlichen Selbstbild („Corporate Identity") wird seit langem in Wirtschaftsunternehmen praktiziert. An erster Stelle steht dabei meist ein Leitbild, das den Kunden (im Falle der Verwaltung: den Bürger) in den Mittelpunkt der Tätigkeit stellt. Daher ist es wichtig, dass die Beschäftigten an der Entwicklung ihrer Behörde, damit an der Entwicklung dieses Leitbilds, beteiligt sind und sich mit der „Unternehmensphilosophie" identifizieren, die im Falle einer Behörde eine Verwaltungsphilosophie und die Anerkennung der Tatsache ist, dass Verwaltung einen Kulturwert darstellt, der sich über die Jahrhunderte hin zur leistungsorientierten Dienstleistungsverwaltung entwickelt hat. Hausmitteilungen oder Mitarbeiterzeitungen sind ebenso Instrumente interner Öffentlichkeitsarbeit, die den Gedanken einer Corporate Identity unterstützen, wie die Möglichkeit des Austausches untereinander und der Kommunikation mit den Mitarbeitern über ein Intranet, in dem den allgemeinen Informationen des Hauses zum Beispiel Diskussionsforen angefügt werden.

Wichtiger Bestandteil einer sich ausbildenden CI ist ein „inhaltliches Gesicht" der Behörde. Dieses „Corporate Design" genannte äußere Erscheinungsbild bestimmt, wie sich die Verwaltung nach innen und außen darstellt. Es ist insofern ein Bindeglied zwischen interner und externer Öffentlichkeitsarbeit. Wirtschaftsunternehmen sind auf ein solches professionelles Erscheinungsbild im Wettbewerb mit anderen angewiesen. Sie widmen der Firmenfassade, dem Eingangsbereich, dem Outfit des Personals und des schriftlichen Geschäftsverkehrs (von den Visitenkarten des Unternehmens bis zum Briefpapier) besondere Aufmerksamkeit. Sie schulen Arbeitskräfte in zentralen Diensten und Telefonzentralen, weil der erste Eindruck entscheidend sein kann. Sie schaffen sich ein prägnantes Logo als unverwechselbares Markenzeichen, das den Wiedererkennungswert eines Unternehmens maßgeblich fördern kann. Sie entwickeln Farbkonzepte und Designrichtlinien für Broschüren und Druckerzeugnisse ebenso wie ein ausgetüfteltes System der Botschaften, die über die Werbung abgesetzt werden. In Abwandlung eines geflügelten Wortes kann sagen: die Verpackung ist nicht alles, aber ohne ansprechende Verpackung wirkt manches nicht so wie erhofft.

Auch die kommunalen Verwaltungen legen seit geraumer Zeit Wert auf ihr äußeres Erscheinungsbild. Viele Rathäuser und Behörden, viele Bürgerämter sind heute frisch undfreundlich gestaltet, Verwaltungen besitzen ein Leitsystem, damit niemand unnütze Wege gehen muss. Formulare und Schreiben sind professionell und zeitgemäß gestaltet. Das gilt auch für die modernen Formen des Internetauftrittes oder eines Facebook-Accounts. Ein Logo (zum Teil auch eine Wortmarke) findet vermehrt Verwendung.

Das Selbstbild Corporate Identity der Behörde sollte mit dem Fremdbild Corporate Image übereinstimmen. Die Herstellung dieses Zustands ist eine der Aufgaben der Öffentlichkeitsarbeit.

31.4 Information, Motivation, Leitung – interne Kommunikation als Führungsinstrument

Kommunikation als Führungsinstrument: Interne Kommunikation hat auch das Ziel, die Identifikation, Motivation und die Arbeitszufriedenheit bei den Mitarbeitern zu erhöhen. Inhaltlich lässt sich das dadurch erreichen, dass Basisinformationen zur täglichen Arbeit an die Mitarbeiter herangetragen werden, über aktuelle Entwicklungen informiert und damit das Handeln der Behördenleitung begreifbar gemacht wird. Das geschieht einmal durch rationale Botschaften, die Informationen transportieren. Darüber hinaus erfolgen emotionale Mitteilungen, die die Befindlichkeit der Mitarbeiter tangieren, und in einer dritten Ebene kommt die Erklärung hinzu, die auf die moralische Position der Verwaltung abzielt und erklärt, was im Sinne der Allgemeinheit für richtig bzw. falsch eingestuft wird.

Information: Zu den Inhalten der Information gehört die Vermittlung von Zielen, die die Verwaltungsspitze anstrebt, die Information über aktuelle Arbeitsergebnisse und akute Entwicklungen ebenso wie die Einschätzung zu aktuellen Problemen.

Motivation: Grundlage der Motivation ist der Ausdruck von Wertschätzung gegenüber den eigenen Mitarbeitern. Nur auf diese Weise kann das „Wir-Gefühl" mit den Folgen des persönlichen Engagements oder gar der Begeisterung entstehen.

Leitung: Dazu gehört die glaubwürdige und persönliche, direkte Ansprache, die den Mitarbeitern eine klare Orientierung vermittelt, in welche Richtung das gesamte „Unternehmen" geführt werden soll.

31.5 Katalog von Möglichkeiten

Zu den kommunikativen Instrumenten, die der Mitarbeiterinformation dienen, gehören Informationsveranstaltungen, Weiterbildungen, Anschlagtafeln, Rundschreiben, interne Pressedienste, Dokumentationen, Intranet, Infoterminals. In den Bereichen Motivation und Kommunikation gehören Weiterbildung, Mitarbeiterfeste, Tage der offenen Tür, teambildende Maßnahmen.

Zur vermittelnden Kommunikation gehören Ideenwettbewerbe, eine angemessene Gestaltung des Verbesserungswesens, aber auch persönliche Besuche der Führungsleute am Arbeitsplatz. Dem Ziel der internen Kommunikation dienen Maßnahmen wie Sprechstunden, Versammlungen, Anhörungen und feste Mitarbeitertermine der Leitungsebene.

31.6 Mitarbeiterzeitungen

31.6.1 Typen und Erstellung

Ein klassisches Instrument ist eine Mitarbeiterzeitung, die in professioneller Form und – unter redaktionellen Gesichtspunkten hergestellt – in regelmäßigem Rhythmus verteilt wird.

Dabei gibt es unterschiedliche Ansätze:

Auf der einen Seite steht die von einer Redaktion gestaltete Mitarbeiterzeitung nach dem Prinzip: ausgebildete Journalisten schreiben für die Mitarbeiter des eigenen Hauses.

Das Gegenkonzept besteht aus der Mitarbeiterzeitung, die zwar professionell von Mitarbeitern des Presseamtes gemacht wird, die aber im Wesentlichen auf die Mitarbeit und die Beiträge von Kolleginnen und Kollegen zurückgreift, also nach dem Motto erarbeitet: von Mitarbeitern für Mitarbeiter.

Klar ist: Themenauswahl, inhaltliche und grafische Gestaltung müssen sich immer an den Bedürfnissen der Mitarbeiter orientieren. Die wesentliche Frage ist nicht, welches Mitteilungsbedürfnis einzelne Mitarbeiter der Verwaltung haben, sondern welch genereller Nutzwert sich aus den Artikeln für die Mitarbeiter insgesamt ergibt.

Die Mitarbeiterzeitung muss in die Kommunikationskultur einer Verwaltung eingebettet sein. Voraussetzung ist, dass ihr Stellenwert von der Stadtspitze anerkannt wird.

31.6.2 Mitarbeiter-Intranet

Tendenziell kann eine Mitarbeiterzeitung auch ins Intranet abwandern. Dabei ist darauf zu achten, dass im Hinblick auf redaktionelle Qualität und grafischen Auftritt die hohen Standards wie bei einer Printausgabe gewahrt bleiben. Wichtig ist dann allerdings auch, dass im Intranet diese Form der Information der Mitarbeiter von den anderen Inhalten deutlich getrennt bleibt.

Als eine interessante Möglichkeit hat sich die Kombination aus beiden Varianten ergeben, eine Printausgabe des Mitarbeiterblattes, die durch ausführlichere Informationen im Intranet ergänzt wird. Dies bietet vor allem die Möglichkeit, längere Beiträge und ganze Fotostrecken (zum Beispiel von Teambildungsmaßnahmen, Amtsausflügen etc.) ins nur intern zugängliche Netz zu stellen und die Artikel in der Mitarbeiterzeitung selbst zu straffen und zu kürzen.

Nicht übersehen werden darf dabei, dass Mitarbeiterzeitungen in gedruckter Form häufig auch weit über die Verwaltung hinaus gelesen werden. Es ist deshalb zu überlegen, ob Mitarbeiterzeitungen nicht auch prinzipiell ein geeignetes Instrument zur Außendarstellung sind und an die Redaktionen rundum verteilt werden sollen, bzw. an alle Mitarbeiterinnen und Mitarbeiter nicht nur in der Kernverwaltung ausgehändigt werden, sondern auch an die Mitarbeiter der Tochterunternehmen und Beteiligungen einer Stadt.

31.7 Direktansprachen

Als ein interessantes Instrument hat sich die Möglichkeit erwiesen, durch den Aufbau von Verteilern aller Mitarbeiter eines Gesamtkonzerns Stadtverwaltung (d. h. Kernverwaltung plus aller Beteiligungsunternehmen) eine direkte Ansprache vorzusehen. Die Stadt Ingolstadt hat zum Beispiel unter dem Titel „IN-direkt" die Möglichkeit, sich jederzeit mit einem relativ einfach zu produzierenden Schreiben über die eigene Kernverwaltung (1 400 Mitarbeiter) hinaus, an alle Mitarbeiter des „Bürgerkonzerns" Ingolstadt (rund 40 Beteiligungen mit insgesamt über 6 500 Mitarbeitern) zu wenden. Dieses Instrument steht der Verwaltungsspitze, den Referenten, aber auch den Geschäftsführern der Töchterunternehmen offen. Es wird zurückhaltend eingesetzt, steht aber für die unmittelbare Erklärung von Sachverhalten, die direkte Ansprache aller jederzeit zur Verfügung. Allein die Existenz eines solchen Mittels erhöht die Kampagnenfähigkeit der Stadt (siehe oben Erl. 15). Eine Stadt muss in der Lage sein, sich an ein breites Publikum zu wenden, wenn alle anderen kommunikativen Möglichkeiten über die Medien ausfallen oder nicht zur Verfügung stehen. Es stellt auch für die Medien eine permanente Warnung zu Korrektheit dar, wenn sie wissen, die Verwaltung könnte zur Not ihre Richtigstellungen über den breiten Verteiler der Mitarbeiter einfädeln und ihre Position auch ohne die Mithilfe der Medien deutlich machen.

32. Sprachrohr und Lastenesel

32.1 Die Kärrnerarbeit

Eine Funktion der Pressearbeit der Gemeinde wurde oben mit „Mund der Stadt", als ihr Sprachrohr beschrieben. Es geht um den kontinuierlichen Fluss von Informationen aus der Verwaltung heraus zu den Redaktionen. Diese Tätigkeit umfasst einen großen Teil von Kleinarbeiten, die auf den ersten Blick recht unattraktiv sind. Es sind die täglichen Standard- und Routineinformationen, die der Rat überhaupt nicht zur Kenntnis nimmt, wenn es um Informationen jenseits der spannenden politischen Aktivität geht.

32.1.1 Veranstaltungshinweise

Es geht zum Beispiel um Veranstaltungshinweise, um die rechtzeitige Ankündigung von Bürgerversammlungen in verschiedenen Stadtteilen, von Bezirksausschusssitzungen, um die Bekanntgabe der Straßen, in denen die Sperrmüllabfuhr vorgenommen wird (klappt hier zum Beispiel die Ankündigung nicht, brauchen die vorgesehenen Sperrmülltrupps gar nicht erst anzurücken), um Straßensperrungen, aber auch solche Rubriken, die meist auf Wunsch der Zeitungen zustande kommen, dem die städtische Pressestelle aber unbedingt nachkommen muss, wie welche Beerdigung wann, auf welchem Friedhof und zu welcher Uhrzeit erfolgt. Das mag uninteressant erscheinen; es ist aber eine feststehende Tatsache, dass diese Meldungen zu den meistgelesenen einer Tageszeitung gehören. Und nichts entfacht in der Bürgerschaft heftigere Proteste, als wenn diese Hinweise (bei Stadt oder Zeitung) vergessen werden oder Fehler aufweisen. Deshalb ist es wichtig, für diesen Informationsfluss verlässliche Prozeduren und Kanäle zu schaffen.

32.1.2 Pflichtveröffentlichungen

Weiter zum Bereich der Routineinformation gehören die Pflichtveröffentlichungen: Ausschreibungen, Stellenanzeigen und natürlich das Amtsblatt. Anzeigen sollten so gestaltet werden, dass schon von ihrer äußeren Aufmachung her erkennbar wird: Dies ist eine Anzeige der Stadt. Meist stehen sie eingepfercht zwischen Spalten gleichförmiger Annoncen. Eine Chance, Aufmerksamkeit und Erkennungswert als „Mitteilung der Stadt" zu erhalten, haben sie nur dann, wenn sie stets ein gleiches Layout haben.

32.2 Ereignispräsentation

Wesentlich interessanter als diese Pflichtveröffentlichungen ist für eine kommunale Pressestelle der Bereich der Ereignispräsentation. In jeder Gemeinde finden Ausstellungen, Einweihungen, Konzerte und ähnliche Ereignisse statt. Die Gemeinde hat ein Interesse, dass sie so angekündigt werden, dass die Bürger nicht nur wissen, dass diese Veranstaltung stattfindet, sondern dass sie vielleicht auch interessiert werden, selbst daran teilzunehmen. Ferner, dass auch die Presse daran teilnimmt und darüber berichtet, dass vielleicht nicht nur die örtliche Presse, sondern auch die überregionale und dazu Hörfunk und Fernsehen erscheinen. Hierfür genügt es eben nicht, nur kurz und lapidar mitzuteilen: Die Ausstellung des Künstlers X wird dann und dann eröffnet. Den Journalisten muss schon etwas mehr Material an die Hand gegeben werden: Die Erklärung, worum es bei dieser Ausstellung geht, wer X ist, welchen Stellenwert seine Bilder haben, warum diese Ausstellung gerade in dieser Gemeinde stattfindet, warum sie etwas Besonderes ist. Einmal erhält so der Journalist Material, das ihm die Ankündigung mit mehr Substanz ermöglicht; auch er will ja dem Leser, Hörer oder Zuschauer mehr sagen als nur das Datum der Eröffnung. Zum anderen vermag er aufgrund des Materials zu beurteilen, ob das Thema für ihn zu einer weiteren Berichterstattung in Frage kommt. Gleiches gilt natürlich für Einweihungen. Der Hinweis, dass eine neue Müllverwertungsanlage eingeweiht wird, muss ergänzt werden durch Angaben: Warum war sie nötig, wie hoch waren Baukosten und wie lange dauerte die Bauzeit, welche technischen Besonderheiten oder welche Recyclingmethoden konnten angewendet werden. Das Material muss für die Journalisten aufbereitet werden.

Es genügt nicht, dass das Ergebnis als solches journalistisch attraktiv ist: Die journalistische Attraktivität muss auch deutlich gemacht werden. Eine Stadt kann nicht davon ausgehen, dass Journalisten von sich aus erahnen, wo gerade im Lande Außerordentliches passiert; die Themen müssen ihnen angeboten werden. Wie ein solches Angebot aufbereitet wird, ist eine Frage journalistischer Technik, der Erfahrung (welcher Journalist sucht welche Themen), der Zeitumstände (welche Themen sind heute besonders interessant, welche Details bedürfen besonderer Herausstellung – etwa Recycling) und ähnlicher Erwägungen mehr.

Die Präsentation hängt mit ab von verschiedenen Stilmitteln. Die Ankündigung einer Bilderausstellung etwa könnte von einem ausgewählten, geeigneten, künstlerischen Foto begleitet sein oder ein bestimmter Redakteur, der sich für diese Kunstrichtung persönlich interessiert, erhält einen persönlichen Brief. Diese Ereignispräsentation erfordert Zeit und Mühe.

32.3 Festschriften, Einweihungsbroschüren

Denkbare Publikationen sind auch Einweihungsbroschüren und Festschriften, die zu bestimmten Anlässen – etwa Einweihungen, Festakten, Jubiläen – herausgegeben werden. Sie geben die Möglichkeit, bestimmte Maßnahmen in einem größeren Zusammenhang darzustellen – Dokumentationsarbeit zu leisten, und zwar in einem über die aktuelle Zeitungsberichterstattung hinausgehenden Maße.

Die Funktion von Festschriften wird eher die Ansprache bestimmter Zielgruppen sein. Den Journalisten kann eine solche Schrift als Basis für eigene Weiterverarbeitung zur Verfügung gestellt werden. Die doch relativ hohen Kosten im Vergleich zum – schwer nachprüfbaren – Erfolg, lassen die Herausgabe nur bei besonderen Anlässen angezeigt erscheinen.

33. Amtsblätter, Stadtzeitungen, Stadtillustrierte

Für die Gemeinden besteht die rechtliche Verpflichtung der Bekanntgabe bestimmter Informationen (wobei sich kreisangehörige Gemeinden der Bekanntmachungsblätter der Landratsämter bedienen können). Der Werbewert oder Informationswert solcher amtlicher Mitteilungsblätter ist gering. Während in kleineren Gemeinden z. B. Baugenehmigungen im Einzelnen noch von den Tageszeitungen gebracht werden, ist dies in Städten nicht der Fall. Satzungen werden in Tageszeitungen ebenfalls nicht in vollem, juristisch verklausuliertem Wortlaut gebracht, sondern höchstens in einer Zusammenfassung, soweit sie überhaupt publikumsinteressant sind, was aber den rechtlichen Anforderungen nicht entspricht.

Der Bezieherkreis von Amtsblättern ist beschränkt. Aus dem Winkel der Öffentlichkeitsarbeit – nur der ist hier gemeint – sind solche Amtsblätter eine Pflichtübung der Pressestellen. Manche Gemeinde erweitert daher die Publikation um einen eigenen redaktionellen Teil zu einem Gemeindeblatt, woraus sich weitere Formen wie Stadtzeitungen und Stadtillustrierte entwickelt haben.

Zu den von Zeitungsverlagen angestrengten Prozessen gegen Amtsblätter/Stadtillustrierte bzw. Städtische Internetangebote s. u. den Erl. 47.3: „Verleger gegen städtische Amtsblätter, Stadtillustrierte und Internetauftritte – ein neues Konfliktfeld".

33.1 Amtsblatt und/oder Gemeindeblatt

Dabei steht es den Kommunen frei, das Amtsblatt als eigenständige Publikation herauszugeben und es zum Abonnement zur Verfügung zu stellen, es zur Verteilung an Auslagestellen zu bringen oder aber z. B. in einem an alle Haushalte verteilten Anzeigenblatt in regelmäßiger Folge einzubringen.

Frei steht den Kommunen auch, ob sie sich inhaltlich auf den reinen Text zwangsweise zu verkündender Informationen (Satzungen, Bebauungspläne) beschränken, oder ob sie aus dem reinen Amtsblatt ein gemeindliches Mitteilungsblatt machen.

Die Gemeindeamtsblätter sind Druckwerke im Sinne des § 7 Abs. 1 des Landespressegesetzes (LPrG). Die Anwendung der für Druckwerke geltenden Bestimmungen des LPrG bezieht sich nur auf den nichtamtlichen Teil des Amtsblatts; für den amtlichen Teil gilt § 7 Abs. 3 LPrG.

Danach unterliegen amtliche Druckwerke, soweit sie ausschließlich amtliche Mitteilungen enthalten, nicht den Bestimmungen des LPrG über Druckwerke.

Das Amtsblatt enthält die amtlichen Bekanntmachungen der Kommune und ggf. ihrer Tochterunternehmen – im Interesse der Bürgerinformation hängen viele kommunale Amtsblätter einen redaktionellen Teil an.

Wichtig ist der Hinweis, dass solche Gemeindeblätter kein Zeitungsersatz und keine Zeitungskonkurrenz sind. Thematisch sind sie auf „Kommunales" begrenzt. Sie fallen nicht unter die Pressefreiheit. Deshalb haben hier Meinungsartikel keinen Platz. Informationen, die Gemeindeblätter enthalten, müssen daher (in der Regel) vorher den Medien zur Verfügung stehen und nicht als exklusive Meldung dem Gemeindeblatt vorbehalten werden.

Nicht zu den amtlichen Mitteilungen im engeren Sinne gehören beispielsweise:

Standesamtsnachrichten, Hinweise auf Vereinsveranstaltungen, Berichte über Sitzungen des Gemeinderats und über lokale Ereignisse, Veranstaltungskalender, Gottesdienste, Bereitschaftsdienste usw.

Soweit keine Grundsätze für die Herausgabe des Amtsblatts und seines Inhalts von den gemeindlichen Gremien beschlossen wurden, entscheidet der Bürgermeister über dessen Inhalt. Für den nichtamtlichen Teil sowie für die Anzeigen kann auch eine Person innerhalb eines Verlags, der das Amtsblatt druckt, bestimmt werden.

Bei der Aufnahme von Anzeigen, seien sie geschäftlicher oder politischer Art, besteht eine Einschränkung nur insofern, als die Gemeinde den Grundsatz der Gleichbehandlung beachten muss. Diesem Grundsatz läuft es nicht zuwider, wenn sie in ihrem Amtsblatt nur Werbeanzeigen ortsansässiger Gewerbetreibender veröffentlicht. Da das Amtsblatt ausschließlich Publikationsorgan der Gemeindeverwaltung ist, können Dritte keinen Rechtsanspruch auf die Inanspruchnahme des Druckwerkes geltend machen.

Darüber hinaus sei an dieser Stelle darauf hingewiesen, dass den Zeitungsverlagen durch die Aufnahme von Anzeigen im kommunalen Mitteilungsblatt Werbekunden verloren gehen. Hier ist eine sorgfältige Abwägung von wirtschaftlichem und kostensparendem Verhalten der Verwaltung durch die Herausgabe eines eigenen Mitteilungsblattes und der mittelbaren Reduzierung des Anzeigenaufkommens bei den örtlichen Verlagen zu treffen.

„Vorteile: Amtsblätter sind auf jeden Fall den (dennoch notwendigen) Einzelinformationen vorzuziehen, da sie alle wichtigen Informationen der Kommune in einem Organ zusammenfassen. Allerdings eignen sich Amtsblätter nicht dazu, eine Stadt national und international zu

‚vermarkten'. Sie sind jedoch ein wichtiges Mittel, bei den Bürgerinnen und Bürgern eine möglichst hohe Akzeptanz für das Verwaltungshandeln zu erzielen. Eine solche Zeitung trägt damit wesentlich zur Identifikation des Bürgers mit seiner Kommune bei. Mit einem solchen Medium ist es möglich, eine ganzheitliche Informationspolitik zu betreiben, die nicht durch den Filter der anderen Medien geht und das Informationsspektrum nicht auf Teilbereiche begrenzt.

Nachteile: Hauptproblem ist bei diesem Medium der hohe Kosten- und Finanzierungsdruck, der auch bei mit Anzeigen finanzierten Amtsblättern festzustellen ist. Außerdem bedeutet die regelmäßige Herstellung einen sehr hohen Aufwand."

(*Ewald Müller*, Rathaus im Klartext, a. a. O., S. 83)

33.2 Das digitale Amtsblatt

Aktuell verpflichtet die Rechtslage die Kommunen (noch) Amtsblätter in Print-Form herauszugeben. Entfiele diese Pflicht evtl. durch Bundesgesetz, würden viele Kommunen vermutlich auf gedruckte Amtsblätter verzichten und die amtlichen Mitteilungen (kostengünstiger und einfacher) im Internet veröffentlichen. (Die Einrede dazu lautet: insbesondere ältere Mitbürger würden dennoch weiter die gedruckte Form vorziehen.) Aktuell empfiehlt es sich, die Amtlichen Mitteilungen zusätzlich im Internet zu publizieren und damit immer wieder vorkommende Verteilerlücken bei den Printausgaben zu schließen.

Für das Amtsblatt wird häufig gefordert, es müsse in einer für den Bürger verständlichen Sprache aufbereitet werden. In der Praxis lässt sich dies nicht durchführen. Amtsblätter veröffentlichen nun einmal juristische Texte. An der zu veröffentlichenden, genehmigten Satzung kann nicht ein Wort verändert werden. Sie erläutern und kommentieren zu wollen, wäre ein überaus gefährlicher juristischer Eiertanz; die Forderung nach einer verständlichen Sprache kann sich hier nicht an die Presseleute richten, sondern an jene, die die Satzungen formulieren.

33.3 Stadtzeitungen

Sie haben mit den Gemeindeblättern (oder Amtsblättern) die Gemeinsamkeit, dass sie von der Stadt herausgegeben werden, fühlen sich aber nicht der strengen Beschränkung auf Verwaltungsthemen und rechtlich verpflichtende Verlautbarungen begrenzt, sondern greifen auch weitergehende Fragen der kommunalen Politik auf, sind aber gleichwohl keine unabhängigen Zeitungen (und unterliegen öffentlich-rechtlichen Beschränkungen).

Sie können ggf. eine Ergänzung für eine ausbleibende oder zu knappe Berichterstattung (z. B. einer lokalen Monopolzeitung) sein und damit für eine umfassende(re) Bürgerinformation aus dem Rathaus stehen. Eine Herausforderung für solche Stadtzeitungen (oder auch Stadtteilzeitungen) stellt immer die Verteilfrage (idealtypisch an alle Haushaltungen) dar. Stadtzeitungen dürfen nicht in direkte Konkurrenz zu den örtlichen unabhängigen Zeitungen geraten und damit das Verhältnis zwischen Stadt und Verlagen trüben. Daher ist es immer ratsam Kooperationen zu prüfen, primär in Bezug auf konkurrierende Situationen bei der Anzeigenakquise, aber auch über die Frage, ob die Zeitung die städtischen Teile nicht als Beilage aufnimmt (was auch zumindest teilweise die Verteil-Frage löst und für die Verteilung über die Abo-Kunden der Zeitung hinaus, meist gemeinsam, Strategien existieren).

33.4 Stadtillustrierte

Eine Stadtillustrierte hat das Gesamtleben in der Stadt (Geschichte, Wirtschaft, Gesellschaftsleben) im Blick und ist daher weniger als amtliches Rathausblatt geeignet, sondern als Medium, das sich für die Bereiche Bälle, Mode, Sport, Freizeit, Kultur in einer ganz bestimmten Sprache und Bildwelt an Zielgruppen wendet. Solche Blätter erzeugen Identifikation und Sympathie. In vielen Städten existieren solche Broschüren – sie sind in der Herstellung relativ teuer. Die Frage, ob eine Stadt ein solches Medium selbst herausgeben soll, beantwortet sich fast schon von allein – es steht aber immer im Raum, wie eine Stadt mit solchen Medien kooperiert, sie unterstützt und mit ihnen zusammenarbeitet.

34. Leserbriefe

Lange Zeit wurden Leserbriefe grundsätzlich als wichtige Wasserstandsmeldung für die in einer Stadt vertretenen Positionen betrachtet. *Michael Konken* (Pressearbeit, a. a. O., S. 187) zitiert dazu *Joseph von Görres*, Leserbriefe sollten der Mund des Volkes und das Ohr des Fürsten sein. Grundsätzlich sind sie in der Herstellung die einfachste Art für jedermann, zu Presseberichten in Printmedien Stellung zu nehmen. Leserbriefe sind außerordentlich beliebt. Und sie gehören sicherlich auch zu den meistgelesenen Teilen einer Tageszeitung. Richtig ist, dass sie oft ein Überdruckventil darstellen und deshalb von den Öffentlichkeitsarbeitern der Kommunen genau zur Kenntnis genommen und genau analysiert werden sollten.

34.1 Die „neue Art" von Leserbriefen

Allerdings hat sich vieles im Leserbriefwesen verändert.

Konstatiert werden muss für die letzten Jahre

- eine deutliche Zunahme der Leserbriefäußerungen
- eine drastische Veränderung in der Bedeutung und im Stil der Leserbriefe.

Nach vorsichtigen Schätzungen hat sich im Vergleich zu den letzten Jahren des 20. Jahrhunderts die Zahl der Leserbriefe um ein Drittel bis zur Hälfte erhöht. Das hängt sicherlich auch mit technischen Möglichkeiten zusammen.

Verändert hat sich auch der Stil und der Ton in den Leserbriefen.

Während früher Leserbriefe im Wesentlichen von Verbandsvertretern, Betriebsräten, also Leuten geschrieben wurden, die Gruppeninteressen vertraten und dazu auch mandatiert waren, finden sich heute immer mehr Einzelmeinungen von individuellen Personen (die sich aber auch gelegentlich als Repräsentanten für die schweigende Mehrheit ausgeben).

Während früher Leserbriefe mühsam auf der Schreibmaschine getippt und korrigiert wurden, dann in einen Umschlag kamen, der bis zum nächsten Morgen auf dem Schreibtisch lag (was dazu führte, dass nach Ablaufen einer Zornesaufwallung mancher dieser Leserbriefe, gar nicht mehr abgeschickt wurde), ist heute der Weg zur Redaktion durch E-Mail-Verbindungen und den rasch in die Tasten geschlagenen Leserbrief, ohne Rücksicht auf Grammatik, Interpunktion und Rechtschreibung möglich. Entsprechend sind auch viele Leserbriefe heute gestaltet.

Hinzu kommt, dass in Kombination mit den Online-Foren und den Onlineangeboten der Zeitungen die Urheberschaft eines Leserbriefes in der Regel deutlich weniger zu erkennen ist, als dies früher der Fall war. Ursprünglich galt, dass bei Leserbriefen Name, Straße und Hausnummer angegeben wurden. Es hat sich dann in den deutschen Zeitungen die Regel durchgesetzt, dass allein der Name ausreicht. Mit dem Aufkommen von Internetforen und Netzblogs wurde auch die anonyme Absendung oder die Absendung unter einem Pseudonym salonfähig und hat entsprechende Wirkungen gezeitigt.

Insofern ist festzustellen, dass es heute durchaus eine beachtliche Anzahl von Leserbriefen gibt, die beleidigende, oft strafrechtserhebliche Inhalte darstellen und auf die zu reagieren eine gewisse Problematik darstellt.

Um dies an einem Beispiel zu illustrieren: Wenn früher der Vorsitzende der IG Metall an einem Automobilstandort sich in einem Leserbrief zu Wort meldete, so war dies eine durchaus beachtliche Leserbriefäußerung, die politisch aufzugreifen im Interesse der Verwaltung lag.

Wenn heute nach Attentaten in Paris Leserbriefe von 16-jährigen Schülerinnen abgedruckt werden, die sich kompetent zur Sicherheitslage in Frankreich äußern und dies auf den Heimatort extrapolieren, hat dies eine völlig andere Qualität und kann nicht dieselbe Ernsthaftigkeit erheben.

34.2 Behandlung von Leserbriefen – Antworten oder nicht ...

Aus diesen Überlegungen heraus muss sich eine Stadtverwaltung die Frage stellen, welche Leserbriefe sie aufgreift und beantwortet. Abzuwägen ist dabei die Frage, ob eine Beantwortung zweckmäßig ist oder ob dadurch erst recht eine Lawine losgetreten wird, die andere zu weiteren Leserbriefaktionen veranlasst. (Grundsätzlich aber steht zu erwarten, dass Redaktionen auch von sich aus längere Leserbriefdebatten beenden, sobald alle bekannten Argumente ausgetauscht wurden. Manchmal allerdings schauen sie genüsslich zu, wie sich die Öffentlichkeitsarbeit der Kommune mit den Leserbriefen herumschlägt.)

In der Beantwortung sind den Pressestellen strenge Regeln auferlegt. Repliken sind ausschließlich mit Fakten möglich. Es ist undenkbar, weitere Emotionen ins Spiel zu bringen und die Stimmung anzuheizen. Berücksichtigt werden muss auch, dass Leserbriefe nicht sofort von den Redaktionen veröffentlicht werden und es gelegentlich Tage bis dahin dauern kann. Möglicherweise sind bis dann die Emotionen längst abgeflaut und man rührt ein altes Thema unwillkürlich wieder auf.

Eine andere Möglichkeit der Reaktion auf einen Leserbrief ist der direkte telefonische Kontakt mit dem Leserbriefschreiber oder ein mögliches persönliches Gespräch mit ihm. Dabei wird die Wertschätzung für die Meinung eines Bürgers deutlich gemacht und vermittelt, dass seine Anliegen durchaus wahrgenommen und gewürdigt werden.

34.3 Leserbriefkampagnen

Abzuwägen ist auch, dass Leserbriefe gelegentlich bewusst zur politischen Meinungsmache eingesetzt werden und es dann zu regelrechten Leserbriefkampagnen kommen kann, bei denen Mitglieder interessierter Organisationen untereinander abgestimmt Leserbriefserien schreiben, sie jedoch nur mit dem eigenen Namen, aber ohne die Angabe der Zugehörigkeit zu einer Organisation zeichnen. In der Öffentlichkeit wird so der Eindruck eines weit gestreuten Protestes erweckt. Hier hilft nur die geduldige, sachliche Beantwortung jedes einzelnen Leserbriefes. Es ist allerdings durchaus möglich, in einer Erwiderung einzuflechten, dass der Leserbriefschreiber dieser oder jener Organisation zugehört, um deutlich zu machen, dass die Verwaltung dies auch nach außen hin bekannt geben wird.

34.4 Anmerkungen zum „Leserbriefrecht“

In den Redaktionen werden solch politisch gebundene Aktionen in der Regel durchaus erkannt. Wenn es von der Zielrichtung und Planung her um derartige Kampagnen geht, werden die Redaktionen zweifellos eine entsprechend vorsichtige Haltung einnehmen.

Die Veröffentlichung fingierter Leserbriefe stellt nach herrschender Meinung eine Täuschung der Öffentlichkeit dar. Sie ist mit der Aufgabe der Presse unvereinbar.

Bestehen Zweifel an der Identität des Absenders, ist der verantwortliche Redakteur verpflichtet, diese zu überprüfen.

Grundsätzlich gilt auch, dass vor einer Veröffentlichung die Identität von Leserbriefen, bzw. ihren Schreibern, in den Redaktionen geprüft werden. Einen Rechtsanspruch auf Abdruck einer Zuschrift allerdings hat niemand.

Aus dem Persönlichkeitsrecht folgt, dass Änderungen oder Kürzungen von Zuschriften von namentlich bekannten Verfassern ohne deren Einverständnis unzulässig sind. Kürzungen sind möglich, wenn die Leserbriefrubrik einen ständigen Hinweis enthält, dass sich die Redaktion bei Zuschriften das Recht von Sinn wahrenden Kürzungen vorbehält.

Die presserechtliche Sorgfaltspflicht verlangt von den Redaktionen, ihr Druckwerk von Beiträgen strafbaren Inhalts freizuhalten. Das gilt auch für die Veröffentlichung von Leserbriefen. Für Leserbriefe, die einen erkennbaren Dritten abträglichen Inhalt haben, trägt der verantwortliche Redakteur die pressegesetzliche Verantwortung. Werden in einem Leserbrief Tatsachenbehauptungen aufgestellt, so hat der davon Betroffene einen Gegendarstellungsanspruch, auf den die pressegesetzlichen Vorschriften Anwendung finden. Es ist für Pressesprecher gelegentlich hilfreich, diese rechtlichen Grundlagen zu kennen.

35. Zielgruppenarbeit

Es muss nicht ausschließlich Aufgabe der Pressearbeit sein auf bestimmte Zielgruppen zuzugehen, um ihnen die Stadt als sympathisch, offen, an ihnen und ihrer Mitwirkung interessiert vorzustellen (und für Verwurzelung und Beheimatung zu sorgen), sie ist aber aufgefordert, hier in Zusammenarbeit mit anderen Ämtern und Dienststellen entsprechende Angebote einer Empathie, einer Einbeziehung oder Willkommenskultur zu schaffen.

35.1 Vermittlung der Gemeinde

Die Gemeinde vermitteln, mit der Gemeinde vertraut, auf sie stolz machen, ist ein Ansatzpunkt der Öffentlichkeitsarbeit. Denkbar sind Kennenlern- und Suchspiele für Kinder, Jugendliche und Eltern. Ein anderes Beispiel – eine Ingolstädter Erfindung – ist ein Würfelspiel: Spielend durch die Stadtgeschichte. Solche Angebote zu entwickeln erfordert Zeit und Personal. Sie sind problematisch, weil sie manchem Gemeinderatsmitglied zu leicht als Spielerei, gar als überflüssiger Luxus erscheinen. Sie haben in der Tat wenig mit Tagespolitik zu tun, auf die der Rat – verständlicherweise – sein Augenmerk richten muss, sind aber dennoch für das Image einer Gemeinde hilfreich und notwendig und werden von den Bürgern mit Anerkennung honoriert.

35.2 Sprechstunden

In vielen Kommunalverwaltungen gibt es „Bürger-Sprechstunden" des Oberbürgermeisters, der Bürgermeister. Durch diese Einrichtung erhalten die Bürger regelmäßig Gelegenheit, ihre Fragen oder Besorgnisse direkt beim Verwaltungschef vorzutragen. Das Instrument ist dazu geeignet, Ängste der Bürger vor der Bürokratie und die Distanz zur Verwaltung abzubauen. Insofern ist dies imagebildend auch ein Teil der Öffentlichkeitsarbeit.

In größeren Verwaltungen, z. B. in Kreisverwaltungen, findet zunehmend die Kontaktaufnahme zu den Bürgern über das Internet statt. So bieten offene Foren Möglichkeiten der Diskussion und Meinungsbildung. Auch nutzen Verwaltungschefs wöchentlich, regelmäßig z. B. monatliche Termine, um über die kommunale Homepage per Chat mit den Bürgern in Kontakt zu treten.

35.3 Bürger-Aussprache

Das kommunale Dialogangebot kann aber nicht allein vom Oberbürgermeister kommen und es kann sich auch nicht allein auf Politik und Verwaltungshandeln beschränken.

35.3.1 Kommunale Demokratie lebendig vermitteln

Stadtdemokratie findet im Rathaus statt. Es geht auch darum, den „Ort" der kommunalen Selbstverwaltung – das Rathaus – für die Bürger darzustellen. Viele Städte haben noch ihre alten Rathäuser, die ein historisches Zeugnis für bürgerschaftliche Selbstverwaltung darstellen. Es bietet sich auch an (ungeachtet der sozusagen amtlichen Besucher), ein Angebot an die Bürger zu machen, „ihr" Rathaus zu besichtigen. Einzelne Zielgruppen (Senioren, Jugendliche, Behinderte, Sportvereine, Sozialvereine ..., das Spektrum ist groß, weil sich alle freuen, ins Rathaus eingeladen zu werden) können zu Führungen durch das Haus und zu einem Gespräch im „Großen Sitzungssaal" gebeten werden. Ausstellungen oder Blättern in einem (Faksimile) des Goldenen Buch(es) sind für viele Besucher tatsächlich noch etwas Besonderes.

35.3.2 Information der Ratssitzungsbesucher

„Die Besucherinnen und Besucher der öffentlichen Sitzungen der Vertretungskörperschaften sollen sich im Vorraum oder im Sitzungssaal selbst durch vorhandene Modelle für geplante Bauten, durch Aushang von Skizzen und Plänen, durch Bild und Text über die Verhandlungsgegenstände informieren können. Die Beschlussvorlagen der Ratssitzung sollten in ausreichender Zahl für die Bürgerinnen und Bürger zur Verfügung stehen und außerdem im Internet abrufbar sein. Ein kurzer Ein-

führungsvortrag, der die anstehenden Entscheidungen erläutert, sollte zudem angeboten werden." (*Ewald Müller, Susanne Wetterich*, Rathaus im Klartext ..., a. a. O., S. 95)

35.4 Ausgewählte Zielgruppen

Je nach besonderer Bevölkerungsstruktur der Gemeinde bieten sich Zielgruppen an, denen die Gemeinde gegenüber präsent gemacht werden kann. Garnisonsstädte können regelmäßig die neu an ihren Standort kommenden Soldaten ins Rathaus laden (und ihnen eventuell einen „Freizeitpass" anbieten). Broschüren, die umfassend über die Gemeinde informieren, für Senioren, für Kinder, für Jugendliche machen ihnen gegenüber die Gemeinde präsent: sie spüren, dass man sich ihrer annimmt. Zielgruppenbroschüren in Fremdsprachen können sich an die Gruppen der ausländischen Mitbürger richten, die zahlenmäßig die höchsten Anteile an ausländischen Mitbürgern stellen. Der schöpferischen Phantasie der kommunalen Pressearbeit werden hier nur durch den Rat und seine Finanzbeschlüsse Grenzen gesetzt. Leicht vermittelbar sind Baustellenfahrten, Besichtigungen oder Führungen. Sie sind in der Tat ein gutes Mittel der Öffentlichkeitsarbeit, aber – in größeren Gemeinden zumindest – überaus aufwendig.

35.4.1 Informationen für Menschen mit Behinderungen

Spezielle Angebote gibt es in fast allen Städten für behinderte Mitbürger, die auch in „Behindertenbeauftragten" ihre Ansprechpartner finden. Dabei geht es hier nicht um die politische Vertretung (inhaltlich und dem Stadtrat gegenüber), sondern um Maßnahmen der Inklusion, die von der Öffentlichkeitsarbeit zu leisten sind – von „Stadtführern" für Menschen mit Behinderungen, Publikationen von Stadtplänen mit Behindertenparkplätzen, -toiletten, Informationen für behinderte Besucher ... Über die gedruckten und die Online-Informationen hinaus geht es aber um innovative Konzepte, Veranstaltungen, Ansprachen, die den Personenkreis wirkungsvoll einbeziehen und Partnerschaft vermitteln.

35.4.2 Arbeit mit Schülern

Um Verständnis für die gemeindliche Arbeit zu wecken oder um die Arbeitstechnik von Rat und Verwaltung nahezubringen, sind Schüler eine optimale Zielgruppe. Es wäre allerdings sinnlos, sie nur zum Besuch einer Ratssitzung einzuladen. Ein solcher Sitzungsbesuch muss vorbereitet und sinnvoll erklärt werden. Wissen und Information über die kommunale Selbstverwaltung allgemein und die Kommunalverfassung der Heimatstadt im Besonderen zu vermitteln ist hier eine wichtige Aufgabe.

Die Schule kann dabei eine wesentliche Hilfestellung leisten. Erfolgsversprechend ist aber auch, die künftigen Jungbürger ohne die formale

Schule und die Lehrerschaft anzusprechen (was Lehrer nicht mögen, aber darauf kann es nicht ankommen). Klassensprecher, Schulsprecher und die Redakteure der Schülerzeitungen sind wichtige Ansprechpartner.

35.4.3 Neubürger

Den Neubürgern ist gemeinsam, dass sie zumeist nur wenig über ihre neue Heimatgemeinde wissen. Sie haben großen Informationsbedarf. Die Integrationszeit durch Information zu verkürzen, heißt ein positives Bild der Stadt oder Gemeinde aufzubauen.

Der erste Kontakt des Neubürgers mit der Kommune, zumeist im Einwohnermeldeamt, sollte zur Begrüßung und zum Informationsangebot genutzt werden. Dem „Ankömmling" wird ein besonderes „Neubürgerset" überreicht, das gegebenenfalls aus einer Neubürgerillustrierten, jedenfalls aus einem Begrüßungsschreiben des obersten Repräsentanten der Stadt, und aus speziell auf die Bedürfnisse von Neuankömmlingen zugeschnittenem und aus dem allgemeinen städtischen Informationsmaterial besteht. Das alles wird in einer Neubürger-Begrüßungsmappe verpackt, die auch äußerlich deutlich sichtbar ein herzliches Willkommen signalisiert.

Den Neubürgern können auch besondere Führungen oder Rundfahrten durch ihre neue Heimatstadt angeboten werden. Dafür sollte die Mithilfe von Heimatvereinen oder besonders engagierten und kenntnisreichen „Altbürgern" in Anspruch genommen werden (*Ewald Müller, Susanne Wetterich*, Rathaus im Klartext, a. a. O., S. 63).

Ergänzt werden kann ein solches Willkommensset ggf. durch ein Neubürgerpaket mit Schnupperangeboten (etwa ein kostenloser Theaterbesuch, ein freier Eintritt ins Schwimmbad, eine Teilnahme an einem VHS-Kurs ...). Solche Schnupperpakete müssen nicht unbedingt im Einwohnermeldeamt ausgehändigt werden, denkbar ist auch ein „Gemeinsames Willkommen" mit z. B. einem goßen Arbeitgeber vor Ort, der eine entsprechende Personalfluktuation hat.

35.5 Tag der offenen Tür

Eine weitere sympathiebildende Maßnahme ist die Veranstaltung eines Tages der offenen Tür. Viele Kommunalverwaltungen kennen dieses Instrument seit Jahrzehnten. Bei Bürgerinnen und Bürgern sind solche Tage überaus beliebt. Sie erfüllen einerseits das Bedürfnis nach Unterhaltung und sinnvoller Freizeitgestaltung (oft auch mit dem Touch eines Familientags mit Kinderausflug), zum anderen die Befriedigung, einmal hinter die Kulissen zu schauen, das Bedürfnis ernst genommen zu werden und einmal (nicht böse gemeint) zu erfahren, wo denn Steuergelder hinkommen. Sie erregen oft Staunen, was da alles getan wird, was da alles notwendig ist – und in der Summe immer Sympathie. Deshalb sollten die Verwaltungen die Rathäuser – zwar nicht jährlich, aber doch regelmäßig – öffnen und den Bürgern zeigen, was in den Büroräumen, in den Bauhofhallen, den Wasserwerken, den Schaltzentralen tatsächlich geleistet wird. Ein durchdacht geplanter Aktionstag dokumentiert Leistungsfähigkeit, Offenheit und Dialogbereitschaft; er kann das Erscheinungsbild der Verwaltung nachhaltiger prägen als die beste Imagebroschüre. Wie die Bürger eingeladen werden, hängt von der Größe der Gemeinde bzw. Stadt ab. Plakate, das örtliche Mitteilungsblatt, Hinweise in den Medien, Handzettel als Postwurfsendung sind denkbare Möglichkeiten. Auf jeden Fall muss das Ereignis allen Bürgern bekannt sein, denn der große Vorbereitungsaufwand soll ja durch eine entsprechende Resonanz belohnt werden. Natürlich kann die Behörde den Tag auch zur eigenen Personalwerbung nutzen. Der Arbeitgeber „Stadtverwaltung" kann sich deshalb mit seinen Leistungen und mit seiner Ausbildungsqualität möglichen Bewerbern vorstellen. Ein attraktives Rahmenprogramm (Jazz, Zauberer, Komödianten, Tanz am Abend, Wettbewerbe mit Preisausschreiben, Imbiss, Getränke) gibt der Veranstaltung zusätzliche Reizwirkung, darüber sollte aber nicht der eigentliche Sinn des Tages in den Hintergrund rücken.

Zu überlegen ist, ob ein städtisches Orchester ein Standkonzert bietet (Beispiel: die Münchner Philharmoniker auf dem Marienplatz), eine Bühne für örtliche Jung-Bands geboten wird, ob das Theater „Straßentheater" anbietet, die Busunternehmen an diesem Tag kostenlos fahren.

In großen Städten hat sich für Tage der offenen Tür eine gewisse Routine eingespielt – bei regelmäßigem Turnus weiß jeder Beteiligte im Voraus, was er zu leisten hat. Sache der Presseämter ist die Gesamtkoordination. Sie haben darüber hinaus sicherzustellen, dass der Verwaltungschef den Tag über getaktet die Highlights wahrnimmt, dass diese den Medien bekannt sind und er auch selbst (wie die Bürgermeister, wie die Verwaltungsspitzen, wie die Rathausfraktionspitzen) ihren Part spielen (Renner bei den Ingolstädter Tagen der Offenen Tür ist unverwüstlich die Möglichkeit, sich mit dem OB zusammen an seinem Schreibtisch fotografieren zu lassen und das Bild gleich mitzunehmen).

36. Literarisches und Akzidenz – Büro: Texter, Graphiker, Gestalter

Mit der Aufgabe als literarisches Büro ist der Bereich umschrieben, bei dem die Mitarbeiter der Pressestelle selbst schreiben (Presseerklärungen sind ja nicht direkt zur Veröffentlichung bestimmt, sondern eigentlich zur Information von Redaktionen und Journalisten), selbst publizieren.

Da es nicht Aufgabe der Pressestelle sein kann, den Kollegen von der Presse Konkurrenz zu machen, wird es sich bei diesen Veröffentlichungen um Angelegenheiten handeln, die von der Tagespresse nicht oder nicht in dieser Form aufgegriffen werden oder die Verlage von der Pressestelle anfordern.

Hinzu kommen die „Druckwerke", die eine Stadt zu den unterschiedlichsten Themen produziert

- Faltblätter, Broschüren, Plakate oder, in Zeitschriften platziert,
- Kollektive, Anzeigen.

36.1 Bücher

Im Gegensatz zu Publikationen mit politisch sachinformationsbezogenem Inhalt für den Bürger der eigenen Stadt muss die Pressestelle auch ein Interesse daran haben, dass über die Stadt als Thema Werke der unterschiedlichsten Art auf dem allgemeinen Buchmarkt erhältlich sind. Kunstbücher, Bildbände, geschichtliche Bücher, die über die Stadt berichten, Reiseführer etc. sollten eben nicht nur in der Stadt selbst, sondern überall im Lande erhältlich oder bestellbar sein. Ähnliches gilt für alle größeren Veröffentlichungen von möglicherweise überlokalem Interesse.

Eine Herausgabe durch die Stadt scheidet aus dem Grunde mangelnder effizienter Verteilstrukturen aus. Die Erhältlichkeit oder Bestellbarkeit solcher Bücher an jedem Punkt der Bundesrepublik Deutschland ist nur durch die Schiene Buchhandel – Verlag gesichert. Von daher ist die – oft nicht einfache – Zusammenarbeit mit Verlagen geboten, die zudem ja auch über die nötigen Einrichtungen zur überörtlichen Werbung für das jeweilige Produkt verfügen. Zu den Aufgaben der Pressestelle kann es gehören, selbst Bücher zu schreiben, die in Verlagsprogramme eingefädelt werden, oder bei stadtbezogenen Büchern und Themen von Dritten mit Verlagen und dem Buchhandel zusammenzuarbeiten, in jedem Fall aber dafür zu sorgen, dass das Informationsangebot über die Stadt auf dem freien Buchmarkt angemessen ist.

36.2 Aufsätze

Weniger tagesaktuell als periodisch erscheinende Zeitungen fordern öfters von der Pressestelle zu bestimmten Themen Aufsätze an, Fachartikel. Hier ist es Aufgabe der Pressestelle, diese bei allgemeinen Stadtthemen selbst abzufassen oder bei Fachaufsätzen sie von den zuständigen Kollegen zu beschaffen. Auch damit lässt sich die Stadt gut präsentieren. Im Gegensatz zur journalistischen Berichterstattung tritt hier dem Leser ein Stadtangehöriger direkt gegenüber und legt ein Thema dar, was ein guter Ansatzpunkt für den Dialog sein kann.

Soweit es sich um Fachzeitschriften handelt, kann das auch im Sinne der Profilierung der Verwaltung gegenüber anderen Fachleuten und Gremien von Interesse sein, die entsprechende Qualität immer voraussetzt. Kleine Aufsätze zu enger begrenzten Fachthemen rücken manchmal auch in Tageszeitungen ein, die dann ihre Funktion als Forum nicht nur der Öffentlichkeit, sondern auch der offiziellen Darstellung wahrnehmen. Der – aus der Sicht der Pressearbeit – Doppelcharakter solcher Beiträge als Serviceleistung für die Journalisten, denen Arbeit abgenommen wird, und als Entgegenkommen der Redaktionen, die das Forum einräumen, wird hier deutlich.

36.3 Broschüren und Faltblätter

Sie sind bewährte und eingeführte Mittel kommunaler Öffentlichkeitsarbeit. Oft handelt es sich um Themen der Fachämter. Hier ist auf jeden Fall auf professionelle redaktionelle Bearbeitung und die adäquate Form (Corporate Design) zu achten, Daher ist eine zentrale Koordination durch das Presse- und Informationsamt sinnvoll und notwendig.

Unterschiedliche Zielgruppen können angesprochen werden. Verschiedene Ämter und Einrichtungen können den spezifischen Informationsbedarf erfüllen.

Das größte Problem solcher Veröffentlichungen ist die Verteilung. Fachämter fordern oft ein Faltblatt, weil sie sich davon eine „Profilierung" des Amtes erwarten, und sind überrascht, wenn sie gefragt werden, wer das denn lesen soll, wovon ja offensichtlich auch abhängt, in welcher „Sprache" (forsch, flappsig für Jugendliche, konservativ, seriös für Architekten ...) und in welcher Verpackung (bunt und fröhlich oder bauhausmäßig, durchgestylt) die Herausgabe sinnvoll ist (ganz abgesehen von der Höhe der Auflage und erst recht der Frage, wer das wie, wann an wen verteilt). Daher sollte die Frage nach den Zielgruppen, das heißt des Bedarfs, vorweg gestellt werden.

36.3.1 Broschüren

Es liegt in der Eigenart des Mediums (kosten- und zeitintensive Produktion), dass es vorrangig für Themen oder Aktivitäten mit längerer Aktualität in Frage kommt.

Ein typisches Beispiel ist die Herausgabe einer Image-Broschüre, mit der die Gemeinde sich vorstellt. Sie kann – mehrsprachig produziert – für Besuchergruppen, Touristen und Gäste im Rahmen von Städtepartnerschaften ein guter Werbeträger sein. Grundsätzlich gilt: die Stadtbroschüre als solche ist meist überholt – und sollte entsprechenden Publikationen der Tourismus-Gesellschaften Platz machen, die dafür entsprechende Formen und ein besseres Feeling entwickelt haben.

Zur Mehrsprachigkeit: es bedeutet eine ziemliche Vergeudung, wenn in einer Broschüre mehrere Sprachen abgebildet werden (selbst Zweisprachige werden immer nur eine Version lesen, selbst wenn sie beide perfekt verstehen) – die Hälfte ist also prinzipiell vergeudet. Daher ist es sinnvoller zwei unterschiedliche Sprachversionen zu verfassen (zur Not auch vier, fünf oder mehr).

Eine Kommunalverwaltung kann sich aber auch durch die Herausgabe von Servicebroschüren einen Namen machen. Die denkbare Bandbreite ist groß: Vom Behördenwegweiser bis zu Hilfestellungen bei Industrieansiedlungen gibt es ein breites Spektrum denkbarer Themenfelder.

36.3.2 Finanzierung – Glaubenskriege

Broschüren sind teuer. Diese Situation haben einige Spezialverlage in Deutschland erkannt. Sie bieten Broschüren ohne Kosten für die Gemeinde an. Finanziert wird das Druckwerk dann durch Anzeigen, die der Verlag einkauft. Es steht jeder Kommune natürlich frei, auf solche Angebote zurückzugreifen. Es bleibt aber oft der (schale) Eindruck, dass diese Broschüren 08/15-Texte beinhalten, die für alle Gemeinden zwischen Kiel und Lindau passen und deshalb das zentrale Anliegen der jeweiligen Kommune, sich in ihrer Besonderheit und mit ihren Alleinstellungsmerkmalen zu profilieren, außer Acht lässt und dass diese dann von der Stadt beizusteuern sind (was bedeutet, dass die Stadt den Text zu liefern hat – auch wenn ihr verlagsgestellte Schreiber „helfen"). Hinzu kommt, dass solche externen Verlage den Werbekuchen der örtlichen Verlage anknabbern, was diese nicht gern sehen und was zur Überlegung führt, ob eine solche Broschüre nicht gleich mit ihnen – zu gleichen Konditionen, die Stadt liefert den Text, die örtlichen Verlage akquirieren – erstellt werden kann.

Letztlich bleibt die These: eine Stadtverwaltung, die den Bürgern etwas mitzuteilen hat, hat es auch eigenständig (und ohne Anzeigen) zu finanzieren. Zu all diesen Zwischenpositionen gibt es in den Städten heute eifrige Verfechter.

36.3.3 Faltblätter

Faltblätter geben manche Städte zu bestimmten Themen heraus. Da geht es um den „Draht des Bürgers", der die Möglichkeiten des Bürgers aufzeigt, sich an die Stadt zu wenden (mit einer Darstellung z. B. der Bezirksausschüsse), über „Sport in Ingolstadt" mit der Liste aller Sportvereine und der dort jeweils angebotenen Sportmöglichkeiten, sowie der Trainings- und Abnahmetermine des Sportabzeichens bis zu „Heißer Tipp, oder was tun, wenn es brennt" – je nachdem, was eine Stadt für ihre Bürger mitteilenswert hält. Die Vielzahl solcher Themen von Jungbürgerinformationen bis zu Broschüren für Senioren bietet der kommunalen Pressearbeit ein weites Arbeitsfeld. Der Versuch, hier eine einheitliche Linie in Text und Gestaltung zu finden, ist schwierig und kaum konsequent durchzuhalten.

36.3.4 Praktische Tipps

„Absatzchancen richtig einschätzen"

Um bei Publikationen die Auflagenhöhen festlegen zu können, ist die Zahl möglicher Adressaten nach der vorgesehenen Zielgruppe möglichst genau zu schätzen. Allgemein zugängliche Daten aus Telefonbuch, Adressbuch oder Statistik, Angaben der als „Unterverteiler" vorgesehenen Ämter, Organisationen und Verbände, abgefragte Anforderungen interessierter Gruppen und Institutionen sind hierbei eine Hilfe. Eine Auflistung aller eigenen Präsentationsmöglichkeiten kommt hinzu. Im Übrigen sind Erfahrungen mit thematisch ähnlich gelagerten früheren Aktivitäten zu berücksichtigen.

Die geeigneten Übermittlungswege festlegen

„Beim Informationstransport über Fremdmedien sollten Auflagenhöhe der vorgesehenen Presseorgane oder bei Filmwerbung und Ausstellungspräsentationen die Besucherfrequenz mit in die Planung einbezogen werden. Bei den Eigenmedien sind vorweg die Verteilwege festzulegen. Der Bürgerbrief geht durch Postversand an alle Haushalte und das Neubürgerset wird jedem neuen Ankömmling auf der Meldestelle überreicht" (*Ewald Müller, Susanne Wetterich*, Rathaus im Klartext ..., a. a. O., S. 63).

36.3.5 Veranstaltungskalender

Eigenständige Veröffentlichungen, die eine oft recht mühsame Kleinarbeit bedeuten, sind Zusammenstellungen von Veranstaltungen, die in einem bestimmten Zeitraum stattfinden: etwa ein monatlicher Veranstaltungskalender, der die kulturellen und sportlichen Ereignisse eines Monates zusammenfasst und dem Bürger gedruckt an die Hand gegeben und den Zeitungsredaktionen zur Verfügung gestellt wird.

Heute sind solche Veranstaltungskalender untergliedert in die unterschiedlichsten Kategorien und Subkategorien (Kultur: Theater, Konzert, Jazz ...) in den Internetauftritten der Stadt enthalten und können dort als Newsletter abgerufen werden. Tatsache bleibt, dass die originäre Zusammenstellung, die dann von Verlagen aller Art übernommen wird, von den „amtlichen" Datensammlungen der Stadt stammt, was die Weiterverbreiter gern verschweigen, aber von den Städten geleistet wird.

36.3.6 Kollektive und Beilagen

Kollektive in Zeitungen, die zu bestimmten Anlässen – auch kommunaler Art – entstehen, können von Presseämtern angeregt, gestaltet oder unterstützt werden. Die Zurverfügungstellung von vorbereitetem Material rückt die Arbeit in die Nähe der Presseerklärung; hier wird aber im Unterschied dazu für eine bestimmte Einzelveröffentlichung Material aufbereitet, evtl. auf Aufforderung sogar verfasst.

Ähnliches gilt für Beilagen in regionalen oder überregionalen Zeitungen. Es kann für eine Stadt durchaus eine Genugtuung sein, wenn ihr eine große nationale Zeitung eine (z. B. vierseitige) Beilage widmet. Dazu mit redaktioneller, fotografischer und auch finanzieller Zuarbeit beizutragen, kann eine sich durchaus rechnende Aktivität des Presseamtes darstellen.

36.3.7 Plakate

Plakate eignen sich als Informationsmedium, wenn auf wichtige Ereignisse in gesonderter Form hingewiesen werden soll. An verkehrsreichen Punkten platziert, können sie eine große Breitenwirkung erzielen, vorausgesetzt, die grafische Gestaltung ist professionell. Aus diesem Grund und wegen des meist größeren Formats, werden Plakate überwiegend außerhalb der Verwaltung produziert.

36.3.8 Anzeigen

36.3.8.1 Imageanzeigen

Vor allem größere Städte und Landkreise haben bereits in der Vergangenheit die Schaltung von Anzeigen zur Imagepflege genutzt, um die Vorzüge einer Region – z. B. für Industrieansiedlungen oder Tourismus besonders herauszustellen. Da hierfür vorrangig überregionale Medien in Frage kommen, sind die Werbeaktivitäten entsprechend teuer. Im Vorfeld muss geklärt werden, welche Zielgruppen angesprochen und welche Vorzüge vermarktet werden sollen. Die Anzeige selbst darf kein „Textgrab" sein. Nicht die Quantität der inhaltlichen Aussage ist entscheidend, sondern die Qualität. Die Herausstellung weniger signifikanter Merkmale, gekoppelt mit dem Logo der Verwaltung zur Unterstützung des Wiedererkennungswertes erhöht den Werbenutzen. Alle vorgenannten Kriterien werden allerdings verpuffen, wenn die Werbekonzeption keine Mehrfachschaltung vorsieht. Erst wenn ein sog. „Werbedruck" erzeugt wird, kann Öffentlichkeitsarbeit durch Anzeigen erfolgreich sein.

36.3.8.2 Stellenanzeigen und Ausschreibungen

Auf einem Feld setzen die Verwaltungen Anzeigenwerbung seit Jahrzehnten ein, ohne dass daraus seitens vieler Auftraggeber eine professionelle Handhabung erkennbar wäre. Gemeint sind die Stellenanzeigen und Ausschreibungen, die durch ihre Optik und ihre inhaltliche Aussage Kommunalverwaltungen als Auftraggeber und Arbeitgeber darstellen. Die entsprechende Verzahnung mit dem Online-Auftritt der Kommune ist zu gewährleisten. In der Praxis empfiehlt sich heutzutage eine schlanke Printanzeige, die auf die Stellenausschreibung im Netz verweist.

36.4 Videoclip- und Multimedia-Angebote

Eine moderne, wenn auch teure Form der Imagewerbung ist die Produktion eines Clips oder von Filmen. Die Vorteile dieser lebendigen Präsentation einer Kommune gegenüber eher statischen Möglichkeiten liegen auf der Hand. Ein Video kann sehr gut auf Messen oder zu Beginn von Veranstaltungen im eigenen Haus eingesetzt werden. Außerdem eignet es sich als wirkungsstarkes Gastgeschenk.

Der Clip oder Film sollte für einen begrenzten Zeitraum sein, d. h. er sollte auf Kurzfristigkeit und Ersatz durch Nachfolgeproduktionen angelegt sein. Diese Vorgabe ist bei der Motivauswahl zu berücksichtigen, die aufgrund eines durchdachten Drehbuchs festgelegt werden muss.

Ein Film macht nur dann Sinn, wenn die professionelle Herstellung gesichert ist.

37. Reden und Grußworte

Zu den Aufgaben von Pressestellen gehört in der Regel auch die Erstellung von Grußworten und Reden.

Bei den Reden ist zu unterscheiden zwischen den großen politischen Reden einerseits und den vielen kleinen Reden zu den unterschiedlichsten Anlässen, die von einem Oberbürgermeister und den Bürgermeistern gehalten werden.

37.1 Die große Rede

Zu den großen politischen Reden zählen zum Beispiel die Rede zur Einbringung des Haushalts oder die Rede des Oberbürgermeisters beim Neujahrsempfang der Stadt. Hier geht es zunächst um die Frage der Entstehung solcher Reden. In der Regel wird das Presseamt einen ersten Entwurf schreiben, der rechtzeitig Wochen im Voraus dem Oberbürgermeister vorliegt, der seine politischen Schwerpunkte setzt. Nach diesen Vorgaben wird das Presseamt die Rede retuschieren, und das Manuskript wird einige Male zwischen Oberbürgermeister und Pressesprecher hin und her wandern.

Wichtig bei diesen Reden ist der Versuch, das „kleine Bonmot", die witzige, überraschende Formulierung einzubringen und an prominenter Stelle zu platzieren. Von ihr hofft der Redenschreiber, dass sie als Überschrift in den Medien oder als Balken über der Einführung zum Bericht über die Rede auftaucht.

Im Gegensatz zu früher ist es wichtig, dass der Oberbürgermeister sich dann auch weitgehend an das Manuskript hält.

Es ist heute durchaus üblich, die Rede bereits im Vorfeld den Medien zur Verfügung zu stellen, die dann in der Lage sind, den Bericht vorzuformulieren und durch ihre Präsenz eigentlich nur sicherstellen wollen, dass das, was sie berichtet haben, auch tatsächlich gesagt wurde.

Das ist auch Voraussetzung für die „Zweitverwertung" auf allen Ebenen. Die Verwaltung wird diese Rede auszugsweise oder in Gänze im Journalistenpool eingestellt haben. Sie wird sie über ihre Facebook- und Internetauftritte der Öffentlichkeit zugänglich machen, sie in Sonderveröffentlichungen darstellen.

37.2 Die kleine Rede

Eine andere Bedeutung haben die vielen kleinen Reden. Gemeint sind hier gesprochene, nicht geschriebene, Grußworte. Sie entstehen selten auf dem Weg der Rücksprache, sondern werden dem Oberbürgermeister als Grundlage für seinen Auftritt zugeleitet oder nach kurzer Abstimmung mit ihm entwickelt.

Die Gefahr beim Abfassen solcher Reden besteht darin, dass man den Leuten erzählt, wer sie sind, aufzählt welche Veranstaltungen sie im Wesentlichen durchführen oder ihnen erklärt, wann und warum sie gegründet worden sind. Es gilt daher immer nachzufragen, was die Leute selbst besser wissen, was man ihnen besser nicht erzählen muss. Man muss daher immer überlegen, wofür wollen die Mitglieder des Vereins, vor dem man gerade spricht, gelobt werden. Was macht sie aus Sicht der Stadt besonders wertvoll.

In solchen Reden liegt auch die Chance, abweichend vom Anlass, aktuelle Themen der Politik einzustreuen, völlig unabhängig vom jeweils zu zelebrierenden Ereignis. Es schmeichelt den Anwesenden, dass sie zum Publikum für aktuelle politische Themen werden, und es zwingt, wenn dies ständige Praxis wird, die Journalisten, dem Oberbürgermeister auch zu solchen Terminen zu folgen.

Auch hier gilt, dass es von Vorteil ist, das zitierfähige „Bonmot" einzubauen.

Auch diese Reden können in den Journalistenpool, Facebook, ins Internet usw. eingestellt werden. Eine Gefahr, die die Pressesprecher im Auge haben müssen, ist der inflationäre Auftritt der Spitzenpolitiker bei derartigen Veranstaltungen.

Aus Sicht der Öffentlichkeitsarbeit lohnt es meist, einen Fotografen bei solchen Veranstaltungen mitzuschicken und auf diese Art und Weise mit einer Fotografie und einem Kernsatz des Oberbürgermeisters das Ereignis auch einzubringen in Facebook-Auftritte, Twitter-Meldungen und im Nachgang in alle von der Stadt verantworteten Printmedien.

37.3 Schriftliche Grußworte

Eine dritte Variante stellt das geschriebene Grußwort dar. Hier gelten im Prinzip die gleichen Regeln. Auch hier gibt es die Gefahr der inflationären Verwendung. Der Oberbürgermeister muss auswählen, sich rarmachen, um begehrt zu sein.

Insgesamt gehört der Bereich mit zum Thema der Politikformulierung, des „Wordings". Insoweit stellt das Reden- und Grußwortschreiben eine Möglichkeit dar, über die Notwendigkeit hinaus, die jeder Oberbürgermeister wahrnehmen muss (nämlich präsent zu sein und sich bei vielen Vereinen und Verbänden sehen zu lassen, was eine Pflichtübung darstellt), eine Kür daraus zu machen, die als Plattform für die Formulierung der Politik genutzt werden kann.

38. Bürgerberatung und Bürgeramt

38.1 Zielrichtung

Nicht mehr direkt der Funktion als Sprachrohr der Verwaltung nach außen, aber immer noch dem Interesse der Darstellung der Stadt dient die individuelle Bürgerberatung. Nicht an spezielle Zielgruppen, sondern an einzelne Bürger richten sich Instrumente wie Bürgerämter, Bürgerberatung oder Bürgerinformationsstellen. Es mag dahingestellt sein, ob es sich dabei tatsächlich um Öffentlichkeitsarbeit handelt und ob sie nicht auch von anderen Ämtern wahrgenommen werden kann. Dennoch bietet sich zumindest eine Verzahnung mit der Pressearbeit an, weil der direkte Kontakt mit hilfesuchenden oder beschwerdeführenden Bürgern Schwachpunkte oder Brennpunkte aufzeigt, die vielleicht durch eine intensive Informationspolitik oder auch durch Rückkoppelung der Anliegen in die Verwaltung hinein behoben oder für die Zukunft abgewehrt werden können.

Tatsache jedoch ist, dass in manchen Städten der Bundesrepublik Deutschland diese Aufgabe der Bürgerberatung von den Pressestellen wahrgenommen wird. Zweifellos ist dabei der eine Aspekt – der Dialog von Verwaltung und Bürger mit dem Bemühen, gegenseitiges Verständnis, gegenseitigen Informationsfluss zu schaffen – durchaus der Öffentlichkeitsarbeit zuzurechnen, wogegen der zweite Aspekt – die individuelle Lebenshilfe für den Bürger, der mit einem besonderen Anliegen zur Stadt kommt – mehr der Bürgerhilfe zuzuschlagen ist, wenngleich man auch hier sagen kann, dass das Bemühen um den Bürger, seine Erkenntnis, dass man sich seiner Sorgen annimmt, wohl die beste Werbung für die Stadt ist. Kurz: Die Bürgerberatung ist nicht unbedingt eine Aufgabe der Pressestelle, sie kann es aber sehr wohl sein.

Bei allen denkbaren Einrichtungen einer Bürgerberatung geht es darum, das Vertrauen der Bürger zu gewinnen, ihnen deutlich zu machen, dass die Verwaltung sich als Organisation versteht, die zwar Macht ausübt, aber diese Macht durch Dienst an der Allgemeinheit und jedem Einzelnen legitimiert ist.

38.2 Organisatorische Anknüpfung

Dazu zählt die Offenheit für (fast) alle Bürgeranliegen. Dazu gehört auch die Fähigkeit, solche aufzugreifen und ihnen Rechnung zu tragen.

Bürgerberatung ist eine Querschnittsaufgabe, die der Verwaltungsführung zugeordnet ist und die über ausreichend Rückhalt verfügt, um in die Verwaltung hinein auch im Interesse des Bürgers etwas bewirken zu können. Nur so kann sie Blockaden überwinden und (bei aller Klarheit des Standpunkts als Mitglied des Hauses) auch als Moderator zwischen Verwaltung und Bürger wirken.

Viel diskutiert wurde über die Frage, ob sich solche Anlaufstellen für die Bürger auf das Zuständigkeitsprinzip berufen können (sollen) und ist zu dem Schluss gekommen, dass sie sich in aller Regel nicht allein auf die kommunale Verwaltung betreffende Fragen beschränken können. Natürlich kann niemand erwarten, dass sie Auskünfte über die Stationierung kurdischer Truppen im Irak erteilen oder über die Terminplanung des Ministerpräsidenten Auskunft geben kann. Dennoch glauben die Bürger offenbar, dass eine Stadt für so ziemlich alle Lebensumstände der Bürger zuständig ist und auf alles eine Antwort weiß oder beschaffen (können) muss. Ein altes (und für die Gemeinden eigentlich schmeichelhaftes) Sprichwort lautet: *„Geht Dir der Rat aus, geh aufs Rathaus."* Bürgern ist die Trennung von (örtlicher) staatlicher und kommunaler Verwaltung oft nicht bewusst und ein Finanzamt, ein Wasserwirtschaftsamt gehören für sie ebenso zur Verwaltung wie eine Stadtkasse und eine (untere) Naturschutzbehörde. Deshalb muss eine Bürgerberatung, wenn sie nicht selbst Auskunft geben, Rat erteilen, Hilfe leisten kann, kompetent weitervermitteln.

38.3 Pausenlose Anlaufstelle

Eine erste Stufe in dem Bemühen um den Bürger ist es, eine permanent erreichbare Anlaufstelle zu schaffen, von der möglichst viele Bürger wissen, dass sie hier ihre Kritik, aber auch ihre Anregungen anbringen können. In einfachster Form kann diese Aufgabe schon ein Bürgertelefon erfüllen, das tagsüber besetzt und nachts auf einen automatischen Anrufbeantworter mit Aufzeichnungsmöglichkeit umgestellt ist. So ist schon einmal gewährleistet, dass der Bürger zu jeder Tages-(und Nacht-)zeit seine Verwaltung ansprechen kann. Dieser für viele junge Leute urtümlichen Form der Nachrichtenaufnahme kommen heute die entsprechenden Mitteilungsformen an die Kommunen im Internet über Twitter und Facebook hinzu.

Hier kommt es zunächst nicht auf die sofortige Beantwortung an. Es muss nur gewährleistet sein, dass der Bürger in überschaubarer Frist eine schriftliche Antwort erhält. Diese muss die Pressestelle (oder ein anderes zuständiges Amt) vom Fachreferat beschaffen. Es stellt sich die Frage, ob es nicht sinnvoll wäre, die Anrufer gleich an das zuständige Fachreferat zu verweisen. Dagegen sprechen drei Gründe:

- Häufig ist nicht sofort ersichtlich, welche Dienststelle zuständig ist. Der anrufende Bürger würde demnach von Dienststelle zu Dienststelle verbunden. Dieser „Buchbinder-Wanninger"-Effekt wäre sicherlich nicht dazu angetan, das Vertrauen des Bürgers in die Verwaltung zu stärken.
- Die Praxis zeigt, dass zu bestimmten Zeiten stoßweise die gleichen Anregungen und Fragen kommen. Hier übt die Bürgerberatung

eine Filterfunktion aus. Mit einem Kontakt zum Fachreferat können mehrere Bürgeranfragen geklärt und somit für die weiteren identischen Fälle die eigenen Dienststellen entlastet werden.

- Zudem erhält die Bürgerberatung einen guten Überblick, wo gerade der Schuh drückt, und kann im Sinne einer vorbeugenden Öffentlichkeitsarbeit tätig werden, die eigenen Verwaltungskollegen auf möglicherweise auf sie zukommende Fragen aufmerksam zu machen – ganz im Sinne von „Auge und Ohr der Verwaltung".

Tipps für ein Bürgertelefon enthält das Buch von *Ewald Müller* und *Susanne Wetterich „Rathaus im Klartext"* (a. a. O., S. 97).

Leicht zu merkende Nummer: Das Bürgertelefon muss eine leicht merkbare Telefonnummer haben, möglichst kurz und in einer gleichförmigen Zahlenkombination. Es sollte auf jeden Fall nicht über die Rathausvermittlung laufen.

Besonderes Signet: Das Angebot eines Bürgertelefons, zum Beispiel auf Plakaten oder im Internet, sollte mit einem spezifischen Signet, also einem grafischen Erkennungszeichen, verbunden sein.

Rund um die Uhr auf Empfang: Das Bürgertelefon ist rund um die Uhr auf Empfang, während der normalen Dienstzeiten mit dem „persönlichen Partner", sonst und vor allem an den Wochenenden mit Anrufbeantworter. Ein Ansagetext informiert den Anrufer darüber, dass er seine Fragen und seine Kritik auf Band sprechen kann, wie viel Zeit ihm dafür zur Verfügung steht und dass er eine telefonische oder schriftliche Antwort in angemessener Frist erhält.

Termingarantie für die Antwort: Jedem Anrufer wird eine terminlich festgelegte Antwortgarantie gegeben. Sie sollte bei etwa vierzehn Tagen liegen. Ist diese Antwortgarantie wegen länger dauernder Recherchen in der Verwaltung terminlich nicht einzuhalten, so sollte schriftlich oder per Telefon eine entsprechende Zwischenantwort gegeben werden. Der Erfolg des Bürgertelefons hängt entscheidend davon ab, dass der Bürger sein Anliegen gut aufgehoben sieht und termingerecht Nachricht erhält.

38.4 Das Bürgerberatungsbüro

Hier kommt die direkte Beratung des ratsuchenden Bürgers, der mit einem Anliegen zum Rathaus kommt, hinzu. Grundsatz der hier wirkenden Mitarbeiter ist: Wir sind zuständig. Eine in Frankfurt durchgeführte Umfrage zeigt, dass die dortige Bürgerberatungsstelle gleich hinter den „Tagen oder offenen Tür" in der Gunst der Bürger recht weit oben rangiert. Eine solche direkte Beratungseinrichtung ist primär im Sinne eines Strebens nach Bürgernähe zu sehen. Es kann aber nicht übersehen werden, dass die individuelle Beratung auch ein hervorragendes – und durchaus legitimes – Mittel der Werbung für eine Stadt sein kann.

Die Bürgerberatung ist Auskunftsstelle für Ereignisse und bestimmte einfache Dienste. Sie ist Kontaktstelle in die Verwaltung hinein, durch oder über die Verwaltung hinaus zu zuständigen Stellen im staatlichen Bereich. Sie ist Verteilungsorgan zur Streuung von eigenem oder fremdem Informationsmaterial, enthält aber auch im Stil einer Infothek Materialien vom Adressbuch bis zum Musterexemplar der Haushaltssatzung, von den Tageszeitungen bis zu Videofilmen zu städtischen Themen. Sie übernimmt über die Informationsfunktion hinaus die individuelle Beratung in schwierigen Fällen durch den Leiter der Stelle, unterstützt Ratsuchende im Sinne eines Schreiberladens beim Ausfüllen komplizierter Formulare.

Die Bürgerberatung darf eines nicht: aussehen wie ein Büro. Optimal wäre es, sie stünde an exponierter, zentraler Stelle in einem modernen Pavillon zwischen Glasbau und gemütlichem Straßencafé. Es muss dem Bürger quasi im Vorbeigehen möglich sein, sich die gewünschte Information zu besorgen, ohne den Eindruck zu haben, er ginge „aufs Amt".

38.5 Das Bürgeramt

In manchen Kommunen wurden im Eingangsbereich der Rathäuser eigene Bürgerämter eingerichtet, die quasi Empfangsbüros für Bürger darstellen, sie begrüßen und durch das Haus lotsen. Zugleich können dort Anträge gestellt, Formulare und Pässe abgegeben, Fundsachen eingeliefert oder nach Verfahren gefragt werden. Sie bilden den Mittelweg zwischen Schnell- und Expressservice und Beratungs- und Hilfsstelle.

38.6 Spezialangebote der Bürgerberatung

Bereiche der modernen Kommunalverwaltung – man braucht hier nur an die Stadtsanierung zu denken – verlangen eine intensive Fachberatung. Der sanierungswillige Bürger will konkrete und verbindliche Auskunft über Finanzierungsmöglichkeiten, Städtebauförderungsmittel und Bautechniken. Ähnliches gilt für Personengruppen mit speziellem Beratungsbedarf. Damit ist die Bürgerberatung überfordert. Die Einrichtung von Beratungsstellen für diese Sonderleistungen ist wohl nur beim Fachreferat möglich, das auch dann im Vollzug der Maßnahme mit dem Betroffenen zusammenarbeitet. Eine Zusammenarbeit in dieser Fachberatung mit der Bürgerinformation/Pressestelle ist insoweit geboten, als ein über den Einzelfall hinausgehendes, breiteres Publikum angesprochen werden soll, z. B. im Rahmen einer Werbung für Sanierung allgemein oder bei der Präsentation besonders gelungener Beispiele in Prospekten oder für die Presse. Die auf den Einzelfall bezogene Beratung – die ja schon mehr eine vorbereitende Betreuung einer Baumaßnahme ist – kann sinnvoll nur vom Fachreferat geleistet werden.

38.7 Ideen- und Beschwerdemanagement

In vielen Kommunen hat sich das frühere klassische Bürgertelefon zu einem Beschwerdemanagement mit allen technischen Bezugsmöglichkeiten vom Anruf, über E-Mail zu Facebook-Einträgen entwickelt.

Es hat sich aber auch als hilfreich erwiesen, diese Zugangsmöglichkeiten nicht allein für Proteste oder Kritik zu öffnen, sondern auch bewusst die positive Seite anzuschlagen und die Bürger um Vorschläge und Ideen zu bitten, was überraschend positiv aufgenommen wird. Dazwischen liegt die Möglichkeit, die viele Bürger gern annehmen: sie wollen die Stadt nicht kritisieren, sondern eigentlich mithelfen, indem sie eine „Beobachtung" mitteilen (die Ampel an der Münchener Straße hat kein grünes Licht; das Verkehrsschild an der Berliner Straße wurde „umgenietet").

Solch offene Kontakte sind für das Verhältnis von Bürger und Verwaltung wichtig. Die Kommune muss immer Anlaufstelle für Kritik und Anregungen von Bürgern sein. (Faktisch laufen heute Bürger oft zu allererst zu den Medien, worüber sich, zugegebenermaßen, jeder Öffentlichkeitsarbeiter ärgert. Tatsache ist auch, dass Medien dies mit verschiedenen Mitteln fördern, bis hin zu eigenen Klage-Telefonen, mit Slogans wie „Anwalt des Bürgers", „Bürgerreporter" und Mätzchen wie „Bürgerfotograf".) Tatsache ist auch: wenn die Kritik berechtigt ist, dann sind es die Kommunen, die dem Rechnung tragen können und werden (und sie werden das auch tun, ohne von Medien getrieben zu werden). Deshalb müssen alle Gemeinden Artikulationsmöglichkeiten für Kritik anbieten und darauf in jedem Fall (ablehnend oder zustimmend) reagieren und auch handeln.

„Mecker-Angebote" sind ein Ventil, und oft ist ein Bürger mit seiner Stadt schon dann wieder versöhnt, wenn er seinem Ärger der kompetenten Stelle gegenüber hat Luft machen können. Darüber hinaus erfüllt es für die Verwaltung die Funktion eines Frühwarnsystems – sie erfährt schnell und einfach Mängel in ihrer Aufgabenwahrnehmung (und weiß in der Regel recht rasch sie von Äußerungen stadtbekannter Querulanten zu unterscheiden). Konstruktive Kritik zeigt übrigens, dass den Bürgern die Stadt nicht gleichgültig ist, dass sie Anteil nehmen und sich engagieren.

Beschwerdemanagement ist dafür eine geeignete und formalisierte Methode. Es muss entsprechend in die Stadt hinein bekannt gemacht werden. Anlaufmethoden und tätige Personen müssen publiziert werden, einschließlich der E-Mail-Adressen, einer entsprechenden Maske im Internetauftritt. Klar definiert müssen auch die Spielregeln sein, wie die Antwort aussieht, gleich, ob der Beschwerde Folge geleistet wurde oder nicht (dann aber mit Begründung).

38.8 Mängelmelder-App

Als flankierende Hilfe des Beschwerdemanagements erweisen sich „Apps", mit deren Hilfe sofort (evtl. unter Zuhilfenahme von Handy-Fotos) der Verwaltung Mängel angezeigt werden können. (Straßenlöcher, Verkehrsstaus, verwilderte Grundstücke, Glasscherben auf Spielplätzen ..., aber auch textliche Beschwerden zu Sachverhalten.)

Geklärt muss dann in der Verwaltung sein, wie (intern) die eingehenden Mitteilungen an die Fachämter verteilt werden und wie eine zentrale Stelle (das Beschwerdemanagement) den Überblick behält und sicherstellt, dass (ausnahmslos) jede Beschwerde auch zeitnah beantwortet wird.

39. Bürgerbeteiligungsmanagement

In Zeiten immer individualisierterer Interessensartikulationen der Bürger, dem immer heftiger artikulierten Wunsch gehört, beteiligt, weit im Vorfeld in Planungen mit einbezogen zu werden, werden Fragen und Methoden der Bürgerbeteiligung immer wichtiger.

Zu beachten ist dabei:

- Der Wunsch von Bürgern ernstgenommen zu werden, indem sie frühzeitig informiert werden (obwohl festzustellen ist, dass angebotene Informationen oft nicht wahrgenommen werden).
- Dass partikulare Interessen der eigenen Lebenswelt und in Abgrenzung zu anderen Personen und Gruppen deutlich egoistischer artikuliert werden als früher.
- Dass kommunale Politik und Verwaltung immer öfter unter Beschuss von zwei Seiten (Befürworter und Gegner eines Vorhabens, einer Problemlage) geraten und oft massiv beschimpft werden, wenn sie pflichtgemäß einen sachgerechten, der Rechtslage entsprechenden Interessenausgleich schaffen.

Insoweit wird die Ausgleichs- und Moderationsfunktion der Verwaltung in Politikprozessen künftig zunehmen, und dafür müssen entsprechende Instrumente fortentwickelt werden.

39.1 Traditionelle Instrumente

Es ist ja nicht so, dass bislang keine Bürgerbeteiligung stattgefunden hätte.

Es gibt Instrumente, die gesetzlich vorgesehen sind, je nach Bundesland und dort gültiger Gemeindeordnung anders ausgestaltet.

Dort sind zum Beispiel Bürgerversammlungen vorgesehen, die in bestimmten zeitlichen Fristen abzuhalten sind und bei denen Bürgeranträge gestellt werden können, die in der Regel binnen einer bestimmten Frist im Gemeinderat oder Stadtrat zu behandeln sind. Bei diesen gesetzlichen Instrumenten bleibt generell der Vorrang des Stadtrats im Sinne der repräsentativen Demokratie gewahrt. Die Anträge sind zwar im Stadtrat zu behandeln und durch einen Beschluss abzuschließen, eine Vorgabe, ihnen zu folgen existiert allerdings nicht. Im Sinne der Öffentlichkeitsarbeit ist zu fragen, ob gerade in einer größeren Stadt nicht Bürgerversammlungen für unterschiedliche Stadtteile durchgeführt werden und ob man nicht auch dadurch Schwerpunkte setzt, dass in besonderen Lagen, wie zum Beispiel der Innenstadt, oder zu bestimmten Themen, wie der Sanierung, häufigere Bürgerversammlungen angesetzt werden.

Ein anderes Instrument stellt beispielsweise die Einrichtung von Bezirksausschüssen dar. In der Bayerischen Gemeindeordnung sind sie allein für Millionenstädte gesetzlich vorgeschrieben, es besteht aber die Möglichkeit, dass Städte mit geringerer Einwohnerzahl solche ebenfalls einrichten. In Bayern bestehen allerdings nur in der Stadt Ingolstadt Bezirksausschüsse auf freiwilliger Basis. Sie werden nach den Ergebnissen der letzten Kommunalwahl in diesem Bezirk gebildet und ihre Mitglieder durch den Stadtrat berufen. In einer Satzung ist festgelegt, in welchen Bereichen und Fragen die Bezirksausschüsse gehört werden müssen. In der Regel beraten die Bezirksausschüsse dann, ehe das Thema in die Stadtratsausschüsse und in das Plenum eingebracht wird. Die Bezirksausschüsse tagen öffentlich und zu ihren Sitzungen sind alle Bürger des jeweiligen Stadtbezirkes eingeladen. Auf diese Art und Weise wird der örtliche Sachverstand und werden die Anregungen und Wünsche vor Ort in den Stadtteilen an den Stadtrat herangetragen, ihm bekannt gemacht und zur Würdigung vor der Beschlussfassung nahe gebracht.

Ein neueres Instrument stellt der Bürgerhaushalt dar. Hier wird ein bestimmter Betrag für Projekte, die von Bürgern gewünscht und beschlossen werden, zur Verfügung gestellt, mit dem sie entsprechend einer im Voraus festgelegten Satzung die Möglichkeit haben, konkrete kleinere Projekte durchzuführen. Um wieder beim Ingolstädter Beispiel zu bleiben: Hier wird den jeweiligen Bezirksausschüssen ein Betrag zur Verfügung gestellt, der sich an der Anzahl der Einwohner in dieser Stadtregion bemisst, und mit dem die Mitglieder des Bezirksausschusses besondere ortsteilbezogene Vorhaben finanzieren können, die in den Bezirksausschusssitzungen mit der Öffentlichkeit besprochen und beschlossen werden.

Formal festgelegte Beteiligungsverfahren kennt selbstverständlich auch das Bauplanungsrecht mit dem umfangreichen Apparat der Bürgerinformation und der Bürgerbeteiligung sowie den Möglichkeiten der Bürger konkrete Einwände und Vorschläge zu machen.

39.2 Neue Beteiligungsstrategien

Über diese existierenden Mitwirkungsmöglichkeiten hinaus, ist es Anliegen der Kommunen, heute neue Formen der mehr oder minder informellen Bürgerbeteiligung zu schaffen.

Zu denken ist hier etwa an Planungsspaziergänge durch Oberbürgermeister oder Stadtbauräte, bei denen entsprechend Bürgerwünsche gesammelt werden, die dann systematisiert in einen eigenen Internetabschnitt eingestellt und weiterverfolgt werden. Andere Möglichkeiten sind Internetplanungsforen, über die Bürgerinnen und Bürger nicht nur zu einzelnen Objekten und Planungen frühzeitig Informationen abrufen können, sondern über die sie auch den jeweiligen Planungsstand erkennen und den Planungsprozess nachvollziehen können.

Andere Möglichkeiten sind Chatrooms, die ein Oberbürgermeister sich einrichtet, oder in denen in wechselndem Turnus die einzelnen Dezernenten und Referenten zu systematisierten und moderierten Chats für die Bürger zur Verfügung stehen. Wobei jeweils zu überlegen ist, ob bei Oberbürgermeister und Bürgermeister das Gesamtfeld der Kommunalpolitik und der Stadtentwicklung beackert werden soll und bei den Referenten das jeweilige Aufmerksamkeitsgebiet ihres Fachbereiches. In jedem Fall ist aber sicherzustellen, dass der Chat als solcher dokumentiert und im Nachhinein im Internet nachvollziehbar wird, welche Folgen er bewirkt hat.

In jüngerer Zeit wurde eine ganze Reihe von Instrumenten zum Thema Bürgerbeteiligung und Einbezug der Bürger unter den unterschiedlichsten Ansätzen getestet und versucht. Das lässt sich hier mit Stichworten wie Appreciative Inquiry, aktivierende Befragung, Bürgerausstellung, Bürgerpanel, Demokratiewerkstatt, eDemocracy, Kompetenzwerkstatt, Konsensuskonferenz, Mediation, Moderationsmethode, Community-Pläne, Planungszelle, Bürgerforen, Familientisch, Stadtteilforen, Szenariotechnik, Zukunftskonferenz, Zukunftswerkstatt andeuten. Es kann nicht Aufgabe der vorliegenden Darstellung sein, eine systematische Übersicht und eine inhaltliche Beschreibung zu liefern. Es soll aber darauf hingewiesen werden, dass derartige Instrumentarien, in dem Bemühen eine möglichst große Integration der Bürger in die Planungsarbeit und in die Entwicklung der Stadt zu erreichen, an vielen Orten erprobt werden.

Hinzuweisen ist allerdings in diesem Zusammenhang auf eine (allgemeinpolitische) Tendenz, das Spannungsfeld zwischen breiterer Bürgerbeteiligung, die eine möglichst umfassende Transparenz voraussetzt, und der sich tendenziell verstärkenden Forderung nach Schutz der Privatsphäre und individuellem Schutz personenbezogener Daten. Dies spielt insbesondere im kommunalen Bereich eine Rolle.

„Transparenz gegen Datenschutz“ ist im nationalen Rahmen wegen der höheren Abstraktion einfacher abzuwägen als vor Ort, wenn es in kleinräumigen Strukturen um eine Bürgerbeteiligung etwa in Verfahren geht, bei denen Bauvorhaben nur sinnvoll abgewogen werden können, wenn individuelle Vermögensverhältnisse oder Entwicklungsprojekte mit persönlichen Firmenbeteiligungen (nur als potenzielle Fragestellungen zu verstehen) „offenzulegen" wären.

Erstaunlich ist, dass oft von ein und derselben Gruppierung beides zugleich verlangt wird: die optimale Transparenz unter Offenlegungen aller entscheidungsrelevanten Faktoren, zugleich aber selbstverständlich die Respektierung des informationellen Selbstbestimmungsrechtes jeder Person, zur Not aber die Offenbarung der Interessenslage jedes der abstimmenden Stadtratsmitglieder, da ja deren Motivlage für die „öffentliche Beurteilung" als wichtig gilt, deren Privatsphäre aber selbstredend auf keinen Fall beeinträchtigt sein darf.

Die Auseinandersetzung mit zwei gesellschaftlichen Generaltendenzen: offene Bürgergesellschaft und Transparenz einerseits und Rechtsstaatlichkeit und Herrschaft über die eigenen Daten als Grundrecht andererseits, ist eine allgemein politische Langzeitfrage, im kommunalen Bereich nur besonders verdichtet.

Die kommunale Öffentlichkeitsarbeit hat hier keine Aktionsräume. Sie muss das Spannungsfeld aber zur Kenntnis nehmen (wie die Debatten in Internet und Facebook über die Beteiligung an Foren und Blogs und damit auch über die Form der Bürgerbeteiligung, s. o. 39.1) und es in Rechnung stellen. Reaktionen darauf und Stellungnahmen im jeweiligen Einzelfall unterliegen nicht (mehr) der Kompetenz und gehören zur Aufgabe der Presseämter, sondern des Stadtrats, der Stadtratsfraktionen, der politischen Parteien und Gruppierungen am Ort.

40. Internet

Es gibt kaum noch Verwaltungen, die kein eigenes Internet-Angebot entwickelt haben. Die Entwicklung und Unterhaltung einer eigenen Homepage ist heute unproblematisch. Die Anforderungen, die an die Internet-Angebote der Verwaltungen gestellt werden, wachsen jedoch ständig. Genügte es bis vor einigen Jahren, die Kommune im „Netz" zu präsentieren, stehen heute viele Verwaltungen vor der Herausforderung der interaktiven Kommunikation mit dem Bürger. Der Gang zur Behörde wird in manchen Fällen abgelöst durch technische Möglichkeiten, von zu Hause aus die Behördengänge per Mausklick zu erledigen. Als eine der ersten Themenbereiche haben die Prozesse rund um „Lebenslagen" Einzug in die digitale Erledigung gefunden. Bauanträge können in Verwaltungen online abgegeben werden, Mülltonnen werden online an- und abgemeldet und der Umzug geht fast ohne Verwaltungsbesuch. Die An- und Abmeldung von Autos via Internet wird erprobt. Formularcenter zum Abruf und/oder zur direkten Übermittlung an die Behörde werden immer umfangreicher. Der nächste Schritt in der Entwicklung der Internetangebote von Verwaltungen liegt jedoch nicht mehr in der Erfindung neuer Präsentationsmöglichkeiten oder vereinzelter interaktiver Kommunikation. Der künftige Fortschritt auf diesem Gebiet hängt maßgeblich von der Wandlungs- und Zukunftsfähigkeit der Verwaltung selbst ab. Manche Arbeitsprozesse wird es nicht mehr geben, wenn die Möglichkeiten der interkommunalen Vernetzung und Zusammenarbeit genutzt werden. Nutzung im Bereich der Öffentlichkeitsarbeit einer Kommune bietet das World Wide Web, insbesondere Recherchemöglichkeiten und als Grundlage für seine tägliche Arbeit. Und dies ist keinesfalls eine Einbahnstraße, die von PR-Verantwortlichen auf die Homepage gestellten Informationen kommen den Bürgern und den Journalisten auf vielfältige Art und Weise zugute. Das Einstellen von Pressemitteilungen hilft dem Journalisten bei seinen Recherchen und (ver-)leitet ihn bei seiner Suche auf unterschiedliche Themen der Verwaltung und des kommunalen Geschehens (s. o. Journalistenpool).

40.1 Technische Voraussetzungen

Organisation geht vor Technik – aber Technik schafft die Plattform, auf der Inhalte aufsetzen und mit der die gewünschten Anwendungen realisiert werden. Deshalb müssen die Öffentlichkeitsarbeiter mit den Datenverarbeitern im Haus, den Datenschützern, den Telekommunikationsverantwortlichen zusammen die technischen Parameter für den Internetauftritt definieren, fortentwickeln (und gemeinsam eventuelle externe Dienstleister beauftragen). (Die „Firewall" ist heute Standard und gehört zu den Fragen der Datensicherheit, die tunlichst von den Fachleuten gelöst werden und aus denen sich Presseämter heraushalten sollten.)

Ein moderner Internetauftritt muss flexibel, veränderbar und interaktiv gehalten sein. Er muss die Mitwirkung der unterschiedlichen Fachbereiche und Ämter vorsehen und dennoch die zentrale Steuerung durch ein letztlich für den Gesamtauftritt der Stadt – inhaltlich, gestalterisch, juristisch – verantwortliches Amt (das Presseamt) sicherstellen.

Statische Seiten wird jeder Internetauftritt kennen (etwa im Bereich der Präsentation der Stadtgeschichte, touristischer Highlights etc.). Ihr Anteil am Gesamtauftritt geht aber zurück. Ein komplexer Web-Auftritt zeichnet sich dadurch aus, dass in ihm unterschiedliche Standard-Software-Produkte verwendet werden. Empfehlenswert ist, sowohl eine Datenbank als auch ein Redaktionssystem einzusetzen. Die Software muss generell erweiterbar und vernetzbar, der Einsatz relationaler Datenformen und von Templates sollte möglich sein.

Um aktuelle redaktionelle Anpassungen und inhaltlich weitgehende Gestaltungsmöglichkeiten zu ermöglichen, ist der Einsatz eines eingeführten Content-Management-Systems wünschenswert. Es ermöglicht einerseits regelmäßige Updates, die der technischen Entwicklung im Online-Bereich folgen, zum anderen eine rasche Aktualisierung der

Inhalte durch Beauftragte aus den unterschiedlichen Bereichen der Verwaltung (und ggf. der Tochterunternehmen).

40.2 Newsletter

Das Internetangebot der Stadt Ingolstadt wird dazu genutzt, auf der Homepage täglich, und zwar an 365 Tagen im Jahr, drei aktuelle Neuigkeiten unter der Rubrik „tt" (Tagesthemen) einzustellen. Aus diesen Tagesthemen wird ein Newsletter kreiert, der in verschiedenen Kategorien (Alles, nur Kultur, nur Politik ...) abonniert werden kann und täglich zur gleichen Uhrzeit (12 Uhr an sieben Tagen der Woche) versandt wird.

Newsletter sind regelmäßig erscheinende elektronische Informationsdienste, die per E-Mail zur automatischen Auslieferung bestellt werden können. Ein solches Angebot ist vielseitig themen- oder ereignisbezogen einsetzbar.

Für die städtische Pressearbeit entwickeln sich so zugleich themenspezifische Zielgruppen, die ihr Interesse für alle Stadtnachrichten oder eben spezielle Informationsbedürfnisse aktiv bekundet haben, die mithin aufgeschlossen sind und die relativ einfach bedient werden können. Weiterführende Informationen können unschwer verlinkt werden.

40.3 Podcasts

Manche Städte nutzen das Internet auch, um Podcasts einzubauen, also Film-Botschaften, die über das Netz verbreitet werden. Ingolstadt produziert wöchentlich eine solche Video-Sequenz von drei bis vier Minuten, bei der der Oberbürgermeister ein bestimmtes Thema aufgreift und sich filmisch an die Bürger wendet. Das bedarf der Planung und der Produktion durch das Presseamt, aber auch der Aufbereitung des Textes und des Auftrittes für den Oberbürgermeister, der zudem in der Lage sein muss, eine solche Botschaft (wöchentlich, fröhlich und telegen) in die Kamera zu sprechen. Ist sie eingeführt, lassen sich zahlreiche Verzahnungen mit anderen Darstellungsformen (z. B. „Abdruck des OB-Podcasts" in Wochenblättern, die Gestattung der Einstellung des Originals in Online-Mediendiensten etc.) denken.

40.4 Rechtsfragen zum Internet

40.4.1 Impressumspflicht

Für jeden Internetauftritt ist juristisch zwingend ein Impressum erforderlich, das angibt, welche Institution Herausgeber ist, und das eine natürliche Person mit Namen und Vornamen als Verantwortlichen bezeichnet und Angaben zur unmittelbaren Kommunikation (Telefon, Telefax, E-Mail) enthält. Ein Hinweis auf dieses „Impressum" muss bereits auf der Startseite enthalten sein (sind Angebote externer Partner in den städtischen Internetauftritt integriert, sollen sie dort jeweils gesondert aufgeführt werden).

40.4.2 Titelschutz

Die Stadt muss sich Gedanken darüber machen, welche Domains sie sich sichern möchte. Dabei geht es nicht allein um die (häufig längst entschiedene) Stadt – Name – Domain und mit welchen Endungen außer „.de" sie verbunden werden soll. Es geht auch um Domainnamen, die mit Ereignissen oder Alleineinstellungsmerkmalen der Stadt in Verbindung stehen (etwa für „Bayreuth: „Wagnerstadt", „Wagner – Festspiele – Bayreuth" oder „Dürer – Stadt – Nürnberg", „Reinheitsgebot. 1516") und mit welchen Endungen das zu verbinden ist. Zu prüfen ist dabei auch, welche Stadtteilnamen in Frage kommen.

40.4.3 Die Linkfrage

Das LG Hamburg hat mit Urt. vom 12.5.1998 entschieden, dass derjenige, der auf externe Internetseiten verlinkt, die dortigen Inhalte mit zu verantworten hat. Zu verhindern sei dies, wenn man sich ausdrücklich von diesen Inhalten distanziere. Andere Gerichte haben dies in der Folge anders gesehen – auch eine Distanzierung entbinde nicht grundsätzlich von einer Haftung. Es empfiehlt sich mithin eine sorgfältige und dokumentierte Prüfung der Inhalte jener Auftritte, auf die verlinkt wird, und eine distanzierende Formulierung im Impressum des eigenen Auftritts.

40.4.4 Internetauftritt der Städte

Ende der 2010er Jahre wurde von Zeitungsverlagen gegen die Internetauftritte der Städte München und Dortmund mit dem Ziel geklagt, deren Aktivitäten einzuschränken und sie nach dem Grundsatz der Staatsferne der Medien weitestgehend auf einen engen kommunaltypischen Bereich zu reduzieren. Vorangegangen war eine Klage gegen das (Printmedium) Amtsblatt von Crailsheim, wozu ein Urt. des BGH von 2018 und des OLG Stuttgart (2019) vorliegen. Die dort entwickelten Beurteilungsmaßstäbe wurden für die Internetaktivitäten der Städte von den jeweils zuständigen Landgerichten, München bzw. Dortmund, zugrunde gelegt, die Verfahren aber noch nicht rechtskräftig entschieden (siehe dazu unten den Erl. 47.3: „Verleger gegen städtische Amtsblätter/Stadtillustrierte und Internetauftritte – ein neues Konfliktfeld".

41. Social Media

41.1 Plattformen

Während in der heute schnelllebigen, technisch-medialen Zeit das Internet fast schon wieder einen alten Hut darstellt, sind die Social Media aktuell die neuen Aufregerthemen, die ihrerseits auf dem Weg zur Normalität in der städtischen Pressearbeit (als „neues Instrument") sind, wobei den Medienverantwortlichen bewusst sein muss, dass der Hype, den sie genießen, nur vorübergehend wirken wird, sie aber auf Dauer die Klaviatur erweitern und ergänzen, auf der Medienarbeit zu spielen hat.

Soziale Medien sind Plattformen, die Internetnutzer verwenden, um zu kommunizieren. Die weltweit bekannteste „interaktions-getriebene" Plattform ist Facebook. Das zentrale Merkmal der „Social Communities" – die Interaktivität – ist für eine moderne und schnelle Kommunikation mit der Bürgerschaft einer Stadt ein unerlässliches Hilfsmittel. Nicht nur, dass die Stadtverwaltung ihre Botschaft kostengünstig, schnell und vor allem zielgenau an den Mann bringen kann, sondern man erhält auch eine unmittelbare Rückmeldung. So entsteht im günstigsten Fall ein Dialog.

Um mit der Bürgerschaft überhaupt in einen Dialog zu treten bzw. um unsere Botschaften zielführend platzieren zu können, müssen wir sie dort abholen, wo sie sind. Über soziale Netzwerke können wir die „Nicht-Zeitungsleser" abholen und mitnehmen. Über die „Sozialen Medien" kommunizieren die Menschen direkt und ohne Filter mit „ihrer Stadtverwaltung".

Die Social Media Aktivitäten in der städtischen Pressearbeit sind ein wesentlicher Teil der Gesamtstrategie und tragen ihre Ziele in die sozialen Medien. Dies darf durchaus als Herausforderung begriffen werden, denn die Arbeit in sozialen Medien folgt eigenen Prinzipien und Regeln der Kommunikation und ist nicht direkt vergleichbar mit den klassischen Kommunikationsansätzen.

Facebook

Facebook ist mit monatlich über einer Milliarde aktiven Nutzern (Stand: Januar 2015) das größte soziale Netzwerk der Welt. Facebook unterscheidet zwischen dem persönlichen Profil natürlicher Personen und sogenannten „Fanpages" für die professionelle Vermarktung von Firmen und Stadt- bzw. Gemeindeverwaltungen. Die Fanpage hat den wesentlichen Vorteil, dass sie von mehreren Administratoren, mit verschiedenen Berechtigungsebenen, betreut werden kann. Ein umfangreiches Analysewerk lässt genaue Auswertungen zu.

Twitter

Auf Twitter können die Benutzer kurze, auf 140 Zeichen begrenzte, Nachrichten veröffentlichen. Die Kommunikation erfolgt meist aus der „Ich-Perspektive". Die „Follower" werden über Aktuelles, persönliche Meinungen und Gedanken informiert. Twitter gilt als das schnellste soziale Netzwerk und als eine der Hauptinformationsquellen für Journalisten.

Google+

Google+ ist mit über 190 Millionen aktiver Nutzer das zweitgrößte soziale Netzwerk der Welt (Stand: Januar 2015). Ähnlich wie bei Facebook wird das Angebot zwischen einem persönlichen Profil und Profilen für „nicht-natürliche-Personen“ unterschieden. Die „Google+Seite“ genannte Darstellung dient Firmen wie Stadt- und Gemeindeverwaltungen in der gleichen Funktion wie die Fanpage bei Facebook.

YouTube

Die Videoplattform der Welt schlechthin. Die Nutzer können auf YouTube kostenlos Videos ansehen, hochladen und kommentieren. Stadt- und Gemeindeverwaltungen können dies über einen eigenen „YouTube-Kanal“ tun.

Instagram

Das wesentliche Merkmal von Instagram ist, dass das Veröffentlichen von Fotos ausschließlich über mobile Endgeräte funktioniert. Über den klassischen PC können die auf Instagram veröffentlichten Inhalte nur angesehen werden. Der Nutzen für Stadt- und Gemeindeverwaltungen liegt im Aufbau von Reichweite für Bilder und Hashtags.

Welche Kanäle bespielt das Presse- und Informationsamt der Stadt Ingolstadt als Beispiel?

Facebook, Twitter, Google+, Youtube und Instagram

www.Facebook.com/ingolstadt

Facebookseite von Ingolstadt – Sympathieseite – Imagepflege der Heimatstadt Ingolstadt. Ausschließlich positive und bunte Themen, Emotionen.

www.Facebook.com/stadtingolstadt

Facebookseite der Stadtverwaltung Ingolstadt – Sachthemen. Auf der Seite der Stadtverwaltung tritt das Presse- und Informationsamt mit den Bürgern in Dialog. Hier kann diskutiert werden, Fragen, Anregungen und auch Kritik platziert werden. Geäußert wird sich nur zu Themen der Stadtverwaltung. Fragen, die dem politischen Raum (z. B. jene, die aktuell im Stadtrat diskutiert werden) und dessen Entscheidungen vorbehalten sind, werden aufgrund der Zuständigkeit nicht von der Stadtverwaltung kommentiert.

www.Facebook.com/oberbuergermeister.ingolstadt

Facebookseite des Ingolstädter Oberbürgermeisters – Sachthemen. Punktuell auch bunte Themen. Der Ingolstädter Oberbürgermeister möchte mit seiner Facebookseite die Bürgerschaft in die politische

Arbeit mit einbinden. Dadurch wird eine eigene „Community" geschaffen, die einen direkten Einblick in das „Tagesgeschäft" erhält.

www.Facebook.com/groups/ingolstadt.fgz

Projektbezogene Online PR mithilfe von Facebook – die Facebook-Gruppe „Fußgängerzone Ingolstadt".

Wie soll die Ingolstädter Fußgängerzone in Zukunft aussehen?

Die Beantwortung dieser Frage steht in der aktuellen Legislaturperiode des Ingolstädter Stadtrates an vorderster Stelle. Dabei setzt die Stadt Ingolstadt auf ein duales Verfahren: Zum einen hat es einen europaweit ausgeschriebenen Ideenwettbewerb gegeben. Zum anderen eine breit angelegte Bürgerbeteiligung. Die Gedanken und Impulse der Bürger beeinflussen direkt die Prozesse. Die Facebookgruppe dient als Plattform dafür.

www.twitter.com/ingolstadt_in

Hier twittert die Social Media Redaktion des Presse- und Informationsamtes. Der offizielle Twitterkanal der Stadt Ingolstadt. Hier sind die Journalisten zuhause. Das schwierigste am Text ist die Überschrift – Twitter ist nur Überschrift.

Google+ https://plus.google.com/u/0/b/112770238198984935997/112770238198984935997/posts

Das Presse- und Informationsamt betreibt eine Google+Seite.

www.YouTube.com/stadtingolstadt

YouTube ist einer der zukunftsträchtigen Social Media Kanäle schlechthin. Die Zukunft gehört dem bewegten Bild. Aktuell veröffentlicht das Presse- und Informationsamt aufwendig produzierte Kurzfilme. Künftig ist hier aber auch ein tagesaktueller Bereich denkbar.

www.Instagram.com/ingolstadt_in

Ein Bild sagt mehr als tausend Worte. Via Instagram lassen sich die Verbundenheit und das Lebensgefühl mit der eigenen Heimatstadt besonders gut fördern. Unter dem #ingolstadt veröffentlicht das Presse- und Informationsamt schöne und besondere Aufnahmen von Ingolstadt.

Social Media Kanäle sind für eine Stadt- und Gemeindeverwaltung vielfältig nutzbar. Als Instrument für Bürgerbeteiligung sind sie ein Muss und sie erreichen mittlerweile grundsätzlich jeden Bürger im Alter zwischen zehn und 65 Jahren. An jedem neuen Tag kommen weitere Nutzer dazu, die sich via Social Media austauschen.

Social Media ist im kommunalpolitischen Kommunikationskonzept ein immer wichtiger werdender Baustein, denn sie erhöhen die Reichweite der von der Stadt- und Gemeindeverwaltung angebotenen Informationen.

Allerdings ergeben sich auch im täglichen Umgang mit Facebook-Auftritten, insbesondere solchen von „Bürgergruppen", „Bürgerinitiativen", Erfahrungen, die nicht immer nur Freude bereiten. Nicht zuletzt aufgrund der möglichen Anonymität (des Sich-Verbergens hinter Decknamen oder Phantasienamen, die gelegentlich programmatischen Anspruch zu erheben scheinen, wie „ein Feind sein") sind Facebook-Gruppen (gelegentlich auch) Orte ungezügelter Attacken auf Politiker und auf Verwaltung mit Inhalten, die nicht selten strafrechtserhebliche Tatbestände umfassen. Es wurde unter manchen Pressesachbearbeitern zum spöttischen Morgengruß: *„Geht es Ihnen heute gut, oder haben Sie schon Facebook gelesen"*. Insoweit wird die Rechtsprechung hier künftig noch präzisere Regelungen schaffen müssen.

Zwei Tendenzen bedürfen in diesem Zusammenhang aus Sicht der städtischen Pressearbeit der Aufmerksamkeit

- die aufgestellte vorläufige Behauptung,
- der Vorwurf der behördlichen Ausforschung.

In manchen Posts werden Behauptungen zu politisch aktuellen und umstrittenen Themen aufgestellt, die aus der Gerüchteküche gegriffen sind („wie man hört, hat die Stadt ...") und die zugleich mit der suggestiven Aufforderung verbunden werden: wenn das nicht stimmt, sollte die Stadtverwaltung, sollte das Presseamt „dies hier richtigstellen" (denn dafür sei es da. Wenn dies nicht erfolge, sei dies – „erneut" – ein Beweis für einen – „eklatanten" Mangel an Transparenzen).

Die Häufigkeit und Konstanz, mit der man solche Aufforderungen feststellen kann, lassen darauf schließen, dass sich dahinter eine vielleicht unbewusste, aber sehr wohl provokante „Technik" verbirgt. Das führt auch öfters dazu, dass sich Stadtratsmitglieder oder Personen aus dem vorpolitischen Raum erregen und der Oberbürgermeister oder das Presseamt heftig aufgefordert werden, diese „falschen Darstellungen" oder „Halbwahrheiten" oder „Provokationen", doch zu beantworten und ihnen „etwas entgegenzusetzen".

Klar ist aus Sicht der kommunalen Pressearbeit: Die Stadt reagiert nicht auf Behauptungen in fremden (außerstädtischen Foren), und sie lässt sich dort auch nicht zu Richtigstellungen provozieren. Dies wäre angesichts der wachsenden Zahl solcher Foren (und in ihnen der einzelnen Posts) eine schon vom Umfang und Aufwand her nicht leistbare Arbeit; es würde zweitens diese Foren zu halboffiziellen Plattformen aufwerten, damit die politische Bedeutung erst schaffen, die sie nicht haben, aber erreichen möchten; und drittens würde die (behördliche) Pressearbeit damit unzulässiger Weise rasch in Diskussionen verstrickt, die vom Stadtrat, nicht aber der Verwaltung, zu führen sind.

Deshalb gilt in vielen Gemeinden die Faustregel: Die Stadt kann – wenn sie es für opportun hält – Themen aus den Foren aufgreifen, sie behandeln, aber ausschließlich auf ihren eigenen Plattformen und, womöglich, ohne auf die „Herkunft" der Themen aus fremden Foren hinzuweisen – erfahrungsgemäß finden solche städtische Einlassungen sehr rasch über Dritte Eingang in die externen Foren. Mit einer solchen Strategie findet sich die kommunale Pressearbeit im Gleichklang mit der von der Öffentlichkeitsarbeit großer Unternehmen gepflegten Praxis; auch dort gilt: wir reagieren nicht auf Foren der Konkurrenz, auf Foren externer sonstiger Gruppen (weder von Freundeskreisen, noch Kritikerforen), sondern wir agieren ausschließlich auf unseren eigenen Plattformen.

Natürlich setzt ein solches Vorgehen voraus, dass die Pressestellen verfolgen, was auf den (wichtigsten) sie betreffenden Foren im Internet, bei Facebook etc. über sie „berichtet" wird. Gerade daran knüpft das zweite o. a. Thema an: der Vorwurf behördlicher Ausforschung.

Es handelt sich dabei häufig um im Ton der Entrüstung vorgebrachte Einlassungen: dieses Forum werde (unterschwellig: klammheimlich und konspirativ) von Vertretern des Presseamtes „mitgelesen", um sozusagen „Feindbeobachtung" (s. o.: den Pseudonymnamen, „ein Feind sein") zu betreiben. Die Stadt, so lautet gelegentlich der Vorwurf, werte gezielt solche Foren aus, um deren Argumente zu prüfen und sich für die öffentliche Diskussion zu wappnen.

Hinter solchen Positionen verbirgt sich eine gewisse schizophrene Tendenz, die manche der politischen Foren im lokalen Raum prägt: einerseits werden die Presseämter aufgefordert, hier und jetzt, auf diesen Seiten aufgestellte Tatsachenbehauptungen zu bestätigen oder zu widerlegen, Stellung zu nehmen und sich zu rechtfertigen, also mitzulesen und mitzudiskutieren – andererseits wird ihnen der moralische Vorwurf gemacht, wenn sie mitlesen, würden sie in unredlicher Weise die (bürgerschaftlichen) Foren ausforschen.

Gegen solche – sich widersprechenden – grundlegenden Einstellungen lässt sich von der (behördlichen) Pressearbeit nichts unternehmen. Ihre Widersprüchlichkeit aufzuzeigen ist Sache der (lokalen) Politik und muss („müsste") durch die Fraktionen des Stadtrats, die örtlichen Parteigremien erfolgen.

Aufzuzeigen wäre dabei auch, dass solche Foren und Plattformen, die auf öffentliche Wirkung angelegt sind, die zur öffentlichen bürgerschaftlichen Debatte aufrufen und deren wichtiges Anliegen eine möglichst hohe Zahl von Followern ist, ja daran interessiert sein müssen, dass auch Politik und Verwaltung diese Debatte verfolgen (weil sie dann auf die Gremiendebatten Einfluss nehmen). Dass dies nicht so gesehen wird, zeigt, dass in solchen Foren (oft) eine Plattform nicht für eine pluralistische Debatte geschaffen werden soll, sondern sie eine Form oppositioneller Formierung beabsichtigen, bei der eine Diskussionsteilnahme der des Mitlesens bezichtigten Vertreter der agierenden Stadt nicht erwünscht ist. Kompliziert wird die Lage aus Sicht der kommunalen Pressearbeit noch dadurch, dass sich häufig einzelne Mitglieder des Stadtrats, insbesondere kleinerer Parteien, die sich als die virulente, die eigentliche und einzig wahre „Opposition" im Stadtrat betrachten, hier engagiert äußern. Es wäre fatal (und rechtlich unzulässig), wenn sich ein Presseamt dann in diesem Forum mit deren Einlassungen diskursiv auseinandersetzen würde.

Es bleibt aber: Ohne darauf öffentlich (selbst) antworten zu können, müssen sich die Presseämter psychologisch innerlich klar machen, dass es nicht nur ihre Aufgabe ist, solche Foren mitzulesen, es ist ihre Pflicht, jede Äußerung zur Stadtpolitik zu kennen und zu deuten. Und: diese Foren sind ihrer Natur nach (eben keine Privat-Korrespondenz unter Privatpersonen, sondern) auf öffentliche Wirkung bedachte und berechnete Agoras, von Leuten, die ihr gutes Recht auf öffentliche Meinungsäußerung in Anspruch nehmen, die aber, wenn sie sich von Presseämtern, die ihre Einlassungen kennen möchten, ausspioniert fühlen, ihr ursprüngliches Anliegen nicht zu Ende gedacht haben.

41.2 Gegen Hass und Häme in den Netzwerken: Zum Netzwerkdurchsetzungsgesetz

Im Zuge der öffentlichen Debatte über Missbrauch von Daten von Internetkonzernen, mehr noch der stetigen Berichterstattung über Hass- und Häme-Botschaften im Netz sind Fragen zu rechtlichen Abwehr- und Tilgungsmöglichkeiten auch in den Aufmerksamkeitsbereich der Presseämter in den Städten gerückt. Dabei geht es weniger um Anfragen aus der Bürgerschaft, die nach dem alten Grundsatz *„Geht dir der Rat aus, Geh aufs Rathaus"* von der Verwaltung billige Hilfe und Unterstützung fordert, (was ohnehin mit Vorsicht zu behandeln ist, da rechtliche Beratung grundsätzlich und rechtliche Vertretung ohnehin den einschlägigen Berufen zukommen). Es geht aber um Fragen der Reaktion, wenn städtische Amts- oder Mandatsträger Ziel von Hass- und Häme-Attacken sind oder die Verwaltung Gegenstand offensichtlich rechtswidriger Angriffe geworden ist.

Erstaunlicherweise wird eine Antwort darauf (verwaltungsintern) eher von den Presse- und Informationsämtern als von den Rechtsämtern erwartet. Insoweit bleibt ersteren es nicht erspart, sich mit den aktuellen rechtlichen Entwicklungen dazu zu befassen.

Eine gesetzliche Regelung gegen Hass und Häme im Netz war das *„Netzwerkdurchsetzungsgesetz"*, komplett: *„Gesetz zur Verbesserung der Rechtsdurchsetzung in sozialen Netzwerken"*, das am 1.1.2018 in Kraft getreten ist.

Die Anbieter sozialer Netzwerke, darunter Facebook, Twitter (seit Juli 2023 unter dem Namen „X" auftretend), Youtube, sind nach dem Gesetz verpflichtet, *„offensichtlich rechtswidrige Inhalte"* binnen 24 Stunden (wohlgemerkt:) nach Eingang einer Beschwerde zu entfernen oder zu sperren. Für nicht- offensichtlich rechtswidrige, also komplexe juristische, Inhalte haben sie sieben Tage Zeit.

Als *„offensichtlich rechtswidrig"* gelten Anleitung zu schweren Straftaten, Volksverhetzung, sowie die Verbreitung verbotener Symbole. Im Einzelnen genau aufgezählt sind die Tatbestände der §§ 86, 86a, 89a, 91, 100a, 111, 126, 129, 129b, 130, 131, 140, 166, 184b, 184d, 185, 187, 201a, 241, 269 StGB).

Derartige Sachverhalte konnten auch früher bereits gemeldet werden. In allen Fällen handelte es sich um (im Geltungsbereich des deutschen Rechtes) Straftatbestände, die Nutzer sozialer Netzwerke den Netzbetreibern als Verstoß gegen ein nationales Gesetz melden konnten. Das Netzwerkdurchsetzungsgesetz präzisiert dies und sieht vor, dass auch Nicht-Nutzer (also Personen ohne Accounts) solche Inhalte melden können.

Eine Fortentwicklung erfährt der Rechtkreis voraussichtlich 2024. Dann sollen sowohl das Telemediengesetz (TMG) als auch das Netzwerkdurchsetzungsgesetz (NetzDG) außer Kraft treten. Ihre Regeln sollen vollends im DSA und DDG aufgehen.

- DSA (Digital Services Act) heißt in der deutschen Fassung zwar „Gesetz über digitale Dienste", ist aber eine Verordnung der EU vom 19.10.2022 (von der einige Artikel bereits seit 16.11.2022 in Kraft sind, während die restlichen mit dem 17.2.2024 in Kraft treten werden).
- Das nationale DDG (Digitale-Dienste-Gesetz) liegt derzeit als Referentenentwurf vor und soll nach Beschluss durch das Bundeskabinett im parlamentarischen Gesetzgebungsverfahren beschlossen werden und abgestimmt auf die Geltung des DSA vom 17.2.2024 in Kraft treten.
- Die DSA regelt insbesondere die Sorgfaltspflichten für Online-Vermittlungsdienste und die einheitliche Behördenstruktur und Durchsetzung EU-weit. Das DDG konkretisiert die dafür erforderlichen Zuständigkeiten und Verfahren im deutschen Bereich.

Nach dem Referentenentwurf soll für die Durchsetzung der DSA die Bundesnetzagentur zuständig sein. Sie entwickelt sich damit weiter in Richtung einer Digitalbehörde die neben den Infrastrukturbetreibern auch die Digitalwirtschaft beaufsichtigt.

Die DSA ist die zentrale Stelle zur Durchsetzung auf nationaler Ebene und Koordinator für deutsche Behörden, die spezielle Zuständigkeiten im Rahmen der DSA haben (das betrifft die Bundeszentrale für Kinder- und Jugendmedienschutz, den Bundesbeauftragten für den Datenschutz und die Informationsfreiheit und für das BKA – ungeklärt ist derzeit noch die evtl. den Landesmedienanstalten zukommende Rolle, für ihre Einbeziehung könnten verfassungsrechtliche Überlegungen sprechen, da die Medien-Gesetzgebung grundsätzlich Ländersache ist).

Die DSA verlangt, dass die Mitgliedsstaaten wirksamen und abschreckende (gleichwohl verhältnismäßige) Sanktionen erheben. (Der Referentenentwurf sieht 36 DSA-bezogene Bußgeldtatbestände vor.)

Handelt es sich beim Anbieter um eine juristische Person können Geldbußen bis zu 6 Prozent des weltweiten Vorjahresumsatzes verhängt werden. Zudem sind operative Maßnahmen der Aufsichtsbehörde bis hin zur Sperrung der Dienste vorgesehen.

DSA – die digitale europäische Grundordnung

Unabhängig vom Inkrafttreten des (nationalen) Digitale-Dienste-Gesetz (DDG) gilt ab dem 17.2.2024 die (europäische) DSA,

- Englisch: Digital Services Act (DSA),
- Deutsch: Gesetzt über digitale Dienste (GdD),
- Französisch: Reglement sur les Services Numeriques (RSN),

die v. a. Haftungs- und Sicherheitsvorschriften für digitale Plattformen, Dienste und Produktschaffende und den digitalen Binnenmarkt regeln soll.

Die Europäische Kommission sah indes nach dem Inkrafttreten des deutschen Netzwerkdurchsetzungsgesetzt Probleme in der Regulierung des digitalen Binnenmarkts, sodass eine gemeinsame Regulierung für den Umgang mit strafbaren Inhalten bei Plattformunternehmern geschaffen werden soll.

Ziele der EU-Verordnung sind nach deren eigenen Angaben:

- ein besserer Schutz der Verbraucher und ihrer Grundrechte im Internet,
- die Herstellung eines klaren Transparenz– und Rechenschaftsrahmens für Online- Plattformen.

Der Vorschlag enthält zudem Vorschriften für vermittelnde Online-Dienste, die von Menschen in Europa genutzt werden. Sie variieren nach Rolle, Größe und Auswirkung.

Für Kommunen zwar interessant, aber von ihnen nicht beeinflussbar und daher ihrem Handeln entzogen, sind die (hier nur nachrichtlich zu nennend) Vorschriften für (sehr) große Online-Plattformen („Very Large Online Plattform"). Hier sollen die Europäische Kommission und die Mitgliedsstaaten Zugang zu deren Algorithmen erhalten, im Falle dieser großen Plattformen (mit mehr als 45 Millionen Nutzern) hat die Kommission alleinige Befugnis, die Einhaltung der Vorschriften zu erzwingen.

Aus dem hier ja ursprünglich verfolgten Hass- und Häme-Gesichtspunkt ist wichtig: Plattformen müssen ein eindeutiges „Melde- und Aktions-Verfahren" vorhalten, bei dem die Nutzer die Möglichkeit haben, illegale Inhalte online zu melden. Die Meldungen müssen von den Plattformen zügig bearbeitet werden. Sie müssen „nicht-willkürlich" und „diskriminierungsfrei", unter Wahrung der Grundrechte, einschließlich des Rechts auf freie Meinungsäußerung und des Datenschutzes bearbeitet werden. Nicht einvernehmliche weitergegebene illegale Inhalte („Racheporno s") sollen sofort aus dem Verkehr gezogen werden.

Weiterer Bestandteil des EU-Regelungspaketes ist das Gesetz über digitale Märkte (Digital Markets Act, DMA), das sich mehr dem Verbraucherschutz, zielgerichteter Werbung, Dark Pattern, Abonnement-Kündigungen etc. und nicht im Kern presserechtlichen Themen zuwendet und deshalb hier bis auf Weiteres unbehandelt bleiben kann.

Flankierend und verwandt sind die Bestimmungen des Maßnahmenpakets zur Bekämpfung des Rechtsextremismus und der Hasskriminalität. Das gleichnamige Gesetz (vom Bundesrat am 3.7.2020 gebilligt) wurde wegen Bedenken des Bundespräsidenten bezüglich der Übermittlung von Bestandsdaten überarbeitet (Name, Anschrift etc. durch die sozialen Netzwerke an das Bundeskriminalamt ohne ausreichende einschränkende Voraussetzungen). (Hintergrund: Das BVerfG hatte eine ähnlich weitgehende Regelung im Telekommunikationsgesetz mit Urt. vom 27.3.2020 als verfassungswidrig bewertet. Der Bundespräsident hatte daher für das Gesetz gegen Rechtsextremismus und Hasskriminalität eine Anpassung an die Rechtsprechung des BVerfG gefordert, die seitens der Bundesregierung durch die Vorlage des Entwurfs eines *„Gesetzes zur Anpassung der Regelung über die Bestandsdatenauskunft an die Vorgaben aus der Entscheidung des Bundesverfassungsgerichts vom 27. Mai 2020"* erfolgte.)

Wesentlicher Inhalt des Gesetzes ist die Verpflichtung der sozialen Netzwerke, bei Verdacht auf schwere Straftaten (s. o. den Katalog „schwerer Straftaten", die als „offensichtlich rechtswidrig" gelten), die entsprechenden Kommentare dem Bundeskriminalamt zu melden, wofür dort eine „Zentralstelle" eingerichtet ist.

Konkret wird der Katalog der rechtswidrigen Inhalte (nach § 1 Abs. 3 NetzDG) um das Delikt der Verunglimpfung des Andenkens Verstorbener (nach § 189 StGB) ergänzt und die Androhung einer gefährlichen Körperverletzung (§ 224 StGB) strafbar. Auch der Anwendungsbereich des § 140 StGB (Belohnung und Billigung von Straftaten) wird dergestalt erweitert, dass auch die Billigung noch nicht erfolgter Straftaten zum Tatbestand erfasst wird.

Öffentlich in einer Versammlung geäußerte oder durch Verbreitung von Schriften getätigte beleidigende Äußerungen werden von einem Qualifikationstatbestand nach § 185 StGB erfasst und mit einem Strafmaß bis zu zwei Jahren Freiheitsstrafe belangbar.

Im § 188 StGB – üble Nachrede und Verleumdung gegen Personen des öffentlichen Lebens wird verdeutlicht, dass der Tatbestand bis hin zu Personen der kommunalen Ebene gilt.

§ 241 StGB (Bedrohung) wird dahingehend erweitert, dass auch die Bedrohung mit einer rechtswidrigen Tat gegen die sexuelle Selbstbestimmung, die körperliche Unversehrtheit die persönliche Freiheit oder eine Sache von bedeutendem Wert erfasst ist, gleichzeitig wird die Höchststrafe für die Bedrohung mit einem Verbrechen von einem auf zwei Jahre angehoben.

Antisemitische Motive wirken künftig grundsätzlich strafverschärfend. (Der Katalog der Strafzumessungsgründe in § 46 StGB wird um antisemitische Beweggründe verschärft.)

Mit einer Änderung des § 51 Abs. 1 Bundesmeldegesetz (BMG) wird es Personen, die durch ihr berufliches oder ehrenamtliches Engagement, z. B. im kommunalpolitischen Bereich in den Fokus gewaltbereiter Personen oder Gruppen geraten sind, erleichtert, eine Auskunftssperre zu erwirken.

Die generelle Tendenz geht damit über den medienpolitischen Bereich („Löschen") hinaus und greift in den Raum der Strafverfolgung („Verfolgen statt nur Löschen") über. Eine entsprechende Initiative ging schon 2017 von der Landesanstalt für Medien NRW in Zusammenarbeit mit dem Land, der Justiz und Medienpartnern aus.

Anfang 2020 hat der erste „Hate-Speech-Beauftragte" Deutschlands in Bayern sein Amt aufgenommen. Das Gleiche gilt für die Sonderdezernenten, die an allen 22 Staatsanwaltschaften im Freistaat eingesetzt wurden, um sich speziell um das Thema „Hass im Netz" zu kümmern, um Hate-Speech-Fälle systematisch zu erfassen. Im Rahmen eines (früheren NRW-) Projektes „Justiz und Medien – Konsequent gegen Hass" sollten Medien Kommentare mit strafrechtlich relevantem Inhalt online anzeigen können, was die Problematik aufwirft, wie nahe sich Justiz und Medien kommen dürfen. Medien sind kein Hilfsorgan der Staatsanwaltschaften und Staatsanwaltschaften dürfen sich nicht um die Gunst und Mitarbeitereigenschaft der Medien bemühen, ebenso wenig wie um deren Wohlwollen. Nach den Erfahrungen der bayerischen Behörden in den ersten neun Monaten wurden mehr als 1100 Ermittlungsverfahren wegen Hass-Postings im Internet eingeleitet. Die tatsächliche Zahl der strafrechtlichen Beiträge in sozialen Netzwerken dürfte noch um ein Vielfaches höher liegen.

Mit Jahresbeginn 2021 unterstützt die bayerische Polizei Opfer von Hassbotschaften im Internet bei der Löschung solcher Beiträge. Bei Erstattung einer Anzeige stößt die Polizei (auf Wunsch) eine Löschungsprüfung bei den jeweiligen Plattformbetreibern an. Falls der Beitrag dann nicht fristgerecht gelöscht wird, wird das Bundesamt für Justiz eingeschaltet. Das mit dem Bundesamt abgestimmte Konzept, so das Bayerische Innenministerium (afp, Donaukurier, 29.12.2020) beruht auf dem Netzwerkdurchsetzungsgesetz und zielt darauf ab, dass mehr Fälle angezeigt werden: nur so könne wirkungsvoll gegen die Urheber von Hassbotschaften vorgegangen werden.

Damit ist an sich der Bereich der aktiven (kommunalen) Presse- und Öffentlichkeitsarbeit verlassen. Sie kann auf diesen Arbeitsfeldern kaum tätig werden und angesichts der landes- bzw. bundesweiten Dimension der politischen Problematik auch keine Wirkung entfalten. Das heißt allerdings nicht, dass sich die Entwicklungen und Auswirkungen von Hass und Häme in der Stadtgesellschaft damit auch dem Aufmerksamkeitsbereich der kommunalen Öffentlichkeitsarbeit entzögen. Angesichts der dahinterstehenden psychologischen und soziologischen Motive und Tendenzen wird es eine wichtige Aufgabe der Presse- und Öffentlichkeitsarbeit sein (und möglicherweise auch im Arbeitsumfang zunehmend), die örtlichen Manifestationen von „Hass und Häme" zu beobachten und die daraus gewonnene Analyse der Verwaltungsführung vorzutragen und ggf. entsprechende Konsequenzen für das Handeln in den einzelnen Referaten/Dezernaten anzuregen.

Das gilt besonders für erkennbare Anzeichen für eine (emotionalisierte) „Spaltung" und/oder Radikalisierung der Stadtgesellschaft – speziell für Hinweise auf Unversöhnlichkeiten, den Ausschluss von Teilgruppen etc. (Kriterien sind Behauptungen wie „wer anständig ist" handelt so oder so – wobei impliziert wird, dass anderes Tun „unanständig", im weiteren Denken „verwerflich" und mithin „gemeinschaftsschädlich", „volksschädlich" und daher zu unterbinden sei – in der verschärften Form dann auch, wenn die unwilligen, unfähigen Behörden, „das zu erledigen" nicht bereit seien es selbst zu tun).

Solche Tendenzen sind von der kommunalen Öffentlichkeitsarbeit z. B. auch im Zusammenhang mit der Corona-Pandemie festzustellen gewesen, wenn zwischen „Querdenkern" (solchen die kritisch zu den Verfügungen der Regierenden standen) und „Querdenkern" (, die damit ihr politisches Süppchen kochten) nicht unterschieden wurde (und andere als „Leugner" bzw. Leute, die keine Rücksicht auf ihre Mitmenschen nehmen, diffamiert wurden – was übrigens den eigentlich positiv befrachteten Terminus „Querdenker" als jemand, der gegen den Mainstream bereichernde Einwände und Vorschläge zur Diskussion beisteuert auf längere Frist, wenn nicht auf Dauer belastet und derartige, demokratisch erwünschte Denkanstöße erschwert). Auch, wenn in Corona-Zeiten Tausende von Nachbar-Denunziationen (Anzeigen, beim Wohnungs- oder Hausnachbarn, seien unerlaubt viele Personen zusammengekommen) bei den Behörden zu verzeichnen waren, wird man sich fragen (müssen), wie dies nachhaltig die „gute Nachbarschaft" aus den Sonntagsreden der Kommunalpolitik beeinflusst; gleiches gilt für Bußgeld – Verhängungen in Grenzfällen (die keinesfalls

Einzelfälle darstellen, die 79-Jährige, die ihren 89-jährigen Mann im Rollstuhl vom Parkplatz zur Arztpraxis, maskenlos, schob, wofür 2x 250 Euro Bußgeld verhängt wurden usw.). Vieles deutet darauf hin, dass die gesellschaftliche Wahrnehmung (erst recht das ins Kraftvolle gewachsene Selbstbewusstsein der politischen Entscheidungsträger) zu Corona-Zeiten, das „Klima im Lande" verändert. Festzustellen, wie sich dies örtlich ausdrückt, ist mit Aufgabe der Presseämter als seismographische Warnapparate.

41.3 Künstliche Intelligenz

Die kommunale Pressearbeit wird sich in den kommenden Jahren (wie die gesamte Verwaltung) mit dem Thema „Künstliche Intelligenz" befassen müssen, soweit diese ihren Tätigkeitsbereich erreicht. Der Presseausschuss des Deutschen Städtetags hat sich im Rahmen seiner 123. Sitzung in Heidelberg Ende Mai 2023 erstmalig damit auseinandergesetzt.

Das im November 2020 vom US-Unternehmen Open AI vorgestellte KI-Tool Chat GPT ist nicht der erste Chatbot, der auf KI basiert, wohl aber die bis dato komplexeste und schnellst wachsende frei zugängliche KI-Anwendung mit (Stand Januar 2023) mehr als 100 Millionen Anwendern.

Chat GPI und andere KI-Anwendungen (sog. Sprachmodelle) sind geeignet, textliche Konversationen zu führen, Recherchen durchzuführen, Texte in verschiedenen Sprachstilen und Textgattungen zu verfassen, Übersetzungen aus und in zahlreichen Fremdsprachen zu erstellen.

Zwar stößt die Chat GPI-KI bei verschiedenen Aufgabenstellungen noch auf Schwierigkeiten, das schnelle Wachstum und die (noch) freie Zugänglichkeit dieser KI-Anwendungen haben aber in Erwartung von Verbesserungen und Weiterentwicklung zu Debatten geführt, auf welche gesellschaftlichen Bereiche und Arbeitsprozesse KI-Anwendungen Einfluss haben werden, welche Chancen und welche Risiken damit verbunden sein können.

Hier geht es insbesondere um den Bereich journalistischen Arbeitens und speziell auch um den Einsatz dieses Instruments für die kommunale Öffentlichkeitsarbeit.

Ausgangspunkt dieser Überlegung ist, dass gerade standardisierte Textformen in absehbarer Zeit von KI-Anwendungen „in einer Qualität geschrieben werden können, die sich kaum noch von Texten unterscheidet, die von Menschen verfasst wurden".

In einigen Städten werden Chatbots im Einsatz erwogen, wobei geprüft werden muss, inwieweit die KI mit eigenen Daten gespeist werden muss,

z. B. ob

- regelmäßig wiederkehrende Texte, jeweils aktualisiert, als Standard generiert werden könnten;
- Grußworte, Redekonzepte als Entwurf und Grundlage zur Überarbeitung verfasst werden könnten und Anpassungen auf den individuellen Stil und die Persönlichkeit des Redners durch einen journalistischen Mitarbeiter möglich bzw. nötig sind;
- Ratsberichte und Sitzungsprotokolle (bei klarer Datenlage) erstellbar sind, die aber ebenfalls, der Überarbeitung, zumindest der Kontrolle durch einen („Urkundsbeamten") bedürfen.

Denkbare Anwendungen sind weiter

- Medienauswertung und die Erstellung von Pressespiegeln (wobei die urheberrechtlichen und vergütungspflichtigen Elemente unberührt bleiben);
- Auswertungen nach „Trends", „Stichworten", „Aktualität" als Hilfsmittel;
- die Umsetzung von Texten etwa in „leichte Sprache" bzw. andere Sprachstile;
- Übersetzungsarbeiten speziell für Informationen für ausländische Mitbürger in vielfältigen Formen.
- die Erstellung automatisierter Symbolbilder;
- autonom generierte Social Media-Reihen aus den bestehenden Daten;
- die autonome Zusammenfassung umfangreicher Texte (etwa Verwaltungsberichte) in Kurzfassungen (Summarien), ihre Strukturierung nach Hauptpunkten oder Lesbarkeit.

Diesen denkbaren Anwendungen werden sicher weitere und überraschende folgen. Es wird – für ihren Bereich – Aufgabe der Pressearbeit sein, sie zu detektieren, zu erproben und zu nutzen.

Dabei bleiben jeweils im Einzelfall (viele) Detailbereiche zu prüfen. Einer davon ist die Betroffenheit des Urheberrechts. (Inwieweit verletzt ggfs. die Nutzung gespeicherter Daten durch die KI die Rechte von Urhebern? Das öffnet ein weites Feld von Fragen: von wem wurden die Daten – Texte, Bilder, Graphiken – eingespeist, vom Urheber selbst oder von Dritten; erfolgt deren Nutzung befugt oder widerrechtlich, wenn sie nun von der KI verwendet werden?)

Ein weiterer „Detailbereich" ist die Verantwortlichkeit im Sinne des Presserechts – die nicht an einen „KI-Pool" delegiert werde kann.

Im Weiteren gilt dies für jeden von der Stadt herausgegebenen Text, auch wenn er KI-kreiert ist, in Bezug auf strafrechtliche, zivil- und haftungsrechtliche Belange. Das bedeutet, dass jeglicher mit KI kreierte Text, jedes solchermaßen erstellte Bild, Schema, Protokoll etc. von

Menschenauge überlesen und von Menschenhand abgezeichnet sein muss – oder entsprechende exkulpierende Kontrollmechanismen installiert sein müssen.

Die obigen Überlegungen beziehen sich im Wesentlichen auf die Nutzung von KI-Anwendungen im eigenen Bereich des Verwaltungshandelns.

Aus dem Sichtwinkel der Presseämter scheint es aber angebracht, mitzudenken, welche Wirkungen es haben kann (und wird), wenn bei den Medien Künstliche Intelligenz in ihrem Wirkungsfeld zum Einsatz kommt. Dabei kann hier nicht Gegenstand der Erörterung sein, was es bedeutet, wenn überregionale Medien, die sog. „großen", meinungsbildenden Blätter oder Anstalten, wie auch immer KI-generierte Meldungen, gar Kommentare verwenden oder ihrer Recherche zugrunde legen.

Hier geht es um lokale Medien.

Von der Überlegung ausgehend, dass es lokale Printmedien (sollte es sie in nicht allzu ferner Zukunft überhaupt noch geben, was der Deutsche Journalistenverband bezweifelt, es sei denn sie werden aus öffentlichen Mitteln unterstützt) wirtschaftlich schwer haben (zumindest nach der Einschätzung ihrer Verleger und Herausgeber), liegt es nahe, zu vermuten, dass für deren Erstellung künftig statt der Arbeit von Journalisten vermehrt der Input von KI-generierten Artikeln und Bildern erfolgt.

Das hätte (hat) zur Folge, dass die „lokal bedeutsame" Berichterstattung – die Darstellung des Vereinsgeschehens, der örtlichen Feuerwehrfeiern, der Siege und Niederlagen der Sportvereine – letztlich verschwindet. Es hieße, dass in den Gemeinden die Ratssitzungen nicht mehr von Berichterstattern „besetzt", in den Städten die Ausschusssitzungen etc. nicht mehr „bestückt" würden.

Stattdessen könnten die Leser (so es diese mangels Qualität der Medienprodukte dann noch geben sollte) nur mehr KI-generierte (spannende) Artikel über den Zustand der Gemeindefinanzen bundesweit oder den Sanierungsstandard der innerstädtischen Schlaglöcher bundesweit oder die Wohnungssituation in Städten hierzulande, bundesweit (vielleicht gerade noch landesweit) lesen, nichts aber über die Schlaglöcher vor ihrer Haustür oder die Chance, eine Wohnung am Ort zu finden.

Es stellt sich auch die Frage: Wie „lernen" die KI-Programme? Wer füllt sie? Entstehen dabei Assoziationsketten, die nicht mehr (so einfach) nachzuvollziehen sind? Für die Presseämter der Städte: Wie schützen wir unsere Homepages, unsere Social Media-Angebote vor einerseits der (missbräuchlichen) Verwendung der dort abgreifbaren Daten und andererseits der Nutzung unserer Plattformen durch KI-kreierte „Informationen" und „Meinungen".

Klar ist, was KI basierte Chat GPT nicht können: Vorausdenken und selbst-kreatives Schöpfen. Das allerdings ist Wesenskern des Politischen.

42. Pressezirkel, Presseclub

Um zu „alten" Instrumenten der Medienarbeit zurückzukehren, die aber irgendwie auch den Charme des selbstverständlichen, kollegialen Umgangs der Journalisten untereinander und mit den Öffentlichkeitsarbeitern von Behörden und der örtlichen Unternehmen haben, sollen (örtliche) Presseclubs erwähnt werden.

Sie gehören zu den Orten der Kontaktpflege, die einen informellen Austausch ermöglichen, bei dem auch gemeinsame Aktivitäten (etwa ein gemeinsamer Auftritt auf überregionaler Bühne), aber auch Hilfe und Unterstützung durch die Mitglieder bei großen Veranstaltungen eines Presseclubmitglieds abgestimmt werden können.

Nicht zuletzt besteht die Möglichkeit für die städtische Öffentlichkeitsarbeit zum Programm der regelmäßigen Treffen beizutragen (etwa durch eine Einladung des Oberbürgermeisters zu einem Essen mit einer After-Dinner-Speech oder zur Besichtigung hinter den Kulissen des Stadttheaters usw.).

Denkbar ist, dass die Stadt als Geschäftsführer in organisatorischer Hinsicht für den Presseclub dient, während (aber dies ist eine Stilfrage, die man auch anders sehen kann) der Vorsitz einem Journalisten gehört.

43. Konfliktmanagement

Das Verhältnis zur Presse muss durch Offenheit geprägt sein. Selbst bei verständlichem Ärger sollte die Verwaltung im Interesse der Sache durch Konfliktmanagement versuchen, mit den Medien zu einer einvernehmlichen Lösung zu kommen. Sechs mögliche Grundmuster der Konfliktlösung nennt *Schwarz* (1995):

1. Flucht,
2. Vernichtung des Gegners,
3. Unterordnung,
4. Delegation an eine dritte Instanz,
5. Kompromiss,
6. Konsens.

Auch wenn sich daraus nicht primäre Reaktionsinstrumente ergeben, ist es für Öffentlichkeitsarbeiter vielleicht hilfreich, sich damit auseinanderzusetzen, um mentale Grundlagen für die Belastungssituationen in Konflikten, die öffentlich – und manchmal hässlich – ausgetragen werden, zu schaffen.

Eine Bewertung dieser Lösungsansätze mit Blick auf die kommunale Öffentlichkeitsarbeit nimmt *Furchert* (1996) vor. Zusammengefasst lautet seine Bewertung:

Flucht ist nicht geeignet, weil damit in der Regel der Öffentlichkeit und den Medien das Feld überlassen und Schwäche signalisiert wird. Flucht verschlimmert nach aller Erfahrung die Konfliktsituation, da sie breiten Raum für (Fehl-)Interpretationen, (oberflächliche) Wahrnehmungen und Spekulationen lässt, auf die der Betreffende so gut wie keine Einflusschancen hat. Es ist eben nicht möglich, nicht zu kommunizieren: Auch wer schweigt, signalisiert damit etwas. Und für den, der Schweigen muss, lautet die oberste Regel in der Kommunikation: die Gründe für das Schweigen müssen laut erklärt werden, z. B. weil Datenschutzgründe oder ein laufendes Gerichtsverfahren gegen eine Auskunft sprechen.

Vernichtung kommt für städtische Presse- und Öffentlichkeitsarbeit generell nicht in Frage. Sie widerspricht dem Ziel kommunaler PR, eine Grundlage für demokratische Meinungsbildung und -entscheidung zu schaffen. Für eine Behörde ist die öffentliche Medienarbeit auf Sachlichkeit und Verhältnismäßigkeit programmiert, daraus zieht sie ihr Kapital in Form von Glaubwürdigkeit. Das verbietet jeglichen Angriff ad personam und jede Form von Ironie und Polemik.

Unterordnung ist die erste Managementvariante, die auf kommunale PR anwendbar ist. Indem die Medien von einer bestimmten Ansicht überzeugt werden und diese ihren Lesern vermitteln, haben sie sich der Meinung der Organisation untergeordnet.

In umgekehrter Richtung kann es richtig sein, sich dem Druck öffentlicher Meinung zu beugen, also zum Beispiel einen Fehler zuzugeben, um damit eine günstigere Ausgangsbasis für nachfolgende Verhandlungen mit der Öffentlichkeit zu schaffen. Bekanntes Beispiel aus der Wirtschaft ist Daimler-Chrysler (Elch-Test der A-Klasse), dessen PR-Strategen ihr Image mit einer neuen Kampagne wieder aufgebaut haben *(„Stark ist, wer keine Fehler macht. Stärker, wer aus seinen Fehlern lernt!")*.

Auch **Delegation** ist eine in der kommunalen Presse- und Öffentlichkeitsarbeit anwendbare Konfliktlösungstechnik. Wenn ein Dezernent und ein Journalist sich in einem Verständigungskonflikt befinden und beide den Pressesprecher zur Vermittlung anrufen, ist das nichts anderes als Delegation.

Kompromiss ist in PR-Konflikten ein häufig angewandtes Mittel. Ein Kompromiss wird z. B. dann erzielt, wenn sich Informant und Journalist einigen, welche Informationen überhaupt oder welche Informationen in welcher Lesart veröffentlicht werden können. Ein anderes Beispiel für Kompromiss ist, wenn Journalist und Verwaltungschef sich darauf verständigen, dass die Redaktion eine falsche Information in einem neuen Artikel richtig darstellt (die Kommune dies aber nicht triumphal bewertet). In beiden Fällen haben die Konfliktpartner in Teilen ihr Ziel erreicht, in Teilen aber nicht. So darf der Journalist nicht alle Informationen offen verwenden und der Verwaltungschef verzichtet auf eine Richtigstellung oder Gegendarstellung, die er ursprünglich ins Auge gefasst hatte.

Konsens ist von Bedeutung für die Presse- und Öffentlichkeitsarbeit der Kommunen. Organisationen können über größtmöglichen Handlungsspielraum verfügen, wenn ihre Argumentation in der Öffentlichkeit auf Akzeptanz und Verständnis trifft. PR als Management von Kommunikationsprozessen ist dann geglückt, wenn Verständnis und Akzeptanz geweckt worden sind. Konsens ist deshalb das Ziel, aber auch das komplizierteste Unterfangen. Voraussetzung zum Erreichen dieses Zieles sind gute Beziehungen.

44. Abwehrmassnahmen – Dementi, Gegendarstellung und anderes juristisches Handwerkszeug

44.1 Respekt vor der Funktion der Presse

Presseämter und Journalisten haben – gegenüber der Öffentlichkeit – unterschiedliche Aufgaben zu erfüllen und andere Rollen zu spielen. Es gehört zur Basis in ihrem Umgang miteinander, die daraus resultierenden Interessen anzuerkennen und die Rolle des jeweils anderen zu erkennen und zu akzeptieren. Insoweit darf es bei Konfliktsituationen auch nie zu einer Auseinandersetzung kommen, die von persönlichen Gefühlen geprägt ist – das wäre unprofessionell, würde nicht zur Lösung beitragen und erfahrungsgemäß zur eigenen Belastung (und einem Verlust an Souveränität im Beruf) führen.

44.2 Mögliche Ursachen für Differenzen mit Medien

Es ist quasi naturgegeben, dass Journalisten und Pressesprecher bzw. kommunal Verantwortliche gelegentlich unterschiedlicher Ansicht sind, weil

- der Kenntnisstand der Fakten unterschiedlich ist,
- sich (sprachliche oder inhaltliche) Missverständnisse eingeschlichen haben,
- sich in Berichte Aussagen eingeschlichen haben, die nicht „so ganz richtig" sind,
- Journalisten von dritter Seite gebrieft, genutzt, instrumentalisiert werden,
- Journalisten schlicht etwas Falsches behaupten, weil sie ein eigenes politisches Ziel verfolgen und die Verwaltungsposition nicht in ihr Berichtsschema passt. (In Verwaltungen wird das gelegentlich iro-

nisch mit dem Satz umschrieben: *„Zerstören Sie mir doch meinen schönen Bericht nicht durch Ihre Sachinformation."*)

44.3 Analyse und Abwägung

44.3.1 Meinungen sind frei

In allen Fällen sollte bei der inhaltlichen Analyse des Artikels, wie bei der Frage nach der Motivation des Autors, eines zugrunde gelegt werden: die Unterscheidung zwischen

- Tatsachenbehauptung und
- Meinungsäußerung.

Diese Trennung ist im Übrigen auch für die Wahl ggf. des juristischen Gegenmittels wichtig. Zunächst aber gilt: Grundsätzlich sind Meinungen frei (außer denen jenseits der strafrechtserheblichen Tatbestände, der Beleidigung). Gegen Meinungen vorzugehen, ist eine Frage der Diskussion, der Debatte, nicht des Rechts.

44.3.2 Passieren lassen oder reagieren müssen

In allen Fällen sollte man auch, ehe man sich wegen ungenauer oder gar fehlerhafter Berichterstattung in eine ernsthaft geführte Auseinandersetzung mit Medien einlässt, abwägen, ob sich Streit hier lohnt. Es kann klüger sein, auf eine Richtigstellung zu verzichten. (Der Bürger bringt manchmal dieses Zurechtrücken gar nicht mehr mit einer vor Tagen erschienenen Nachricht in Verbindung.) Geht es aber um ein wichtiges kommunalpolitisches Thema, steht zu erwarten, dass sich das Thema hinziehen wird. Handelt es sich um eine eindeutig falsche Berichterstattung, kann man zu dem Schluss kommen, dass eine Reaktion unvermeidlich ist.

Wenn die Entscheidung zugunsten einer Reaktion gefallen ist, muss abgewogen werden, mit welchen Mitteln die Richtigstellung verfolgt werden soll (Argumente dabei werden das Verhältnis zur jeweiligen Redaktion und die „Schwere" des Themas sein). Dazu gehört auch die Frage, ob man die Frage untereinander regelt oder ob man sie öffentlich aushängt.

44.4 Richtigstellung

Es gibt eine Reihe von „soften" Reaktionsmöglichkeiten, die alle dazu dienen, dass dem Wunsch der Stadt nach einem Zurechtrücken Rechnung getragen wird, zugleich aber alle das Gesicht wahren.

44.4.1 Die Selbstberichtigung

Eine Form der Regelung zwischen Presseamt und Redaktion wäre die „Selbstberichtigung". Nach einem direkten Hintergrundgespräch korrigiert sich die Zeitung in einem erneuten Artikel selbst. Sie wahrt dabei weitgehend das Gesicht. Der Vorteil für sie liegt darin, nicht von außen zu einer Korrektur gezwungen worden zu sein (die ggf. konkurrierende Medien hämisch aufgreifen könnten).

44.4.2 Die abgesprochene Richtigstellung

Bei der „abgesprochenen Richtigstellung" veröffentlicht die Redaktion (sozusagen ohne Anerkenntnis einer Rechtspflicht, wie sie sich aus einer Gegendarstellung ergäbe) eine von der Kommune verfasste Richtigstellung (die abgesprochen sein muss, um einen unveränderten und unkommentierten Abdruck sicherzustellen).

44.4.3 Der korrigierende Leserbrief

Eine Richtigstellung durch den „Abdruck eines Leserbriefes" ist eher ungewöhnlich und entspricht auch in der Regel nicht dem Selbstverständnis der kommunalen Pressearbeit, die andere Optionen als Leserbriefe zur Verfügung hat.

44.4.4 Der neue Bericht

Oft kann (bei weniger gravierenden Fällen, bei Ungenauigkeiten) zwischen Stadt und Redaktion ein „neuer Artikel" vereinbart werden, der zum gleichen Thema berichtet, ohne dass auf die frühere, mangelhafte Berichterstattung Bezug genommen wird, sie aber sozusagen inkludent korrigiert. Solche Lösungen sehen Zeitungen gern, weil sie eine Selbstkorrektur ersparen und trotzdem den Fehler beseitigen.

44.5 Dementi

Eine einfache Form, falsche Angaben öffentlich zu korrigieren, ist ein Dementi.

Es richtet sich allerdings nicht nur an die Redaktion, die Autor der Mängelnachricht war, sondern stellt eine Richtigstellung an alle Redaktionen dar. Ein Dementi wird in Form einer Pressemitteilung geschrieben.

Die Veröffentlichung ist von der Entscheidung der jeweiligen Redaktion abhängig. Sollte sich die Redaktion dafür entscheiden, dürfen Dementis auch gekürzt werden. Generell sind die Erfolgsaussichten zur Veröffentlichung eher gering.

44.6 Gegendarstellung

In der populären Vorstellungswelt spielt die Gegendarstellung eine zentrale Rolle. In der Praxis (zumal der kommunalen) ist ihre Bedeutung eher gering, und viele erfahrene Pressesprecher lehnen sie als Mittel ab, kennen aber dennoch genauestens ihre Mechanismen. Sie ist quasi die große Keule, die man versteckt mit sich trägt in der Hoffnung, sie nie nutzen zu müssen. Ihre formelle und materielle Umsetzung ist äußerst kompliziert.

Der Gegendarstellungsanspruch beruht auf dem Persönlichkeitsrecht. Anspruchsgrundlagen liefern die Landespressegesetze (§ 10 in Bayern, Hessen, Berlin – in den anderen Bundesländern § 11). Er gilt auch gegenüber Darstellungen im Rundfunk (soweit er nicht in Landespressegesetzen geregelt ist, ergibt sich der Anspruch aus den gesetzlichen Vorschriften der Rundfunkanstalten. Für den Onlinebereich beruht er auf dem Telekommunikationsgesetz und dem Medienstaatsvertrag).

Grundvoraussetzung für einen Gegendarstellungsanspruch ist eine (falsche) Tatsachenbehauptung. (Eine Meinungsäußerung ist nicht gegendarstellungsfähig.) Die Abgrenzung kann im Einzelfall schwierig sein. Als Faustregel gilt: *„Alles, was dem Beweis zugänglich ist, ist eine Tatsachenbehauptung. Alles, worüber diskutiert und gestritten werden kann, ist eine Meinungsäußerung oder ein Werturteil"* (*Renate Damm*, Journalismus von heute, Teil XII: Presserecht, 1994, S. 35).

Die Gegendarstellung ist eine faktische Stellungnahme, keine Meinungsäußerung. Ziel ist es, den Sachverhalt aus eigener Sicht darzulegen. *„Dargestellt werden muss die objektive Wahrheit"* (Deutscher Presserat, Anleitung für die Praxis, Grundsätze für die Behandlung von Gegendarstellungsansprüchen durch Zeitungs- und Zeitschriftenredaktionen, 1985). Die Gegendarstellung darf nicht (wesentlich) länger als der in Frage stehende Text sein und muss vom Betroffenen eigenhändig unterzeichnet sein.

Nur die direkt Betroffenen können eine Gegendarstellung verlangen. Insofern kann nicht der Pressesprecher stellvertretend für den Bürgermeister oder einen Mitarbeiter der Verwaltung tätig werden. Wird dagegen die Verwaltung als Institution angegriffen, kann der Behördenleiter die Gegendarstellung verlangen. Gegendarstellungsbegehren müssen vom Betroffenen oder dessen gesetzlichem Vertreter eigenhändig unterzeichnet sein. Ein beauftragter Anwalt ist nicht zur Unterzeichnung berechtigt.

Die Gegendarstellung muss dem im Impressum genannten Redakteur oder Verleger zugeleitet werden (Herausgeber oder Chefredakteure sind keine Anspruchsgegner – es sei denn, sie sind im Impressum als „Verantwortliche" ausgewiesen). Adressaten im Rundfunkbereich sind die verantwortlichen Redakteure, Sendeleiter und Intendanten.

Es ist nicht erforderlich, dass das Begehren ausdrücklich als „Gegendarstellung" bezeichnet wird, wichtig ist, dass der Wunsch nach einer Veröffentlichung deutlich wird (auch wenn Begriffe wie „Berichtigung", „Gegenerklärung", „Richtigstellung" darüberstehen) und ausdrücklich erklärt wird. Die Gegendarstellung muss schriftlich eingereicht werden.

Juristisch ist sie nicht mehr durchsetzbar, wenn zur beanstandeten Veröffentlichung bereits ein eingesandter Leserbrief oder ein Dementi veröffentlicht wurde.

Eine Gegendarstellung wird typischerweise so formuliert:

„In Ihrer Ausgabe vom TT. MM.JJJJ haben Sie in dem Artikel „Mustermann entlassen" folgende Behauptung aufgestellt: „Mustermann wurde wegen Veruntreuung von Haushaltsmitteln aus dem Dienst entlassen." Diese Behauptung ist unwahr. Wahr ist vielmehr, dass ich keine Haushaltsmittel veruntreut habe und bis zur Klärung der Vorwürfe beurlaubt wurde. Max Mustermann, Rechtsweg 88, D-12345 Musterstadt."

Die Gegendarstellung muss in der nächst erreichbaren Ausgabe oder Sendung an der gleichen Stelle und in der gleichen Größe veröffentlicht werden, wenn die formalen Voraussetzungen erfüllt und etwaige unwahre Behauptungen nicht als Lügen offensichtlich sind. Sowohl der Zeitpunkt der Veröffentlichung als auch der vorgeschriebene Platz werden von den Medien oft bewusst nicht eingehalten. Außerdem gibt es immer wieder Versuche, die abgedruckte Gegendarstellung durch eine anschließende Stellungnahme (sog. „Redaktionsschwanz") zu relativieren. Die Redaktionen halten darin fest, dass sie durch das Pressegesetz zum Abdruck verpflichtet sind. Darüber hinaus wird oft bekräftigt, dass die Redaktion bei ihrer Meinung bleibt. (Das Saarländische Pressegesetz bestimmt, dass der Redaktionsschwanz nicht auf der Seite der Gegendarstellung abgedruckt werden darf.)

Der Gegendarstellungsanspruch für das Internet ist im Medienstaatsvertrag (§ 9) geregelt:

„Jeder Anbieter von Angeboten nach § 5 II 2 ist verpflichtet, unverzüglich eine Gegendarstellung der Person oder Stelle, die durch eine in seinem Angebot aufgestellte Tatsachenbehauptung betroffen ist, ohne Kosten für den Betroffenen in sein Angebot ohne Abrufentgelt aufzunehmen. Die Gegendarstellung ist ohne Einschaltungen und Weglassungen in gleicher Aufmachung wie die Tatsachenbehauptung in unmittelbarer Verknüpfung mit ihr anzubieten. Wird die Tatsachenbehauptung nicht mehr angeboten oder endet das Angebot vor Ablauf eines Monats nach Aufnahme der Gegendarstellung, so ist die Gegendarstellung an vergleichbarer Stelle so lange anzubieten, wie der Betroffene es verlangt, höchstens jedoch einen Monat. Eine Erwiderung auf die Gegendarstellung muss sich auf tatsächliche Angaben beschränken und darf nicht unmittelbar mit der Gegendarstellung verknüpft werden."

44.7 Zivilrechtliche Abwehrmöglichkeiten

44.7.1 Ansprüche aus unerlaubter Handlung (§§ 823 ff. BGB)

Unqualifizierte Presseangriffe können zugleich einen Verstoß gegen die Rechtsordnung enthalten. Werden dabei Dritte verletzt, so kommen bei Vorliegen der sonstigen Voraussetzungen sowohl strafrechtliche, als auch zivilrechtliche Abwehrmöglichkeiten nebeneinander in Betracht.

Zivilrechtliche Anspruchsgrundlage für ein Vorgehen gegen die Presse werden in der Regel Ansprüche aus sog. unerlaubter Handlung (§§ 823 ff. BGB) sein. Wer klagen kann (aktivlegitimiert), wer Beklagter ist (passivlegitimiert), kann nur im jeweiligen Einzelfall entschieden werden. Bei der Prüfung der Frage, ob eine unerlaubte Handlung i. S. der §§ 823 ff. BGB durch eine Presseveröffentlichung begangen worden ist, ist stets besonders zu beachten, dass die Presse im Rahmen ihrer öffentlichen Aufgabe, insbesondere also bei der Behandlung politischer Angelegenheiten, zur Wahrung der Interessen der Öffentlichkeit befugt ist (vgl. die Entscheidung in BGHZ 31, 308 ff.). Das bedeutet in diesem Zusammenhang eine erweiterte Anwendung des § 193 StGB zugunsten der Presse, die aber andererseits bei ihrer Berichterstattung *„nicht von jenen Schranken befreit ist, die sich aus dem grundgesetzlich geschützten Recht des einzelnen auf die freie Entfaltung seiner Persönlichkeit und insbesondere die Wahrung seiner Ehre ergeben"* (Art. 2 Abs. 1, Art. 5 Abs. 2 GG).

„Treten das Recht der freien Meinungsäußerung und -verbreitung einerseits und das Persönlichkeitsrecht des einzelnen andererseits in Widerstreit, so lässt sich – was im Grunde schon in der bisherigen Rechtsprechung zu § 193 StGB stets anerkannt wurde – nur aufgrund einer Güter- und Interessenabwägung entscheiden, inwieweit eine Beeinträchtigung der Ehre des einzelnen durch eine Wahrnehmung berechtigter Interessen gerechtfertigt ist" (BGH, a. a. O.).

Selbst wenn sich aber die Presse (Verleger, verantwortlicher Redakteur, Einsender usw.) im Einzelfall grundsätzlich auf eine Wahrnehmung berechtigter Interessen berufen kann, so bedarf es doch stets einer besonderen Prüfung, ob ein Presseartikel nicht zu weit geht. Auch in diesem Fall kommt ein Anspruch aus unerlaubter Handlung in Betracht.

44.7.2 Schadensersatzansprüche

Wurden das Recht der Ehre, des allgemeinen Persönlichkeitsrechtes, des Eigentums usw. verletzt, ist ein Schadensersatzanspruch gegen Medien möglich. Voraussetzung ist ein schuldhaftes (fahrlässiges oder vorsätzliches) Vorgehen. Dazu können Beleidigung (Werturteil) oder üble Nachrede und Verleumdung (Tatsachenbehauptung) gehören. Eine fahrlässige Verletzung liegt vor, wenn die journalistische Sorgfaltspflicht nicht geübt wurde. Schadensersatzansprüche werden in der Regel für einzelne Mitarbeiter der Gemeinde oder für Mitglieder des Rats in Betracht kommen können, vor allem bei ehrenrührigen Vorwürfen. Die Ehre des Menschen ist ein Rechtsgut, das durch § 823 Abs. 2 BGB i. V. m. §§ 185 ff. StGB geschützt ist.

1. Beispiel:

Eine Zeitung behauptet, der Amtsarzt des kommunalen Gesundheitsamtes habe bei einem Kranken eine falsche Diagnose gestellt und ihn dadurch zum Selbstmord getrieben.
Bei Vorliegen auch der subjektiven Voraussetzungen des § 186 StGB kommen Schadensersatzansprüche gegen den Verfasser des Artikels, den verantwortlichen Redakteur (aus § 823 Abs. 2 BGB) und evtl. gegen den Verleger unmittelbar aus § 823 Abs. 2 BGB oder über § 831 oder § 31 BGB in Betracht.

2. Beispiel:

Eine Zeitung behauptet, ein Ratsherr habe seine ehrenamtliche Tätigkeit dazu benutzt, sich Aufträge der Gemeinde für sein Baugeschäft zuzuschanzen.
Neben Ansprüchen aus § 823 Abs. 2 BGB wegen Verletzung eines Schutzgesetzes kommt als Anspruchsgrundlage § 823 Abs. 1 BGB dann in Betracht, wenn in dem Presseangriff eine Verletzung des allgemeinen Persönlichkeitsrechts (Art. 1 und 2 GG) des Klägers liegt, das als ein absolutes Recht i. S. des § 823 Abs. 1 BGB anerkannt ist (BGHZ 24, 72).

44.7.3 Abwehransprüche

Im Gegensatz zu den Schadensersatzansprüchen setzen die Abwehransprüche gegen die Presse kein Verschulden des Schädigers voraus. Das hat deshalb besondere Bedeutung, weil es in der Praxis durchaus vorkommen kann, dass eine falsche Nachricht schuldlos als solche nicht zu erkennen war. Hier helfen die sog. Abwehransprüche, die von der Rechtsgedankenanwendung der §§ 823, 1004 BGB ausgehen.

44.7.3.1 Widerruf

Wenn Medien Unwahrheiten verbreiten und nicht bereit sind, diese richtigzustellen, kann eine Redaktion mithilfe des Widerrufs gegen ihren Willen gezwungen werden, die unwahre Behauptung zurückzunehmen. Allerdings dauert die Durchsetzung lange, da sie nicht per einstweiliger Verfügung, sondern nur per zivilrechtlicher Hauptklage möglich ist.

Auch ein Widerruf kann sich nur gegen Tatsachenbehauptungen, nicht aber gegen Meinungsäußerungen, z. B. in Kommentaren, richten. Außerdem muss der Widerruf inhaltlich wahr sein, da die Beweislast für die Falschmeldung beim Widerrufenden liegt.

Wurde der Widerruf gerichtlich erfolgreich durchgesetzt, muss das Medium den Widerruf in der jeweiligen Form (Zeitung: Abdruck, elektronische Medien: Verlesen) ohne redaktionellen Zusatz veröffentlichen.

44.7.3.2 Unterlassung

Der Anspruch auf Unterlassung ist im Gegensatz zum Widerruf per zivilrechtlicher einstweiliger Verfügung schnell durchsetzbar, in Ausnahmefällen sogar innerhalb eines Tages. Zuvor muss die Redaktion erfolglos aufgefordert worden sein, sich innerhalb einer angemessenen Frist freiwillig zu einer Unterlassung zu verpflichten. Ziel ist, die Wiederholung einer Behauptung zu unterbinden und nicht die bereits erfolgte Veröffentlichung. Wichtig ist, dass die Wiederholungsgefahr latent vorhanden sein muss. Sie muss durch eine schon publizierte rechtswidrige Tatsachenbehauptung oder Meinungsäußerung belegt werden. Beweiskraft hat die Vorlage von Fakten, die auf die unmittelbar bevorstehende Veröffentlichung solcher Artikel schließen lassen. Das Gleiche gilt für andere Druckwerke, wie z. B. Bücher. Im Gegensatz zum Widerruf erfährt die Öffentlichkeit nichts von einem erfolgreich durchgesetzten Unterlassungsanspruch. Ein weiterer Unterschied zum Widerruf besteht darin, dass sich der Unterlassungsanspruch sowohl gegen Tatsachenbehauptungen als auch gegen Meinungsäußerungen (sog. Schmähkritik) richten kann.

Eine erfolgreiche einstweilige Verfügung muss die Redaktion hinnehmen. Sie kann aber vom Antragsteller verlangen, den Unterlassungsanspruch erneut per Hauptklage durchzusetzen. Wenn die Redaktion in der dann durchzuführenden Beweisaufnahme und den Zeugenvernehmungen nachweisen kann, dass der Unterlassungsanspruch unberechtigt war, wird er nachträglich vom Gericht aufgehoben, und die Redaktion kann Schadensersatz fordern.

44.8 Strafrechtlicher Schutz

Die Verantwortlichkeit für strafbare Handlungen, die mittels eines Druckwerks begangen werden, bestimmt sich nach den allgemeinen Strafgesetzen. In Betracht kommen im Verhältnis Gemeinde und Presse vor allem die §§ 185 ff. StGB (Beleidigung). Wegen der geistigen Wirkungskraft, die von der Presse ausgeht, soll die strafrechtliche Ahndung von Presseinhaltsdelikten auch dann gesichert sein, wenn im Hinblick auf die Anonymität der Presse und auf das Zusammenwirken vieler Kräfte beim Zustandekommen eines Druckwerks ein vorsätzlicher Täter nicht zu ermitteln ist. Die modernen Landespressegesetze sehen daher eine subsidiäre strafrechtliche Verantwortlichkeit für den verantwortlichen Redakteur bzw. den Verleger vor.

Bei der Beurteilung, ob eine strafbare Handlung vorliegt, ist immer besonders zu beachten, dass es Sache der Presse ist, Kritik zu üben. Kritik an der Gemeindepolitik, wie sie jeweils betrieben wird, ist daher im Grundsatz niemals strafbar, auch dann nicht, wenn sie *„hart und scharf und, wie dies bei politischer Polemik leicht unterläuft, offenkundig unberechtigt"* ist (BGH, JZ 1963 S. 402 f.). Das folgt aus dem freiheitlich-demokratischen Geist des GG, in dem auch die Strafbestimmungen des StGB auszulegen sind.

Auch für die Gemeinde gilt insoweit wie für den Staat, dass eine politische Auseinandersetzung im freiheitlichen Gemeinwesen nur im geistigen Kampf der divergierenden Meinungen möglich ist. Für diese geistige Auseinandersetzung sind die Grundrechte der freien Meinungsäußerung und der Pressefreiheit schlechthin konstituierend.

Die Grenze der Strafbarkeit wird allerdings dann überschritten, wenn die Kritik beleidigt, beschimpft, verächtlich macht oder verunglimpft; Angriffe in solcher Form sind durch das Recht zur Kritik nicht mehr gedeckt (BGHSt 16/338/340).

Beleidigungsfähig sind neben den einzelnen in der Gemeinde tätigen Menschen auch die Gemeinden selbst (BGH, NJW 1982 S. 2246). Soweit nicht besondere Vorschriften eingreifen, tritt die Verfolgung einer Beleidigung nur auf Antrag ein. Ist die Beleidigung gegen einen Amtsträger oder einen für die Gemeinde besonders Verpflichteten im unmittelbaren Zusammenhang mit seinem Dienst begangen worden, kann auch der Dienstvorgesetzte den Strafantrag stellen (§ 194 StGB).

Bei Beleidigung der Vertretungskörperschaft wird die Tat nur mit deren Ermächtigung verfolgt (§ 194 Abs. 4 StGB).

44.9 Beschlagnahme

Die Beschlagnahme eines Druckwerkes kann nur unter erschwerten Voraussetzungen vom Richter angeordnet werden. Sie gehört zu den besonders schwerwiegenden Eingriffen in die Pressefreiheit und wirkt wie die *„Verhaftung des Gedankens"*. Sie ist die ultima ratio und darf nur angeordnet werden, wenn dringende Gründe für die Annahme vorliegen, dass die Einziehung des Druckwerks angeordnet oder vorbehalten wird. Im Verhältnis Gemeinde und Presse sind nur schwer Konfliktsituationen vorstellbar, die eine Beschlagnahme rechtfertigen könnten.

44.10 Beschwerde beim Deutschen Presserat

Der Deutsche Presserat wurde 1956 zur Freiweilligen Selbstkontrolle der deutschen Printmedien gegründet. Der Presserat übernimmt einerseits Lobbyarbeit für die Pressefreiheit in Deutschland und bearbeitet andererseits Beschwerden aus der Leserschaft. Er besteht aus 28 Mitgliedern der vier Verleger- und Journalistenorganisationen, die in Ausschüssen mehrere Male im Jahr anhand des Pressekodexes („Publizistische Grundsätze") über eingegangene Beschwerden beraten. Man muss allerdings wissen, dass die Anrufung des Presserats wegen der meist eintretenden Verzögerung zwischen Ereignis und Entscheidung nur bei wirklich gravierenden Verstößen gegen den Pressekodex wirkungsvoll ist. Für die aktuelle lokale Berichterstattung spielt dieses Instrument daher eine untergeordnete Rolle.

Die öffentliche Rüge ist das schärfste Mittel, das der Presserat aussprechen kann. Sie hat eine nicht zu unterschätzende moralisch-psychologische Wirkung, da fast alle Zeitungen und Zeitschriften sich verpflichtet haben, diese öffentlichen Rügen abzudrucken – unabhängig davon, ob sie selbst betroffen sind. Darüber hinaus stehen die nicht-öffentliche Rüge, die Missbilligung und der Hinweis als Sanktionsmöglichkeiten zur Verfügung.

Im Gegensatz zur Gegendarstellung ist nicht die persönliche Betroffenheit erforderlich, um sich beim Presserat (Deutscher Presserat, Gerhard-von-Are-Str. 8, 53111 Bonn, www.presserat.de) über eine unfaire Berichterstattung zu beschweren.

45. Informationsfreiheitsgesetze

Von Zeit zu Zeit werden Presseämter mit der Thematik der Informationsfreiheitsgesetze (IFG) befasst, obgleich sie nur indirekt mit der eigentlichen Medienarbeit zusammenhängt, sondern den Bürgern vielmehr direkten Zugriff auf das Wissen der Verwaltung ermöglicht und damit eher zur Thematik Bürgerbeteiligung und Bürgerinformationen gehört.

Für die Bundesbehörden sowie die Landesbehörden in einigen Ländern (dann dort auch für die kommunalen Behörden) und für Kommunen in Ländern ohne IFG, die sich aber selbst entsprechende Satzungen (als Ortsrecht) gegeben haben, existieren Vorschiften, die sie – auf Anfrage – zur Information verpflichten. Information bedeutet dabei die Offenlegung vorhandener Materialien (Dokumente, Gutachten, Akten), nicht aber (wie das von Bürgern gelegentlich einzufordern versucht wird) die originäre Ermittlung von Zahlen und Fakten, eine persönliche Debatte und den Eintritt in einen Austausch von Argumenten oder gar Ansichten.

Ziel der Gesetze oder Satzungen ist es, Transparenz in Vorgänge und Entscheidungen zu bringen und den (der Natur der Sache entsprechenden) Informationsvorsprung der Fachleute abzumildern, indem der Informationspool für die Öffentlichkeit geöffnet wird. Zudem sollte auch den Bürgern und der Bürgerschaft ein Instrument an die Hand gegeben werden, Faktenwissen abzugreifen und eine gewisse „Kontrolle durch Transparenz" auszuüben, entsprechend der Devise: *„Alles auf den Tisch"* und *„gegen politische Mauschelei in Hinterzimmern"*.

Aus Sicht der Medien sind die Informationsfreiheitsregelungen zweischichtig.

Einerseits kann sich ein Berufsstand, der seine Selbstsicht und seine Daseinsberechtigung auf der Position aufbaut, (nahezu) alles müsse öffentlich sein und den Bürgern vorgelegt werden, nicht der Forderung verschließen, diesen Bürgern den direkten Zugang zu Informationen zu verwehren.

Andererseits: Wenn Bürger sich nach dem Informationsfreiheitsgesetz Zugang zu allen Informationen der Verwaltung(en) beschaffen können, werden die privilegierten Regeln der Landespressegesetze, die die Verwaltung(en) verpflichten, den Redaktionen Auskunft zu erteilen, eigentlich überflüssig – und die Redaktionen verlieren genau das, wonach sie sehnlichst streben: das Privileg auf Exklusivität.

Insoweit müssen sich die Journalistenvertretungen zwar für Informationsfreiheit aussprechen, könnten aber vermutlich auch ohne sie leben (vgl.: www.djv.de; 12. Februar 2006, Informationsfreiheitgesetz).

Informationsfreiheit beruht auf dem Grundsatz, *„dass die Unterlagen und Daten öffentlicher Stellen im Regelfall für jeden Bürger einsichtig sind"*. Kerninhalt sind daher Akteneinsicht und Aktenkopie für jedermann (was bislang nur Betroffenen zustand).

Tatsächlich fürchten die Medien die IFG-Regeln nicht. In der Breite bleiben öffentliche Planungen, bleibt politisches Handeln, bleibt erst recht Verwaltungshandeln (mit all den Erfordernissen der rechtlichen Grundlagen, des fachlichen Detailwissen, z. B. medizinischer, umweltbiologischer, baustatischer, materialwissenschaftlicher ... Art) ein Gegenstand, dessen Beurteilung hauptberufliche Ausbildung und vollzeitliche Befassung erfordert. Dies können Journalisten (die der ernsthaften Art) leisten und den Bürgern vermitteln, erklären und darlegen.

Das führt hin zu der Rolle, die den Traditionsmedien in einer Welt der transparenten Informationsmöglichkeiten aus dem Netz und aus Behördenakten zufällt: in der Vielfalt der zugänglichen Informationen ist der Einzelne oft überfordert. Die Zukunft der Medien wird darin liegen, sie zu ordnen, zu systematisieren, zu erklären.

Und darin begegnen sich Auftrag und Intention von Medien und Presseämtern.

Festzuhalten ist aber auch: Bürger, die sich unter Berufung auf IFG-Vorschriften an die Behörden wenden, sind eher selten. Das kann auch so interpretiert werden, dass Bürger mit der schon seit langem üblichen Transparenz zufrieden sind.

46. Informantenschutz

In diesem Zusammenhang ist eine Überlegung zum Thema Datenschutz angebracht. Es geht dabei um vertrauliche Informationen, die der Verwaltung mitgeteilt wurden und die dort gespeichert sind.

46.1 Die Whistleblower-Problematik

Aus journalistischer Sicht stellt sich die Sachlage unter dem Aspekt des Informanten-Schutzes. Die Identität des Informanten wird gewahrt.

Den Redaktionen ist es verboten, sich rechtswidrig Informationen zu beschaffen. Nicht verboten ist es, ihnen angebotene Informationen, auch wenn diese sich der Informant rechtswidrig beschafft hat und/ oder sie rechtswidrig weitergibt, zu veröffentlichen.

Dies ist eine recht subtile Differenzierung. Es ist (im Einzelfall) nicht Sache der (kommunalen) Behörden, dies zu beurteilen (ggf. sind nach Prüfung des Sachverhalts eher die Justizbehörden aufgerufen tätig zu werden). Kommunale Behörden sollten sich aber, wenn diese den Informantenschutz durch die Medien akzeptieren, von diesen nicht den Vorwurf einer „Hexenjagd“ gefallen lassen, wenn sie ihrerseits danach suchen, wer die Medien (rechtswidrig) informiert hat. Der Pflicht der Medien, ihre Informanten zu schützen, steht die Pflicht der Verwaltungen gegenüber, ihre Daten zu schützen (und zwar im Interesse all derer, die verpflichtet sind, sie ihnen zu offenbaren oder derer, die sich mit einem Anliegen vertrauensvoll an sie wenden). Unberücksichtigt muss hier bleiben, welche (ethisch-fundierten) Rechtfertigungsgründe Durchstechen interner Daten an Medien rechtfertigen könnten – im täglichen Geschäftsgang der Kommune, der sich mit der Alltagsbewältigung befasst, dürften diese eher gering sein.

46.2 Informantenschutz als Berufungstatbestand und für Pressesprecher

Unter einem anderen Blickwinkel stellt sich die Frage, ob sich auch Pressesprecher (als Mitwirkende in einer Recherche) auf Informantenschutz berufen können.

Im Pressecodex (Punkt 6) heißt es: *„Jede in der Presse tätige Person wahrt das Berufsgeheimnis, macht vom Zeugnisverweigerungsrecht Gebrauch und gibt Informationen ohne deren ausdrückliche Zustimmung nicht preis.“*

Nun stellt sich die Frage, ob Pressesprecher zum Kreis der *„in der Presse tätigen Personen“* zählen. Das ist insoweit relevant, als § 53 Abs. 1 Nr. 5 StPO auch jenen Personen ein Zeugnisverweigerungsrecht einräumt, die bei der Vorbereitung einer Berichterstattung mitwirken.

Natürlich kann sich ein Pressesprecher nicht auf ein Zeugnisverweigerungsrecht für seine – ja gerade für die Öffentlichkeit bestimmten – Erklärungen berufen, möglicherweise aber darin enthaltene Details, die nicht aus der eigenen Verwaltung, sondern von Dritten stammen, z. B. dass die Graffiti-Sprüher einer bestimmten landsmannschaftlichen Herkunft zuzuordnen sind. Die subtilen juristischen Argumentationen zählen Justitiare, Archivare, Drucker, Setzer, Volontäre, Korrektoren zu den Berechtigten und lassen vermuten, dass aufgrund des weitgefassten Personenkreises u. U. die Pressesprecher zum privilegierten Kreis gehören könnten (vgl. *Michael Konken*, Pressearbeit ..., a. a. O., S. 25; ferner: *Peter Schiwy, Walter Schütz*, Medienrecht 2004 S. 522). So sympathisch dieser Ansatz auch scheinen mag, es bleibt: der Pressesprecher ist kein Journalist, er ist kein „Medienmitarbeiter" – er gehört zum öffentlichen Dienst.

46.3 Äußerungen und Erklärungen des Pressesprechers, seiner Stellvertreter – des Presseamtes

Entsprechend der Organtheorie werden Äußerungen von Angehörigen des öffentlichen Dienstes nicht ihnen persönlich, sondern ihrem Dienstherrn zugeordnet. Sie können sich nicht auf Meinungs- und Pressefreiheit berufen. *„Gerade aus dem „Journalismus" kommende Pressesprecher meinen, dass sie weiterhin durch Art. 5 Abs. 1 GG geschützt sind. Diese falsche Einschätzung der verfassungsrechtlichen Situation wird besonders dort deutlich, wo städtische Pressesprecher im Impressum kommunaler Bürger- oder Imageillustrierter, als „Chefredakteure" mit Angabe des Namens, aber ohne Nennung der amtlichen Funktion erscheinen"* (*Michael Konken*, Pressearbeit ..., a. a. O., S. 31 f.).

Sie genießen weder das Privileg des Zeugnisverweigerungsrechts noch die erweiterte Vermutung der Zulässigkeit grenzwerter Kritik im Interesse der Öffentlichkeit.

Äußerungen – außerhalb des Dienstes – auch solche im Party-Kreis, bei Ausstellungsbesuchen etc. (strikt außerhalb eines engen Freundes- und Bekanntenkreises) zu kommunalen oder kommunalpolitischen Themen sind ebenso wenig durch irgendwelche Einreden gedeckt. Pressesprecher sind in den Augen der Bürger auch außerhalb formaler Formate (wie Pressekonferenzen, Ortstermine) immer im Dienst und müssen sich nicht nur ihre Erklärungen, sondern auch ihre Rede und selbst ihr Dahergerede zurechnen lassen.

47. Rechtsfragen im Umfeld der kommunalen Pressearbeit

Zunehmend werden Presseämter mit Rechtsfragen aus den unterschiedlichen Rechtsgebieten befasst. Das hängt mit verschiedenen Entwicklungen der modernen Gesellschaft zusammen. Früher war Pressearbeit eine nachgeordnete Tätigkeit, die den Zeitungen zuliebe erfüllt werden musste, um sich ihr Wohlwollen zu erwerben. In den folgenden Jahrzehnten erwarb sich die kommunale Öffentlichkeitsarbeit ein eigenes Standing (und die Oberbürgermeister der mittleren Städte erkannten, dass sie sich damit von Getriebenen der Verleger, unter Schmerzen, zu Partnern auf Augenhöhe fortentwickeln konnten). Unter den Bedingungen der modernen Mediengesellschaft (mit vielfältigen Mitspielern, auch solchen, die das Handwerk der Öffentlichkeitsarbeit inzwischen auch an Hochschulen in unterschiedlichen Studiengängen erlernen konnten) hat sich das Presseamt zu einer zentralen Instanz innerhalb der Stadtverwaltung entwickelt. Das hat zur Folge: Früher hat sich niemand wirklich intensiv mit dem befasst, was die Pressestellen tun – je zentraler sie wurden, desto mehr gerieten sie in den Fokus (der örtlichen Medien, zuerst – dann den der örtlichen Politikakteure, wegen der Wirksamkeit) und damit wurden sie auch Gegenstand der Betrachtung im Sinne der (überschwappenden) Political Correctness, der unvermeidlich die strikte Einhaltung justiziabler Standards folgte.

Wenn Pressearbeit früher von einem jungen Mann erledigt wurde, den sich ein Bürgermeister holte und der mit ihm täglich frühmorgens die Presselage erörterte, die im Tagblatt erschienen Artikel besprach, sind Pressesprecher heute zu Informationsmanagern eines Bürgerkonzerns geworden, die täglich nicht nur mit Inhalten des Tagesgeschäfts zu tun haben, sondern auch mit wiederkehrenden Fragen juristischer Grundlagen ihrer Kommunikation.

47.1 Juristische Tagesfragen

Ein erster Komplex der Fragen umfasst die Persönlichkeitsrechte (Recht am eigenen Bild, Recht an der eigenen Stimme).

In einer ersten Fragestellung geht es darum, welche Abbildung sich die Handelnden der Kommunalpolitik (Oberbürgermeister, Mitglieder des Stadtrats, Referats- und Amtsleiter, ggf. Mitarbeiter der Verwaltung) selbst gefallen lassen müssen, in einer zweiten, auf welche Dinge die Verwaltung achten muss, wenn sie selbst handelt und dabei ggf. Persönlichkeitsrechte Dritter beeinträchtigt.

Grundlegend ist hier die Rechtsprechung zur Rechtsfigur der Persönlichkeit der Zeitgeschichte.

Die Figur geht von einem pyramidalen Modell aus, an dessen Spitze „absolute Persönlichkeiten der Zeitgeschichte" stehen (wie Bundespräsident, Bundeskanzler, Ministerpräsidenten, Minister, Parlamentspräsidenten, Spitzensportler, ggf. international renommierte Künstler und bestimmte Regenbogenpresse-Promis), die sich eine umfassende Darstellung auch in Teilen ihres Privatlebens (ausgenommen des Intimbereiches) gefallen lassen müssen.

Deutlich höheren Schutz genießen „relative Persönlichkeiten der Zeitgeschichte" (vermutlich auch die Oberbürgermeister großer Städte), die sich natürlich in Bereichen ihres dienstlichen Wirkungskreises die Darstellung gefallen lassen müssen, wohl auch in ihrem außerdienstlichem (aber nicht in ihrem privaten, familiären) Leben. Mitglieder des Stadtrats genießen gewöhnlich Schutz vor Darstellung, außer der Berichterstattung über ihr Auftreten als Stadtratsmitglied, und haben in vollem Umfang das Recht am eigenen Bild und der eigenen Stimme. Nicht-gewählte Laufbahnbeamte in herausgehobener Funktion (Referenten, Dezernenten, Amtsleiter) müssen sich Berichterstattung und Darstellung (nur) im Zusammenhang mit ihrem Amt und bei öffentlichem Auftreten, wenn es Außenwirkung entfaltet, z. B. bei Bürgerveranstaltungen, Bezirksausschusssitzungen, dann wohl auch im Bild gefallen lassen, nicht aber im privaten Bereich.

Die jüngere Rechtsprechung der Bundesgerichte – der europäischen Rechtsprechung folgend – hat zu einer engeren Auslegung der Freiheit der Berichterstattung durch die Medien, damit zu einem größeren Schutz der „Persönlichkeit der Zeitgeschichte" geführt. Ein Kriterium dabei ist die „Sozialrelevanz" d. h. das Aufzeigen des üblichen Verhaltens in „diesen Kreisen", nicht aber die „Befriedigung bloßer Publikumsneugier".

Hinzuweisen ist aber darauf, dass sich Politiker (der Kategorie „relative Persönlichkeit der Zeitgeschichte", wie die Untersuchungen des Deutschen Städtetags zum Thema „Personalisierung der Berichterstattung" ergeben haben) zunehmend auch „persönlich", mit Familie, mit Kindern, durch Homestories und Personality-Interviews selbst präsentieren. Sie öffnen damit (von sich aus) ihren privaten Kreis und nehmen die (Bild-)Berichterstattung (billigend) in Kauf – und zwar nicht nur für diese eine gezielt verabredete Darstellung, sondern generell. Sie schwächen damit auch juristisch (in künftigen Zweifelsfällen) ihren Schutz.

Livestream von Ratssitzungen

Der Persönlichkeitsschutz für (einfache) Mitglieder des Stadtrats war in jüngerer Zeit auch Gegenstand der Betrachtung beim sogenannten Livestream, d. h. der Live-Übertragung über Internet in Wort und Stimme (oder nur akustisch als Audiostream) von Stadtrats- oder Ausschusssitzungen.

Hier wurde eindeutig festgestellt: Das Persönlichkeitsrecht umfasst das Recht am eigenen Bild und der eigenen Stimme, d. h., ohne ausdrückliche Zustimmung des Betroffenen darf er weder im Bild, noch über seine Stimme übertragen werden. Die wiederholt vorgetragene Ansicht, der Stadtrat könne durch einen mehrheitlich gefassten Beschluss (sozusagen durch geschäftsordnungsmäßige Festlegung) ein Übertragungsrecht herstellen, verkennt den urpersönlichen Charakter der Persönlichkeitsrechte.

Insoweit bedarf es der ausdrücklichen (im Übrigen jederzeit widerrufbaren) Erlaubnis des einzelnen Stadtratsmitgliedes. Grundsätzlich kann ein Livestream aus Sitzungen erfolgen, auch wenn nicht alle Mitglieder zugestimmt haben; es muss aber sichergestellt sein, dass dann, wenn sich Mitglieder, die nicht zugestimmt haben, zu Wort melden, die Übertragung unterbrochen wird (und Zuschauer dann erfahren: Aus datenschutzrechtlichen Gründen kann diese Wortmeldung nicht übertragen werden. Wobei gilt: Es darf nicht mitgeteilt werden, welches Stadtratsmitglied spricht).

Diese Einschränkung gilt nicht nur für Mitglieder des Stadtrats, sondern auch für all jene Mitglieder der Verwaltung, die in den (zu übertragenden Sitzungen) auftreten – erst recht für vortragende externe Berater oder Fachleute (Architekten, Gutachter etc.); ihre Zustimmung ist ggf. vor Sitzungsbeginn, jedenfalls vor ihrem Sitzungsbeitrag zwingend einzuholen. Sicherzustellen ist in jedem Fall, dass anwesende Bürger auf der Zuschauertribüne nicht ins Kamerafeld gelangen.

Städtische Publikationen

Das Gesagte gilt auch für Publikationen der Stadt, die die Mitglieder des Stadtrats, die Spitzen der Verwaltung zeigen, etwa ein „Handbuch des Stadtrats", in dem zwar ohne Zustimmung die Stadtratsmitglieder (ohne private Daten wie Alter, Wohnadresse, private Telefonnummer, aber mit Parteizugehörigkeit, Anciennität im Rat, Mitgliedschaft in Ausschüssen etc.) genannt werden können – die Abbildung mit (Pass-)Bild aber der Zustimmung bedarf.

Erst recht gilt dies für i. d. R. Internet-Darstellung, in denen Mitarbeiter der Verwaltung genannt werden. Es war in manchen Städten im Sinne einer Bürgerfreundlichkeit geplant und verwirklicht, in Übersichten „Wer macht was bei der Stadt, wer ist Ihr Ansprechpartner" aufzuzeigen, welcher Sachbearbeiter Ansprechpartner für bestimmte Bereiche ist (nach dem Motto: diese Person hilft Ihnen bei Fragen zu Müllgebühren, jene bei der Kfz-Zulassung) und diesen freundlichen Helfern auch „ein Gesicht zu geben".

Aus dem oben Geschilderten ergibt sich schlüssig, dass eine solche Darstellung im Bild rechtlich der jeweils individuellen Einverständniserklärung bedarf. Faktisch sind die meisten Kommunen von solchen fotografischen Präsentationen der Mitarbeiter abgekommen, und zwar weniger aus persönlichkeits- und datenschutzrechtlichen Gründen als vielmehr aus sicherheitsrelevanten Überlegungen zum Schutz der eigenen Mitarbeiter.

Dritte in städtischen Publikationen

Wenn man schon bei der Abbildung von Stadtratsmitgliedern, von Mitarbeitern der Stadt, Vorsicht walten lassen muss, so gilt dies erst recht bei der Ablichtung von externen Personen in städtischen Publikationen. Dort sollten Fotos von Personen nur dann Verwendung finden, wenn deren Einverständnis ausdrücklich vorliegt. Bei der Illustration städtischer Faltblätter und Broschüren können guten Gewissens keine Fotos (auch andere bildliche, graphische Darstellungen) Verwendung finden, bei denen die Persönlichkeitsrechte nicht geklärt sind und zum Zwecke der Beweisbarkeit schriftlich vorliegen. Broschüren über Kindergärten etwa sind nur mit Fotos illustrierbar, bei denen das Einverständnis der Erziehungsberechtigten zu den strahlenden Kindergesichtern vorliegt, das gilt nicht anders bei Senioren, bei Sportbroschüren usw.

Als Grundsatz gilt: Wer als Abgebildeter („Model") Geld nimmt, hat der Verwertung zugestimmt. Bilder (von Erwachsenen), die bei städtischen Veranstaltungen, Festen (Bürgerfest, Theaterfest, Straßenfest im

Freien) entstanden sind, sind heikel, aber möglicherweise gedeckt, wenn Haltung und Physiognomie („Strahlen in die Kamera") die konkludente Zustimmung erkennen lassen, trotzdem bleibt hier im Zweifel die Beweislast und sollten eher vermieden werden.

Bilddatenbanken

Eine mögliche Reaktion ist die Einrichtung einer zentralen Bilddatenbank (für die Stadtverwaltung, ggf. auch für Beteiligungsunternehmen), in die nur Fotografien eingestellt werden, deren Verwendbarkeit sowohl in persönlichkeitsschutzrechtlicher Hinsicht wie in urheberrechtlicher Unbedenklichkeit festgehalten und dokumentiert ist, verbunden mit einer strikten Weisung an alle städtischen Dienststellen und Beteiligungen, nur dort eingestelltes Material zu verwenden.

Urheberrechtliche Erwägungen

Verwaltungen können Fotografien nur dann verwenden, wenn eindeutig geklärt ist, dass nicht nur die Abgebildeten der Veröffentlichung zustimmen, sondern auch die Urheber der Fotos der Verwertung ihrer Produkte zugestimmt haben. Deshalb können in die Bilddatenbank nur Fotos, Grafiken etc. eingestellt werden, deren Verwertungsrecht der Stadt dokumentiert überlassen wurden. Diese Überlassung muss mit der Fotografie in der Datenbank verlinkt sein, neben den Angaben des Motivs (ggf. der gezeigten Personen), Aufnahmedatum, Urheber (Fotograf, Grafiker) auch die Angaben der Verwertungsrechte enthalten.

Umfassende Verwertungsrechte

Dabei sollte in vertraglicher Form festgelegt sein, dass die Stadt (Verwertungs-)Rechte am Werk in

- räumlich und
- zeitlich unbeschränkter Weise, ferner
- das Recht auf Veränderung und
- der Umgestaltung durch Dritte (in Kooperation mit anderen Künstlern, Designern, Fotografen) und
- die Nutzung mit allen heute bekannten Medien und Methoden sowie
- heute noch unbekannten Methoden und Techniken erwirbt,

wobei dies nur ein grobes Grundgerüst darstellt, das im Einzelfall ggf. weiter auszugestalten ist.

Eigene Mitarbeiter als Urheber

Eine analoge vertragliche Regelung sollte auch getroffen werden, wenn Fotografien, Skizzen, Zeichnungen von hauseigenen Mitarbeitern für die Datenbank zugeliefert werden. Zu denken ist hier an die

Mitarbeiter der Musikschule, die Bilder von ihren Konzerten, Mitarbeiter des Gartenamts, die Fotos ihrer Pflanzungen liefern (in der Praxis erfolgen aus vielen Ämtern solche Zuarbeiten). Entgegen der landläufigen Meinung sind solche Fotos nicht durch die Eigenschaft als Mitarbeiter der Stadt, gar ihrer Töchter automatisch frei von Rechten verwertbar. Das gilt allein für solche Mitarbeiter, die ausdrücklich für fotografische Dienste oder journalistische Tätigkeiten beschäftigt sind und deren Stellenbeschreibung auch diese Tätigkeit umfasst. Alle anderen sind sozusagen außerhalb ihres dienstlichen Kernbereiches tätig. Insoweit empfiehlt es sich, auch sie eine Erklärung unterschreiben zu lassen, dass sie die Verwertungsrechte (im oben angegebenen Umfang) der Stadt übertragen (und diese Erklärung der Bilddatenbank für jedes Foto beizufügen).

Persönlichkeitsrechte von Personen in städtischer Obhut und bei städtischen Veranstaltungen

Die erste Kategorie betrifft z. B. Kinder in städtischen Kindergärten. Hier ist zunächst eindeutig, dass die Abbildung von Kindern nicht allein in städtischen Broschüren, sondern erst recht durch Pressefotografen, die die Kita aufsuchen, nur dann zulässig ist, wenn die Erziehungsberechtigten (dokumentiert) vorab zugestimmt haben. Faktisch lässt sich dies, in den Städten oft so gepflegt, dadurch lösen, dass im Rahmen des Betreuungsvertrages, der bei Aufnahme des Kindes in die Einrichtung zwischen Stadt und Eltern (Erziehungsberechtigten) geschlossen wird, ein entsprechender Passus aufgenommen wird, der für das jeweilige Kind sicherstellt, dass es für (z. B. nicht-kommerzielle Zwecke) Eigenwerbung der Kita, für städtische Publikationen, für Aufnahmen von Pressevertretern, in städtischen Internetauftritten abgebildet werden darf. (Dahinter verbergen sich zahlreiche juristische Detailfragen, insbesondere z. B. der Weiterverbreitung und Verfälschung im Netz). Es ist dann Sache der Kita-Leitung, dafür zur sorgen, dass Kinder, für die keine Einwilligung vorliegt, nicht auf entsprechenden Publikationsfeldern auftauchen.

Bei den angesprochenen Senioren, Sportlern und anderen Personengruppen ist es für städtische Publikationen Sache der Stadt, das Einverständnis einzuholen (und zu dokumentieren).

Städtische Veranstaltungen

Eine gesonderte Frage stellen die Rechte bei öffentlichen und städtischen zeremoniellen Veranstaltungen dar. Grundsätzlich ist davon auszugehen, dass Personen, die bei öffentlichen Veranstaltungen „auf der Bühne stehen" – Sportler bei der Verleihung von Sportmedaillen der Stadt, Schriftsteller bei der Vergabe städtischer Literaturpreise („Protagonisten"), auch Orchester, die bei solchen Veranstaltungen spielen (gleich, ob es vor einem Kreis geladener Gäste oder erst recht bei einer jedermann zugänglichen Veranstaltung geschieht) konkludent der Berichterstattung (auch in den allgemeinen Medien) zugestimmt haben.

Gesondert davon sind große Publikumsveranstaltungen zu sehen („Bürgerfeste", „Volksfeste"), die von der Stadt veranstaltet werden, die im freien Straßenraum (ohne Zugangsmodalitäten) stattfinden. Hier stellt sich die Frage, ob „Leute aus der Menge" (die „fröhlichen Gesichter auf den Bänken des Bierzeltes") ohne Weiteres abgebildet werden können. In städtischen Publikationen ist hier Vorsicht angebracht.

Medien, die hier unterwegs sind, mögen ggf. von einem „Presseprivileg" profitieren und glaubhaft machen, die Abgebildeten hätten gewusst (oder wissen müssen), dass sie im Focus eines Pressefotografen oder eines Kamerateams gewesen seien und dadurch zugestimmt hätten, dass sie sich nicht abgewandt hätten.

Klar aber ist auch, dass die Städte für solche Abbildungen in den Medien nicht haften, auch wenn diese bei Publikumsveranstaltungen, die sie organisiert und veranstaltet, erstellt wurden.

Weitere aktuell erörterte Rechtsfragen ...,

die in den Städten diskutiert werden, sind

- Abbildungen des öffentlichen Raumes zwischen Panoramafreiheit und Detailabbildung,
- die Unterscheidung zwischen Kunstobjekten dauerhafter Art im Straßen- und Platzraum („bleibender Darstellung") und kurzzeitigen Kunstevents (wie der Reichstagsverhüllung Christos),
- die Verwertungsrechte an Objekten städtischer Museen,
- die Verbreiterhaftung im Internet und die Störerhaftung bei WLAN,
- der Markenschutz (städtischer) Alleinstellungsmerkmale, ggf. Gebäudlichkeiten
- und v. a. m., das einer gesonderten und detaillierten monografischen Übersicht und Darstellung bedürfte.

47.2 Juristische Beratung

All dies sind quasi täglich gestellte Fragen aus Städten und Gemeinden.

Sie können hier nicht beantwortet werden, müssen im Einzelfall geprüft und entschieden werden. Die Beratung durch eine Rechtsanwaltskanzlei ist zu empfehlen.

47.3 Verleger gegen städtische Amtsblätter, Stadtillustrierte und Internetauftritte – ein neues Konfliktfeld

Im Zusammenhang mit Amtsblättern, Stadtillustrierten und im Weiteren mit Online-Auftritten von Städten ist es in der zweiten Hälfte der

2010-er Jahre zu Attacken von Zeitungsverlagen punktuell (aber durchaus mit dem Ziel bundesweiter Wirkung) gegen einzelne Städte gekommen; betroffen waren voran die Stadt Crailsheim (Print), Dortmund und München (Internet). Die klagenden Zeitungsverleger gehen juristisch gegen die Städte vor, weil sie deren Amtsblätter und Online-Auftritte als Konkurrenz empfinden und die Städte als unzulässige Mitbewerber sehen.

Der BGH hat im Kern entschieden (Urt. vom 20.12.2018), dass ein kommunales Stadtblatt dann nicht kostenlos im gesamten Stadtgebiet verteilt werden kann, wenn es presseähnlich aufgemacht ist und redaktionell das Gebot der „Staatsferne der Presse" (aus Art. 5 Abs. 1 Satz 2 GG) verletzte. Der BGH argumentiert, bei diesem Gebot handle es sich um eine Marktverhaltensregelung. Die Verletzung einer solchen Regelung sei wettbewerbswidrig und begründe Unterlassungsansprüche durch Mitbewerber.

Aus kommunaler Sicht ist zunächst die Frage entscheidend, inwieweit städtische Presse- und Öffentlichkeitsarbeit in Amtsblättern nach den Vorgaben des BGH-Urteils zulässig ist und wo sich womöglich Grenzen finden.

Damit hat sich das OLG Stuttgart (Urt. vom 29.5.2019) im zweiten Hauptsacheverfahren im Falle Crailsheim beschäftigt und dabei erstmals die BGH-Rechtsprechung berücksichtigt, wonach keine einzelnen Artikel in Amtsblättern (unter dem Aspekt der „Staatsferne der Presse") rechtlich angegriffen werden können, sondern nur komplette Amtsblatt-Ausgaben aufgrund ihres gesamten Erscheinungsbildes. Notwendig sei – so das OLG Stuttgart – eine wertende Betrachtung der Publikationen insgesamt, bei der sich jegliche schematische Betrachtungsweise verböte. Im Rahmen der (daher) erforderlichen Einzelfallprüfung sei zu beurteilen, ob der Gesamtcharakter des Presserzeugnisses (Amtsblatt, Stadtillustrierte) geeignet ist, die Institutsgarantie des Art. 5 Abs. 1 Satz 2 GG zu gefährden. Auch wenn bei einzelnen Artikeln die Grenzen einer zulässigen Berichterstattung (durch die Gemeinden) überschritten sein sollten, sei zu würdigen, ob es sich in der Gesamtbetrachtung um ein „funktionales Äquivalent" zu einer privaten Zeitung handle, ob die inkriminierte Publikation „pressesubstituierenden Gesamtcharakter" aufweise.

Dabei dürfte sich in der künftigen Rechtsanwendung die Frage der Beurteilung, ob ein solcher pressesubstituierender Charakter vorliegt, auch dahingehend entwickeln, dass nicht die Würdigung einer Einzelausgabe (Wochenausgabe) oder die Ausgaben eines kurzen Zeitraums ausschlaggebend ist, sondern das Gesamterscheinungsbild, über einen ausreichenden Erscheinungszeitraum (der übrigens auch die finanziellen Rahmenkriterien insbesondere der Frage der Gewinnerzielung aus potentiellen Werbeeinnahmen oder Sponsoringbeiträgen erkennen lässt).

Unabhängig davon benennt das OLG Stuttgart (verdienstvoller Weise) unter Bezugnahme auf einzelne Artikel aus drei Ausgaben des Stadtblattes Crailsheim dezidiert, nachvollziehbar und konkret, wo die Grenzen zulässiger kommunaler Öffentlichkeitsarbeit überschritten worden seien, aber auch, wo es keine Verletzung des Staatsfernegebotes erkennen könne.

Insoweit setzt das Urt. Maßstäbe und Anhaltspunkte für die geforderte konkrete „Gesamtbetrachtung" von Art und Inhalt der Beiträge:

- Neutralität in Bezug auf die politische Auseinandersetzung und
- Zugehörigkeit zum kommunalen Aufgabenbereich,
  unter
- Einbeziehung des äußeren Erscheinungsbildes, der „Aufmachung" der Publikationen.

In inhaltlicher Sicht gilt die Beschränkung auf Sachinformationen, die Vermeidung wertender oder meinungsbildender Elemente. Natürlich sind Statements, einschlägige Beschlüsse des Stadtrats zu aktuellen politischen Themen (vgl. etwa zu Hass- und Häme-Fragen) davon nicht betroffen. Hier wird vielmehr abgestellt auf die klassische Trennung von Bericht und Kommentar – wobei auch bislang immer schon klar war, dass städtische Pressearbeit „neutral" zu geschehen habe, sich auf Faktendarstellung (s. o. „Beschlusslage") zu begrenzen und sich jeglicher Kommentierung, des vom Stadtrat Beschlossenen zu enthalten habe. (Unbestritten aber bleibt: die kommunale Öffentlichkeitsarbeit hat – auch in diskursiver Auseinandersetzung – nicht nur das Recht, sondern auch die Aufgabe, die Beschlüsse des Stadtrats und das Handeln der Verwaltung zu erläutern und ggf. zu verteidigen).

Als „Faustformel" in inhaltlicher Hinsicht gilt: *„Berichte aus der Verwaltung, und/oder dem Gemeinderat zu den Themen und Aufgaben der Gemeinde aus dem örtlichen und das Handeln der Gemeinde betreffenden Wirkungskreis sind immer zulässig"* (Informationen über und durch das öffentliche Gewerbe, Berichte über alle lokale Wirtschaft, Aktivitäten privater Personen oder Institutionen sind jedenfalls grundsätzlich unzulässig).

Nach dem BGH-Urt. ist zu differenzieren zwischen

- Zulässigem Informationshandeln: das bezieht sich auf kommunale Informationen, die das Ziel verfolgen, Politik und Recht verständlich zu machen (hier ist auch eine presseähnliche Form der Präsentation zulässig). Dazu gehört auch die Unterrichtung über aktuelles Handeln und über künftige Vorhaben der Stadtverwaltung und des Stadtrats. Dazu können auch Berichte über die kommunale Wirtschaftsförderung gehören.
- Ausnahmsweise zulässigen Informationen, etwa über aktuelle Gefahrensituationen oder besondere Gefahrenlagen.

- Unzulässige, die Grenzen des kommunalen Informationsrechts eindeutig überschreitende Informationen sind allgemeine Beiträge über ortsansässige Unternehmen, die Bewertung privater Initiativen, die allgemeine Beratung von Leserinnen und Lesern (wohl aber nicht die Beratung in kommunal-relevanten Belangen, wie Abfall- und Mülltrennung, Energieversorgung etc.), die Berichterstattung über rein gesellschaftliche Ereignisse z. B. aus den Bereichen Sport, Kunst und Musik (es sei denn, die Stadt ist selbst Veranstalter oder Mitveranstalter oder an der Organisation und Durchführung beteiligt).

Um zum Kern der Debatte vorzustoßen: es geht den (hier punktuell, aber erkennbar in der Interessen-Verfolgung der Zeitungsverleger im Lande) klagenden Parteien um wirtschaftliche Besitzstandswahrung und künftige Entwicklungsinteressen.

Perspektivisch werden die traditionellen regionalen Tageszeitungen (die Rede ist hier nicht von der Handvoll überregional und politisch bedeutsamen, täglich erscheinenden politischen Einflusszeitungen) an Bedeutung für die regionale Meinungsbildung verlieren. Die örtlichen Zeitungen sowie die lokalen „Werbeblätter" wird man zurückfahren oder ganz einstellen.

Folglich wird die Frage lokaler Nahinformation bedeutsamer werden. Wenn aber die hinreichende Information (z. B. auch über Veranstaltungen privater, kultureller, gesellschaftlicher Natur, über örtliche Institutionen und Initiativen) durch die lokalen Printmedien nicht mehr (flächendeckend) stattfindet, wird man auch den Terminus „pressesubstituierender Charakter" neu zu bewerten haben, denn, wo nichts ist, kann nichts substituiert werden.

Bei der Bewertung (des pressesubstituierenden Charakters) ist auch die Frequenz des Vertriebs zu beachten, wobei neben der Anzeigenschaltung auch die kostenlose Verteilung einzubeziehen ist.

Naturgemäß ist den Verlagen wichtig, dass Werbeanzeigen in städtischen Publikationen einen Anteil des örtlichen Werbekuchens beanspruchen, der den Verlagen damit verloren geht. (Insoweit wäre, generell betrachtet, zu überlegen, welchen Umfang die Werbung in stadteigenen Blättern erreicht: Dient sie der Gewinnerzielung?; dient sie der Kostendeckung oder der Minderung des aus öffentlichen Mitteln zu deckenden Aufwands? Und weiter: wenn die Kommunen ihre unbestritten vorhandene Pflicht zur Information der Bürgerschaft und die demokratisch gebotene Transparenz ins Felde führen, könnte man auch den Ansatz vertreten, dass es sich dabei um eine originäre Aufgabe der Kommunen handele, die auch aus öffentlichen Mittel zu tragen sei und nicht auf dem Umweg über privatwirtschaftliche Methoden, wie Anzeigenakquise gedeckt werden sollte).

Insoweit sind die weitergehenden, zukunftsgerichteten Angriffe von Verlagen (nicht) auf Stadtzeitungen als Print-Medien, sondern auf Internetportale von Städten bedeutsam. Konkret betroffen und gerichtlich (vorläufig) beschieden sind hier die Klagen gegen „muenchen.de" und „dortmund.de".

München

In München hat die 33. Zivilkammer des LG (die v. a. auf das Gesetz gegen unlauteren Wettbewerb spezialisiert ist) geurteilt (Urt. vom 17.11.2020 – 33 0 16274/1a –). Geklagt hatten die Süddeutsche Zeitung, die Abendzeitung, der Münchner Merkur, die tz sowie die jeweiligen Onlineangebote dieser Zeitungen. Das LG folgte dabei den Argumenten des BGH zu Crailsheim. In der Pressemitteilung (24/17.11.2020) des Gerichts heißt es, die Kammer habe die Beurteilungsmaßstäbe des BGH in seiner Entscheidung zum Crailsheimer Stadtblatt II herangezogen. *„Diese Entscheidung ist zwar zu einem zeitungsmäßig aufgemachten Druckwerk ergangen. Die Kammer hielt sie aber für übertragbar auf das im Streit stehende Internetportal. Da im Internet aber andere Nutzergewohnheiten gelten als bei einem Printmedium, sieht das Gericht die Grenzen des Zulässigen im Rahmen der gebotenen Gesamtbetrachtung etwas weiter als dies bei einem klassischen Presseprodukt der Fall wäre."* In der Gesamtschau stellt das LG aber fest, dass das Münchener Portal die zulässige Berichterstattung überschreite. (Nach Überzeugung der Kammer ist das Angebot von muenchen.de in der konkret beanstandeten Form mit dem verfassungsrechtlichen Gebot der „Staatsferne der Presse" unvereinbar und daher wettbewerbswidrig.

Der Internetauftritt des Portals – so das Gericht – biete (wohlgemerkt:) in der zur Entscheidung gestellten Ausgestaltung den Nutzern eine Fülle von Informationen, die den Erwerb einer Zeitung oder Zeitschrift – jedenfalls subjektiv – entbehrlich mache. (*„Es werden in Quantität und Qualität deutlich Themen gesetzt, deretwegen Zeitungen und Zeitschriften gekauft werden"*). Das Portal beschränke sich nicht auf Sachinformation: *„In zahlreichen Beiträgen werde über das gesellschaftliche Leben in München berichtet, sie beträfen sämtlich keine gemeindlichen Aufgaben oder zumindest Aktivitäten und bewegten sich nicht mehr innerhalb der zulässigen Themenbereiche. Auch im Layout bediene sich das Portal einer (Boulevard –) pressemäßigen Illustration mit Überschriften, Zwischenüberschriften, Bildern, Zitaten und unterhaltsamen Texten ..."*

Das verleitet zu der Nachfrage, ob die Kammer eine gut aufgemachte Präsentation „mit Zitat und unterhaltsamen Texten" als verwaltungsuntypisch betrachtet, zumal sie folgert, es sei *„vielmehr insgesamt nicht mehr erkennbar, dass das Stadtportal eine staatliche Publikation darstelle"*.

Nun kann man die Wirksamkeit städtischer Informationsarbeit auch dadurch beeinträchtigen, dass man sie auf ein graue – Maus – Niveau im Stil des klassischen Amtsblatts (als Bleiwüste mit Bebauungsplänen und Satzungstexten) reduziert, damit der „amtliche Charakter" auf Anhieb sichtbar bleibt. Oder man kann dem Bemühen der Presseämter, für ihre Informationen und die politisch stets lauthals geforderte „Transparenz" ein attraktives publizistisches Umfeld und eine Plattform zu schaffen, die tatsächlich auch genutzt und wahrgenommen wird, entsprechen.

Mit herkömmlichen offiziell-daherkommenden amtlichen Verlautbarungen im Juristensprech (den man den Stadtverwaltungen Jahrzehnte lang vorgeworfen und deretwegen man sie verspottet hat), ist es unter den geänderten Kommunikationsbedingungen der digitalen Zeit sinnlos, mit seinen, Informationen an die Öffentlichkeit herantreten und Aufmerksamkeit erzielen zu wollen. (Dies wäre in der Tat eine gigantische Verschwendung öffentlicher Finanzmittel.)

Das Gericht versichert, es habe eine umfassende Interessenabwägung zwischen der Garantie der kommunalen Selbstverwaltung (Art. 28 Abs. 2 Satz 1 GG) und der Garantie der freien Presse (Art. 5 Abs. 1 Satz 2 GG) vorgenommen.

Dazu bleibt anzumerken: Seit Beginn der Auseinandersetzungen, wurden die Debatten bei den genannten Gerichten vorwiegend unter den Aspekten des unlauteren Wettbewerbs geführt – also unter wirtschaftsorientierten Gesichtspunkten. Selbst unter diesem Betrachtungswinkel hat für außenstehende Beobachter gelegentlich zu wenig Beachtung gefunden, dass der hohe Wert der Freiheit der Presse, genauer: der Berichterstattung, vor allem auf die umfassende und plurale Unterrichtung der Bürgerinnen und Bürger zielt. Das verlangt zweifellos die Sicherung des wirtschaftlichen Fundaments der Verlage, künftig eher: der Medienunternehmer.

Bei den Bemühungen um den Schutz der „freien Presse" ging es – zurecht und im Recht – Jahrzehnte lang vorwiegend darum, die Berichterstattung von staatlicher (manipulierender) Einflussnahme freizuhalten, eine Thematik, die sich angesichts der Vielzahl von „Medienorganen" und der Vielfalt ihrer Auftretens- und Erscheinungsweisen wohl erledigt hat (und von Gesetzgeber und Gerichten ein eher andersartiges Regulatorium in Richtung Schutz der Öffentlichkeit vor Gefahren durch unlauteres Medienverhalten, speziell im wirtschaftlichen Bereich erfordern würde).

Der „Schutz der freien Presse" findet längst (oder eben auch nicht) auf völlig anderen Ebenen statt. Wer künftig von wem, worüber (und worüber nicht) informiert wird, auf welchem Verbreitungswege, mit welcher Kontrolle und Verifizierung, nach welchem journalistischen Ethos, sind zentrale Fragen der künftigen Gesellschafts-Information.

In diesem zur Kakophonie geratenden Konzert der Meinungsmacher gerade den Kommunen (als von den Bürgerinnen und Bürgern häufig als seriöse, verlässliche Instanz wahrgenommene Institution) ihre informative Darstellungsmöglichkeit „aus wettbewerbsrechtlichen" Überlegungen beschneiden zu wollen, scheint zumindest diskutabel.

Seit Beginn dieser Debatte hat es Stimmen gegeben, die darauf verwiesen, dass die Abwägung zwischen kommunaler Selbstverwaltungsgarantie einerseits, und Institutsgarantie der freien Presse andererseits (bei allem Respekt) nicht allein den Zivilrichtern von Kammern mit Spezialisierung auf unlauteren Wettbewerb überlassen bleiben sollte (eher schon, da es sich um das Verhalten von Behörden, hier Städten und im konkreten ihrer Pressetätigkeit handle, durch die Verwaltungsgerichtsbarkeit erfolgen sollte). Letztlich, schreibt das LG München I in seiner Mitteilung, hatte das Gericht über das München – Portal in der ihm zur Entscheidung gestellten konkreten Ausgestaltung zu urteilen, nicht über das Stadtportal per se.

Das Verfahren bleibt offen. Darüber hinaus bleibt es wünschenswert, dass die Güterabwägung zwischen den Grundrechts-Instituten, nicht zuletzt in Gesamtwürdigung der Bedeutung der kommunalen Verwaltungen als Orientierungsanker und Hort des Vertrauens wahrgenommen wird.

Dortmund

Nahezu zeitgleich zum Münchener LG hat Mitte November 2020 das OLG Hamm in einer vorläufigen Einschätzung im Rahmen einer Verfügung zum Ausdruck gebracht, dass es der Berufung der Stadt Dortmund gegen das LG Dortmund (teilweise) folgen könne und sie für begründet halte.

Hintergrund: Das Dortmunder LG hatte (am 8.11.2019 – 30 262/17 –) dem Hauptantrag des örtlichen Zeitungsverlegers Lensing – Wolff stattgegeben und es der Stadt Dortmund untersagt, das Telemedienangebot „dortmund.de" (vom 15.5.2017) zu verbreiten (verbreiten zu lassen und/oder öffentlich zugänglich zu machen/machen zu lassen). Gegen die Stadt geklagt hatte der in Dortmund ansässige Verlag der Ruhr-Nachrichten, weil auf den städtischen Seiten „journalistische" Inhalte veröffentlicht worden waren, die behaupteter maßen gegen das Wettbewerbsrecht – darunter das Gebot der Staatsferne der Presse – verstießen. (Zur Zeit des beklagten Angebots gab es auf den Webseiten der Stadt noch Werbung. Die Stadt veränderte daraufhin teilweise ihre Berichterstattung und verzichtete auf Werbung – siehe dazu oben). Dortmund hat gegen das Urteil Berufung eingelegt. Das OLG Hamm hat daraufhin reagiert und eine Verhandlung für das Frühjahr 2021 in Aussicht gestellt.

Das OLG hat in einer vorläufigen Einschätzung im Dortmunder Portal zwar „Elemente der meinungsbildenden Presse" z. B. Interviews – festgestellt, hält aber, natürlich vorbehaltlich einer weitergehenden, eingehenden Prüfung, das „Stadtportal Dortmund" insgesamt „als gemeindliche Publikation erkennbar" (auch wenn sie, zu einem geringen Teil, in unzulässiger Weise auch „über nicht gemeindliche Themen berichte").

Ein Urt. aus Hamm (nach einer Verhandlung möglicherweise im Februar oder März 2021) ist im Frühjahr zu erwarten. Es wird einen weiteren Hinweis darauf geben, welcher Spielraum zur Erfüllung ihres verfassungsrechtlich gebotenen und erforderlichen Informations-Auftrags, der kommunalen Pressearbeit eingeräumt wird.

Der Deutsche Städtetag vertritt – Rundschreiben vom 15.2.2019 – *„die klare Haltung: Die Städte müssen im Digitalzeitalter in zeitgemäßer Form in ihren Onlineauftritten, aber auch mit anderen Medien, wie z. B. Amtsblättern die Bevölkerung informieren und den Dialog mit ihr fördern"*. Er bezieht sich dabei etwa auf die Darlegungen des Freiburger Staats- und Verwaltungsrechtlers *Friedrich Schoch* (in APP – Zeitschrift für das gesamte Medienrecht, 1/2019) und des Münchener Wettbewerbsrechtlers *Helmut Köhler* (in GRUR – gewerblicher Rechtsschutz und Urheberrecht).

Kommunale Presse- und Öffentlichkeitsarbeit, betont Professor *Schoch* in seinem Gutachten, sei eine *„Daueraufgabe (d. h. „Recht und Pflicht"), die auch außerhalb und weit im Vorfeld einer konkreten Aufgabenwahrnehmung geleistet werden kann, um über das lokale Geschehen zu unterrichten; die umfassende und frühzeitige Öffentlichkeitsarbeit festigt den demokratischen Grundkonsens in der örtlichen Gemeinschaft, verbessert die Identifikation der Einwohner mit ihrer Gemeinde und trägt zur Integration bei".*

Unabhängig von der juristischen Debatte hat sich der Deutsche Städtetag klar geäußert (Rundschreiben vom 15.2.2019): *„Die Städte müssen ihren Informationsauftrag selbstverständlich weiterhin erfüllen können. Nur so können sie der Erwartung der Bürgerinnen und Bürger nach Transparenz der Arbeit der Verwaltungen gerecht werden und den Dialog über die Politik der Städte ermöglichen. Die Städte müssen die Möglichkeit haben und nutzen, im Digitalzeitalter in zeitgemäßer Form die Bevölkerung zu informieren und den Austausch mit ihr zu fördern. Online-Auftritte und Amtsblätter mit redaktionellem Inhalt können nicht mehr so aussehen wie vor 20 Jahren und die städtische Kommunikation mit den Bürgerinnen und Bürgern muss heutigen Kommunikationsformen und heutigen Anforderungen und Erwartungen gerecht werden"*. Soweit der Städtetag.

Hinzuweisend ist abschließend darauf – was auch Prof. *Schoch* in seinem Gutachten angemerkt hat –, dass die bisherige juristische Auseinandersetzung einseitig unter zivilrechtlichen, wettbewerbsrechtlichen Aspekten geführt wurde und die öffentlich-rechtliche Funktion, kommunaler Presse- und Öffentlichkeitsarbeit deutlich zu kurz kam. (Beim aktuellen Stand ist es müßig darüber zu debattieren, ob die Verfahren nicht von Anfang an vor VG gehört hätten, doch das soll hier zumindest Erwähnung finden).

Letztlich geht es – jenseits der hier skizzierten juristischen Auseinandersetzung – in einer längerfristigen Perspektive um die digitale Medien-Landschaft (nach der Zeit der Papier-Medien, die möglicherweise überleben, aber im Blick auf politische Wirkung einerseits und in Hinsicht auf wirtschaftliche Bedeutung und verlegerische Gewinnerzielung andererseits nur mehr marginale Bedeutung haben werden). Aber auch in dieser Hinsicht wird die potentielle kommunale Konkurrenz, die hier im Vorfeld kleingehalten werden soll, nur eine geringe Rolle spielen und mithin werden die angestrengten Prozesse zwar die Kommunen belasten, während die eigentlichen Schlachten zwischen alten Verlagen und neuen Informationsanbietern geschlagen werden.

Das ist ein Feld, das die kommunalen Presseämter zu beobachten haben. Einfluss auf diese „digitale Medienlandschaft" im Lande aber können allenfalls die kommunalen Spitzenverbände auf dem Wege ihrer politischen Kontakte nehmen.

48. Krisenkommunikation

Zu den wichtigsten Themen, die unter den Presseverantwortlichen der deutschen Großstädte in jüngerer Zeit behandelt wurden, gehört die Krisenkommunikation.

Dafür ausschlaggebend waren verschiedene Faktoren:

- Einmal die Tatsache, dass bestimmte Katastrophen bestimmten Städten zugeordnet werden (und sie ihnen gewissermaßen imagebildend angeheftet wurden), was man daran erkennen kann, dass bestimmte „Bilder im Kopf", also Assoziationen mit Städten gebildet werden. Zum Selbstversuch:
  - Duisburg ... Wer denkt hier nicht an Love-Parade (und in der Folge an gewisse Pressekonferenzen und in der Folge an Mandatsverlust),
  - Reichenhall ... Wer erinnert sich nicht an die eingestürzte Eishalle (und in der Folge an den einsamen Bürgermeister, ganz allein, quasi auf dem „Armensünderbänklein", bedrängt von einer Vielzahl von angereisten überregionalen Medien, den sogenannten Katastrophen-Heuschrecken, die über den Ort herfallen und ihn kahlgefressen zurücklassen und – im Übrigen – nichts mit den örtlichen Medien, die in der Sache und zu Personen Bescheid wissen, zu tun haben),
  - Erfurt, wo ein Amoklauf in der Schule stattfand,
  - Winnenden, wo das Gleiche geschah,

  - Solingen, wo ein Attentat stattfand und sich die Brandruine des Hauses einprägte.
- Zum anderen die Erkenntnis, dass solche (bedauernswerte) Ereignisse, die früher, allein überregional (und sehr kurzzeitig) Informationsgehalt hatten, durch die sog. neue Medienstruktur auf örtliche Berichterstattung „heruntergebrochen" werden.

Krisenkommunikation ist heute mehr als die früher übliche medientechnische Bewältigung von akuten Katastrophen. Krisenkommunikation ist die weit im Vorfeld solcher Katastrophen (oder Skandale und Skandälchen) liegende Analyse von Risiken, die (potenziell) auf die Stadt, den Landkreis (oder ein Unternehmen) zukommen könnten und die entsprechende Beratung der politischen Führung und der Verwaltung. In der aktuellen Fachliteratur gilt daher neuerdings die (zugegebenermaßen etwas vage) Definition: *„Krisen sind alle Umstände, die besondere publizistische Maßnahmen zu ihrer Abwehr erfordern."* Verkürzt gefasst: Krisenkommunikation hat das Ziel,

- Krisen vorzubeugen und damit schädigende Berichterstattung im Anflug abzuschießen,
- für den Fall eines Misserfolgs dabei, in aller Ruhe und ohne Hektik, Strukturen vorzubereiten und Laufwege abzustecken, die im Ernstfall zur Verfügung stehen (und nicht erst erdacht und geschaffen werden) müssen.

Risikoanalyse: Skandalträchtigkeit und Zeitgeistthemen ebenso wie reale Gefahrenlagen

Die beste Krise ist die, zu der es gar nicht erst kommt. Insoweit ist es Aufgabe der Pressearbeit, Gefahren auch im Rahmen der immer breiter werdenden Neigung zur Skandalisierung zu erkennen und dafür geeignete Zeitgeistthemen (die von Redaktionen gern auf die lokale Ebene „herabgebrochen werden") zu verfolgen und die Verwaltung im Einzelfall zu sensibilisieren. Über diese „emotional", von sog. politischer Korrektheit motivierten Themen hinaus, gibt es die realen, tatsächlichen Gefährdungspotenziale (exemplarisch: technische Großanlagen, Verkehrsanlagen etc....), von denen Gefahren ausgehen, deren publizistische Bewältigung vorzubereiten ist. Entsprechende „Tools" der Erkennung von Risiken und Abwehr von Gefahren stehen in der Literatur vielfach zur Verfügung.

Von „embeddeden" Kollegen und Krisenheuschrecken

Steht man in einer leibhaftigen Krise, wäre es (publizistisch) das Übelste, müsste man bekennen, man habe sich nie mit einer Katastrophe befasst und sei nun zur Improvisation gezwungen. Ganz abgesehen davon, dass einem heute in solchen Situationen grundsätzlich ein Staatsanwalt mit kritischem Blick über die Schulter schaut und das Eingeständnis, sich nicht (sozusagen) mental und technisch vorbereitet zu haben, fast an die Grenze der Fahrlässigkeit rührt, wäre ein solches Eingeständnis in den Augen der Journalisten Anlass, die Leichtfertigkeit der Verwaltung zu geißeln.

Insoweit ist es unerlässlich – und geschieht ja auch allenthalben –, regelmäßig Katastrophen zu üben und dabei auch die ortsbekannten Redaktionen und Journalisten einzubeziehen (unter Live-Bedingungen, ohne Vorwarnung, so wie es im Ernstfall passieren würde und nur mit der dünnen Unterzeile in der ersten Pressemitteilung: „Dies ist eine Übung"). Die Erfahrung zeigt, dass die Lokalredaktionen hier sehr ernsthaft „mitspielen". Die Wirkung ist: Im Ernstfall käme es ihnen nicht in den Sinn zu hinterfragen, ob sich die Verwaltung für den Krisenfall gerüstet hat – sie waren ja dabei und insoweit hat hier ein „embedded journalism" auch keinen anrüchigen Beigeschmack.

Im Kern geht es – wie bei jeder guten Medienarbeit – darum, vertrauensvollen Umgang zu schaffen, sozusagen in „Friedenszeiten" Kapital anzusammeln, auf das im „Ernstfall" rekurriert werden kann.

Ein Hinweis ist hier nötig: Die (mediale Auswirkungs-)Analyse von großen „Schadensereignissen" (Amokläufe an Schulen, rassistisch motivierte Attentate, Love-Parade oder eingestürzte Hallendächer) durch Expertengruppen oder in den Berichten der betroffenen Kollegen in den Städten hat gezeigt, dass es in solchen Fällen oft einen überfallartigen Einfall von Übertragungswagen und externen „Journalisten", Katastrophen-Heuschrecken gibt, deren Verhalten nicht unbedingt von Fein- und Einfühlsamkeit geprägt ist – im Gegensatz zu den lokalen Journalisten, die ja auch „nach der Katastrophe" noch am Ort als Mitbürger leben, hinterlassen sie gern die ausgeplünderte Erde. Insoweit muss die Pressearbeit sich – im Vorfeld – überlegen, wie sie in der Behandlung zwischen den örtlich einbezogenen und den eingefallenen Journalisten differenziert.

Strukturen gegen Hektik und Kopflosigkeit

Da Krisen erfahrungsgemäß die Nerven strapazieren und selbst erfahrene Profis unter Druck nicht souveräne Entscheidungen garantieren können, ist es notwendig, sich in aller Ruhe die erforderlichen Strukturen und Laufwege zu überlegen und sie auch durchzuspielen – was jene, die verantwortlich und die im Ernstfall gefordert sind, dann auch in Erwartung einer (hoffentlich nicht eintretenden) Krise besser schlafen lässt.

Die nachfolgenden „Vorbereitungen auf den Krisenfall" beziehen sich (exemplarisch) auf die vorbereiteten Maßnahmen der Stadt Ingolstadt (und stellen auf deren lokale Besonderheiten ab, die sich als die einer kreisfreien Stadt natürlich von einer Landkreis-Struktur unterscheiden, aber Anlass zu Überlegung und Anregung zur Diskussion sein können). Dabei geht es hier (nur) um die Strukturen und Laufwege der Medienarbeit – nicht der Katastrophenschutzorganisationen als solche –, wobei aber, wohlgemerkt, der Pressesprecher in der Führung des Stabes integriert sein muss (bzw. unterhalb der Schwelle des erklärten Katastrophenfalles im Sinne der eingangs genannten neuen Krisendefinition direkt dem Hauptverwaltungsbeamten zuarbeitend ist).

Alarmieren, Erreichen, Aktualisieren

Erfahrungsgemäß ist in der Krisenmedienarbeit eine zentrale Frage (und den Erfahrungsberichten von überstandenen Katastrophen zufolge eine nur schwer zu lösende Herausforderung), **wer** im „Moment des Aufschlags" einer Krise, **wie** zu erreichen ist. Insoweit ist die Erstellung einer Kontaktliste all jener, die von vorneherein gebraucht werden (aus Medien- und sonstigen Bereichen zur medialen Bewältigung wohlgemerkt – über die zentrale Katastrophenschutzarbeit hinaus), mit ihren dienstlichen wie privaten Telefon- und Mailkontakten erforderlich und muss regelmäßig in kurzfristigen Intervallen aktualisiert werden. Alle einschlägigen Mitarbeiterinnen und Mitarbeiter des Ingolstädter Presseamtes tragen diese vierteljährlich aktualisierte Liste „am Leib mit sich" und sind in der Lage, alle im Zweifel benötigten Personen zu erreichen – von leitenden Personen im Hause, bei Feuerwehr-, Polizei- und Rettungsdiensten, vor allem bei den zentralen Redaktionen und einzelnen Journalisten in den Medien bis hin zu Übersetzern in Sprachen, die Bevölkerungsanteile erreichen, die in der Stadt mit vielen Mitbürgerinnen und Mitbürgern vertreten sind.

Laufwege und Dauerpräsenz

Geklärt sein sollten auch die Laufwege im Moment, da eine Krise aufbricht. Die (wohlgemerkt nur exemplarische) Regelung bei der Stadt Ingolstadt – die nicht nur übungsmäßig versucht, sondern auch in realen Krisenfällen durchgehalten wurde – sieht vor, dass der Pressesprecher sofort in das Katastrophen-Führungsgremium einrückt, dass ein Stellvertreter sofort (an anderer Stelle – denn die räumliche Trennung ist wichtig) ein Pressezentrum eröffnet (Raum und Ausstattung sind fixiert und vorbereitet) und ein weiterer Stellvertreter sich an den „Schadensort" begibt, sofern dieser eindeutig lokalisierbar ist (manche Schadensereignisse haben keinen Ort im Katastrophensinn), und dort, mit den Kollegen von Polizei, Feuerwehr, technischen Hilfsdiensten den Perimeter bestimmt, der allein den Rettungsdiensten vorbehalten ist. (Hier kommt die oben aufgeführte Frage der örtlichen Medien und der einfallenden Krisenheuschrecken auf – ein publizistisch wie rechtlich extrem schwieriges Terrain, das gesonderter Betrachtung bedürfte.) Klar ist auch: nicht jede Krise lässt sich innerhalb allgemeiner Dienstpläne und Dienstzeiten kurzfristig lösen. Wer also eine solche Organisation der Laufwege plant, muss sich überlegen, wie er sie zur Not über mehrere Tage personell aufrechterhält – das gilt auch für die nachfolgend dazu stehenden Vorbereitungen.

Mit dieser Dreiteilung geht die Krisenmedienarbeit sozusagen in Stellung. Verbunden damit sind weitere Organisationsfragen: die „sofortige Präsenz“ durch ein Holding-Statement und die (ungelöste) Frage nach der Präsenz des Oberbürgermeisters/Landrates.

Holding-Statement und zentrale Auskunft (vs. Sprachlosigkeit)

Es soll noch Leute geben, die sich an eine Zeit erinnern, da die nächsterreichbare „Information der Bevölkerung“ (so hieß das damals) die morgige Zeitungsausgabe war und das schnellste Medium der landeseigene öffentliche Rundfunk. Heute ist das Destillieren von Neuigkeiten weniger genau und verlässlich dafür permanent und unaufhaltbar. (In Bayern ist diese neue Medienwirklichkeit 1984 eingezogen.)

In der Literatur über Krisenkommunikation heißt es, wer in Krisenzeiten die Herrschaft über die öffentliche Meinung behalten wolle, habe ein Zeitfenster von maximal zwei Stunden, um sich zu Wort zu melden. Es geht um ein sog. Holding-Statement. Die Pressestelle muss binnen dieser Frist auf dem Marktplatz erklären, was Sache ist, was sie weiß (im Zweifel: „wir wissen wenig, aber wir sind dran“). Im Klartext: es geht darum, ein Banner anzupflanzen (s. o.: Laufwege – Einrichtung eines Pressezentrums) und zu sagen: „Hier bei uns gibt es die Informationen. Hier ist die Zentrale ...“ Und zur Not: „In einer Stunde gibt es hier wieder das Aktuell(st)e ... Hier spielt die mediale Musik.“ Im Endeffekt geht es um den Versuch, in der medialen Kakophonie – die einer Katastrophe folgt – im Spiel zu bleiben. Wie schwer das ist, haben die Analysen von Großkatastrophen gezeigt, die zu einer Explosion von Informationsquellen geführt haben (wie in Duisburg bei der Love-Parade zur Einstellung von Schriftstücken vorgeblich exkulpierender Natur aus der Verwaltung heraus ins Internet). Dass es in Zeiten von Facebook, über das jede(r) seine Wahrnehmung allen mitteilen kann (und sich auch manche verpflichtet fühlen, dies zu tun), schwierig ist, die „Position der Verwaltung“ durchzusetzen, ist offensichtlich – trotzdem unverzichtbar und verlangt nach einer klaren Richtlinie der Auskunftskompetenz: wer spricht für die Verwaltung. Und dies kann nur eine Stimme sein (was Absprachen im Vorfeld auch mit anderen Behörden verlangt).

> *„Nur wer nach Krisenausbruch ein Zeitfenster von 45 Minuten bis zwei Stunden nutzt, hat eine Chance, die Diskussion mitzubestimmen.“* (*Dr. Werner Nowag*, 39. Seminar Städtischer Pressereferenten im Deutschen Städtetag, Stralsund)

Arme-Sünder-Bank oder Pressesprecher auf der Zinne

Eine immer wieder erörterte Frage ist die Rolle des Oberbürgermeisters/Landrats. Kommunale Führungspersönlichkeiten drängt es in Krisenfällen naturgemäß, Präsenz an vorderster Front zu zeigen, verbunden mit Äußerungen ihrer Betroffenheit, ihres Mitgefühls (verwiesen wird dabei auch gern auf *Gerhard Schröders* Gummistiefelauftritt im ablaufenden Oderhochwasser).

Die Lehre sagt: Oberbürgermeister/Landräte sollten präsent (mit Gummistiefeln in abgesperrten Bereichen sozusagen), aber für Journalisten unerreichbar sein. Die Sprachregelung lautet: Der Herr Landrat/Oberbürgermeister ist mit der Bewältigung der Krise beschäftigt, unablässig. Solange die Krise andauert, ist es Rolle des Pressesprechers, Rede und Antwort zu stehen und potenzielle Attacken auf sich zu ziehen. Die Rolle der Verwaltungs-„Nummer 1" ist es, vor die Medien zu treten, wenn sie sagen kann: *„Wir haben die Krise gemeistert."* Das ist (publizistisch) nicht nur und nicht einmal vorwiegend politische Taktik – es ist ein Offenhalten von Spielraum.

Der Ansatz ist umstritten: es liegt in der Psychologie von Oberbürgermeister und Landräte begründet, dass es sie in die Öffentlichkeit drängt – man kann dem nur entgegenhalten: (fast) überall, wo sie dem Drang nachgegeben haben, waren sie bald keine Oberbürgermeister mehr oder haben bei improvisierten Auftritten alles andere als (wieder)-wählbare Eindrücke erweckt: wie in Bad Reichenhall, wo der Bürgermeister allein einer Phalanx von Medien gegenüberstand, wie auf einer Arme-Sünder-Bank (statt umgeben von einem Tross von Mitarbeitern und Helfern) oder in Duisburg, wo drei „Offizielle" in einer Pressekonferenz ohne Führung auftraten und keiner energisch das Wort ergriff. Selbst ins Medien-Gefecht zu ziehen, heißt, auf speziell-trainierte Hilfe eigener Offiziere zu verzichten.

Hotline

Was im Blick auf Krisen (im Vorfeld) noch zu organisieren möglich ist, sind „Hotlines", telefonische Auskunftsstellen, die Bürgerinnen und Bürgern zum Anruf offenstehen („Ist mein Angehöriger unter den Opfern?"). Telefone, ihre Nummern, die Frage, wer dort sitzen soll, lässt sich im Vorfeld festlegen, einschließlich des Trainings der Männer und Frauen, die dort (schichtweise) Dienst tun (und geschult sind auf die obige Frage zu antworten, wenn ein Angehöriger Opfer sein sollte).

Internet, Social Media, Facebook

Dass unter den oben dargestellten Bedingungen einer allzelebrierten, andauernden Kommunikation auch die neuen und die Social Media eingesetzt werden müssen, ergibt sich von selbst. Die meisten Städte haben Internet- und Facebook-Redaktionen eingerichtet. Sie müssen für die Medienarbeit – im Ingolstädter Beispiel angehängt an das Pressezentrum – eingeplant werden.

Aktuell sind Überlegungen, Facebook über spezielle Apps stadtviertel- oder wohnblockspezifisch für Schutzzwecke und Warnungsmöglichkeiten einzusetzen, was aber ein hier nicht zu vertiefendes Detail darstellt.

Experts zur Hilfe

In der Krisenkommunikation geht es (häufig) auch darum, Vertrauen herzustellen, durch Fachwissen zur Beruhigung beizutragen. Das setzt Glaubwürdigkeit voraus. Glaubwürdigkeit bedeutet, dass dem Verkünder von Informationen erforderliche Erfahrungen und Kenntnisse zugetraut werden. Das ist bei behördlichen Sprechern etwa im Fall der Beurteilung einer Strahlenbelastung (wie nach Tschernobyl oder der Dioxinbelastung durch eine Müllverwertungsanlage) nicht der Fall. Insoweit kann es hilfreich sein, sich im Voraus der fachlichen Expertise von Experten zu versichern, zu überlegen, wer zur Not in der Lage ist, im Rahmen z. B. einer Pressekonferenz für sachlich einwandfreie Statements und Beurteilung zu wirken (im Falle Tschernobyl war dies z. B. in Ingolstadt ein Nuklear-Mediziner des Klinikums, der die damals vielen unbekannte Einheit Bequerell erläutern und die Auswirkungen der Messergebnisse einordnen konnte). Vorzusehen wären aber auch Experten aus anderen „Sparten" entsprechend der eingangs angesprochenen örtlichen Risikoanalyse.

Kommunikationspsychologen bezeichnen den Menschen als *„ein zwanghaft sinnergänzendes Wesen"*, das das Bedürfnis hat, seine Umwelt als ständig planbar zu erleben. Im Idealfall heißt das: Wir haben alles im Griff, uns kann nichts überraschen.
Wenn nun Leute im Katastrophenfall feststellen, dass doch nicht alles nach Plan verläuft, entstehen

- Verunsicherung und Angst und das
- Bedürfnis nach Information (und damit Halt).

Fehlt diese Information, interpretieren die Leute die Lage einfach, kurzerhand, nach ihrem „Verständnis". Das kann zu fatalen Folgen führen, dass

- bestimmte Dinge zur „Erklärung" behauptet werden, die man ja schon immer gewusst, ja erwartet hat (und alle anderen haben versagt) und
- die Realität ausgeblendet wird.

Es gilt die einfache Formel: Belastung ohne Information = Gerüchteküche
Daher gilt für die Krisenkommunikation der Grundsatz sofortigen Handelns und der Aufbau von Glaubwürdigkeit und Expertise.

Krisenkommunikation; banalisiert und spezialisiert

Krisenkommunikation heute hat sich banalisiert und spezialisiert.

Banalisiert, weil sie nicht mehr als Sonderthema für Katastrophenfälle exklusiver und äußerst seltener und unwahrscheinlicher Art betrachtet wird, sondern als fester Bestandteil professioneller täglicher Medienarbeit, aus der sie herauswächst. Das Hyperventilieren gewisser auf

Skandalisierung angelegter Medien (und das Nachziehen der anderen) lassen sie so selten nicht mehr erscheinen und zwingen die „reguläre" Öffentlichkeitsarbeit sich darauf einzustellen.

Spezialisiert, weil die Pressestellen (in Behörden wie Wirtschaftsunternehmen) schon aufgrund der Veränderungen im Medienwesen (Personalisierung der Berichterstattung, Infotainment, Boulevardisierung), spezielle Vorkehrungen und Techniken der Begegnung entwickelt haben und entsprechende Strukturen vorhalten.

Insgesamt hat sich Krisenkommunikation mit den Veränderungen und Neuerungen der Medienlandschaft fortentwickelt und wird dies auch in Zukunft tun.

49. Schlussbemerkung

Vor allem jüngere Mitarbeiter des öffentlichen Dienstes sind oft verunsichert wegen der traditionellen Attacken auf „die Beamten", mehr noch aber aufgrund der zunehmenden anonymen, gehässigen Wutangriffe in den sozialen Medien. Die jungen Kollegen zeigen Wirkung, sind verunsichert, bemühen sich, es allen und jedermann recht zu machen und leiden unter dem Vorwurf, wahre Bürokraten zu sein.

Bürokratie soll heißen, dass die Verwaltung am Buchstaben des Gesetzes klebt.

Das heißt nichts anderes, als dass sie nach bestehenden Regeln handelt: die Verwaltung ist damit aber auch der Schutzwall des Bürgers vor Willkür. Die strikte Einhaltung der Regeln ist keine Sturheit, sondern die Garantie der Gleichbehandlung aller.

Wer „die Bürokratie" attackiert, hat 250 Jahre deutsche Verfassungsgeschichte versäumt. Die „sture" Verwaltung hat die willkürliche Kabinettspolitik der absolutistischen Fürsten abgelöst. Verwaltung im modernen Sinn ist eine Kulturleistung ersten Ranges. (Die Unterschiede von „Regieren" als politische Gestaltung und „Verwalten" als Ausführung und Hüter von Regeln und Grundsätzen sind oft unbekannt.) Die Verwaltung ist ein Grundpfeiler der freiheitlich-demokratischen Grundordnung. Sie ist, im täglichen Leben, nicht ohne Fehler; es gibt (im internationalen Maßstab allerdings in geringem Maß) Korruption und Missbrauch. Dennoch sind Effizienz und Integrität ein Markenzeichen der deutschen Verwaltung.

Und ihre Mitarbeiter haben Grund zu Selbstbewusstsein. Sie leisten einen unverzichtbaren Dienst.

Diese Grundideen zu transportieren, ist mit eine Aufgabe der Öffentlichkeitsarbeit. Sie stützt damit auch die eigenen Mitarbeiter und das „Kulturgut Verwaltung". Und: Ungeachtet der Verfasser bösartiger Facebook-Attacken können sich die Mitarbeiter des öffentlichen

Dienstes sicher sein, dass eine breite Mehrheit der Bürger die Leistungen der Verwaltung (an)erkennt und schätzt.

Alt | Haller | Kaiser

Digitalisierung in Gemeinden

Praxis-Leitfaden

Das Buch zeigt Verantwortlichen im kommunalen Verwaltungsapparat anhand von Best-practice-Beispielen anschaulich auf, wie die digitale Transformation gelingen kann. Vom Digitalen Marketing über Gemeinde-Apps, Chatbots und New Work in der Verwaltung bis hin zur Digitalen Nachhaltigkeit liefert das Werk fundierte und erprobte Erkenntisse. Der Praxis-Leitfaden ist eine wertvolle Hilfestellung für mit der Materie Befasste und erleichtert den Einstieg in den Prozess der digitalen Umwandlung.

2023, Softcover, 208 Seiten, ISBN 978-3-8293-1864-8, 30 €

Latsch

Medienarbeit - Schnelleinstieg für Bürgermeister

Kompaktes Praxiswissen für Verantwortliche und Pressestellen

Auch wenn die direkte Bürgerkommunikation über Social Media immer wichtiger wird: Die klassische Medienarbeit zählt immer noch zu den zentralen Säulen der Öffentlichkeitsarbeit einer Verwaltung. Im kommunalen Bereich kommt es auf eine klare und effiziente Kommunikation des Alltags über die Lokalzeitung an, im Krisen- oder gar Katastrophenfall kann eine Verwaltung aber auch plötzlich in das Zentrum des Medieninteresses gelangen. Das Buch bietet einen praxisfokussierten Überblick über die Aspekte der Medienarbeit zur schnellen Einarbeitung.

2022, Softcover, 98 Seiten, ISBN 978-3-8293-1744-3, 16 €

Latsch

Bürgermeister und interne Kommunikation

2020, Softcover,
274 Seiten, 25 €,
ISBN 978-3-8293-1530-2

Bätge | Bennemann | Glaser |
Heck | Stein | Ziertmann

Beratungs- und Beschlussfassungsverfahren in der Gemeindevertretung

Darstellung, 5. Auflage 2023,
Softcover, ca. 342 Seiten, 40 €,
ISBN 978-3-8293-1515-9

Latsch

Bürgermeister und Krisenkommunikation

2019, Softcover,
240 Seiten, 20 €
ISBN 978-3-8293-1416-9

Krupop

Das Einmaleins des Beamtenlebens

2024, Softcover,
ca. 100 Seiten, 20 €,
ISBN 978-3-8293-1887-7